本著作得到北京高校思政课教师"扬帆资助计划"项目（项目号：JGWXJCYF201707）资助。

# 走近太平天国

张传泉 著

中国社会科学出版社

## 图书在版编目（CIP）数据

走近太平天国／张传泉著 . —北京：中国社会科学出版社，2022.6
（2023.1 重印）
ISBN 978 – 7 – 5227 – 0339 – 8

Ⅰ.①走… Ⅱ.①张… Ⅲ.①太平天国革命—研究 Ⅳ.①K254.07

中国版本图书馆 CIP 数据核字（2022）第 101853 号

| | |
|---|---|
| 出 版 人 | 赵剑英 |
| 责任编辑 | 王　衡 |
| 责任校对 | 朱妍洁 |
| 责任印制 | 王　超 |

| | |
|---|---|
| 出　　版 | 中国社会科学出版社 |
| 社　　址 | 北京鼓楼西大街甲 158 号 |
| 邮　　编 | 100720 |
| 网　　址 | http：//www.csspw.cn |
| 发 行 部 | 010 – 84083685 |
| 门 市 部 | 010 – 84029450 |
| 经　　销 | 新华书店及其他书店 |
| 印　　刷 | 北京明恒达印务有限公司 |
| 装　　订 | 廊坊市广阳区广增装订厂 |
| 版　　次 | 2022 年 6 月第 1 版 |
| 印　　次 | 2023 年 1 月第 2 次印刷 |
| 开　　本 | 710 × 1000　1/16 |
| 印　　张 | 16.5 |
| 字　　数 | 231 千字 |
| 定　　价 | 86.00 元 |

凡购买中国社会科学出版社图书，如有质量问题请与本社营销中心联系调换
电话：010 – 84083683
**版权所有　侵权必究**

**天王洪秀全画像**

（［英］呤唎《太平天国革命亲历记》）

**忠王李秀成画像**

（［英］呤唎《太平天国革命亲历记》）

太平天国男子发式、官吏夫人服饰

([英]呤唎《太平天国革命亲历记》)

**太平军作战**

（［英］呤唎《太平天国革命亲历记》）

太平天国宗教活动

（［英］呤唎《太平天国革命亲历记》）

太平天国玉玺

# 序　言

这里呈献给朋友们的是一部研究太平天国史的专著。作者张传泉副教授坚持辩证唯物主义和历史唯物主义，运用科学的世界观和方法论，既综合学界已有成果，又阐发新知新见，在注重学术性、专业性的基础上，突显通俗性、大众化，合而为一，珠联璧合，形成了严谨、翔实、生动、活泼的良史文风。

20世纪50年代，史学界兴起研究农民战争热。后来，以太平天国史为主体的"农战史"研究因成绩巨大而被誉为国内史学界的"五朵金花"之一。但从八九十年代开始，日益寥落，逐渐进入了"发展瓶颈期"。从最初的一哄而上，到如今的冷落沉寂，似是一种不可规避的正常现象。学术总该回归理性。

然而，矫枉何须过正。当我们还沉浸在反思前期研究中出现的"为尊者讳"的情结时，对农民战争全盘否定和黑化的声音悄然占据了社会上的各大媒介。一时间，农民战争破坏论，替镇压者翻案的观点被炒得沸沸扬扬。原来澄清的许多问题又被搅浑了。

首先，农民战争是改朝换代的主要动力，是中国专制政治制度自我调节的主要方式。农民战争之后，新王朝（或"中兴"王朝）一般会采取诸多改善社会经济发展的举措，农民的生活有所改观，思想文化出现新气象，这几乎形成了一条中国历史发展的周期律。可见改朝换代也有其历史进步性。受益于传统社会的自我调节机制，几千年辉煌的中华古代文明和政治制度得以承续和发展。但是，农民战争的推动力是一种客观影响，并非历史发展的根本动力。例如黄巾起义、黄巢起义和太平天国战争后都出现了长达近百年的分裂割据局面。

其次，农民战争是阶级矛盾和社会矛盾激化的产物，它的爆发具有正义性。农民起义的队伍构成相当复杂，并不是由单一的农民阶层组成，但农民为农民起义提供了最基础的人力资源和体力支持，是农民起义的主体力量。他们求生存，要活命，反对压迫剥削，无可厚非。起义的领导者出于广泛动员的需要，很大程度上会反映农民的利益诉求。从唐末王仙芝，北宋王小波、李顺提出"均贫富"，到明末农民大起义第一次明确提及平均土地的"贵贱均田之制""均田免粮"和"三年不征"的口号，再到《天朝田亩制度》关于土地分配问题的规划，这些都强烈表达了农民对土地的渴求和对均匀饱暖社会的向往。因此，无论如何，官逼民反，造反有理，是一个基本的历史判断。

再次，利用民间宗教是历史上农民起义的通例。陈胜、吴广鱼腹藏书、篝火狐鸣，刘邦斩蛇起义，张角创太平道，方腊吃菜事魔，韩山童倡白莲教宗，洪秀全建上帝教。这作为动员和组织起义的工具，起到推翻腐朽力量，扫清社会发展障碍的积极作用，不能等同和比附于现代概念的政治性邪教。

最后，战争本身即意味着伤亡和破坏。农民战争不是民族战争，不是国家战争，不应完全归咎于发起方，还要考虑到反抗对象的合法性和正当性，以及他们的具体表现。一般来说，作为反抗者的纪律，要比被反抗者好得多。

对于农民起义的失误，我们也应敢于正视。其中出现的理论和实践的矛盾、崇拜皇权、生活腐败、权力倾轧和军纪松懈等负面表现，带有普遍性。无论是黄巾起义、黄巢起义、张献忠起义和李自成起义，还是太平天国运动，概不能外。这是时代和阶级的局限，也给后世留下了惨痛的教训，注定了历史上的大多数农民起义是以失败而告终。

其中的经验教训、成败得失，自不必多说。在传泉的著作中，读者诸君一阅可知。治史如断案。历史的本真在于求实。历史上的功过是非，不是一味地肯定或否定所能揭示的。只有秉持科学的研究态度，以史料和史实考辨为基础，以广阔的视角观察农民战争，才能走出"非此即彼""非正即邪""好人坏人"的历史窠臼，才能得出更加趋近于历史事实的论断。

传泉同我有同窗之谊（曾在北京大学读博士），因而又有师承渊源（他的导师与我的导师均是张寄谦先生的弟子），后来我们朝夕相处，共同参加北京思政课教师培训。彼此相识甚欢，玩得潇洒，志向相仿，故对他知之颇多。传泉为人憨直、勤勉，是个忠实之人。治学如做人，他的这部作品也秉笔直书，力持历史之公正与历史之同情，相信一定不会让读者失望。

在这部著作正式出版之前，传泉嘱我作序，愧不敢当，写下寥寥数语，以此切入，实为引言，共勉之，自勉之。

刘　晨
北京大学历史学系研究员

# 前　言

2012年习近平总书记在参观中国国家博物馆《复兴之路》展览时指出："实现中华民族伟大复兴，就是中华民族近代以来最伟大的梦想。"[①] 近代以来，中国的先进分子历尽千辛万苦，积极探索国家的出路。以洪秀全为代表的中国农民阶级揭竿而起，掀起了波澜壮阔的太平天国运动。太平天国运动是中国近代爆发的第一次大规模反对封建主义和帝国主义的农民战争，席卷全国，震惊世界，对中国近代政治、经济和社会的演变产生了深远影响。本书综合学术界多年来关于太平天国运动的研究成果，以翔实的历史资料、活泼的话语表达、丰满的人物描写、生动的故事讲述、清晰的道理分析，在对太平天国运动兴起、发展、兴盛、衰落的历史脉络把握中，生动再现太平天国运动的历史画面。

第一章　内忧外患乱世求生："其兴也勃焉，其亡也忽焉"，这是封建社会的历史周期律。在清王朝腐败统治和残酷压迫下，老百姓怨声载道。鸦片战争残忍地撕破了清王朝的天朝迷梦，中国社会从此陷入兵荒马乱和民不聊生的泥潭。内忧外患之中，生死存亡之际，老百姓不得不铤而走险，大江南北的反清斗争呈现风起云涌之势。太平天国运动的爆发是一种必然吗？为什么会爆发在广西地区？

---

[①] 《习近平谈治国理政》第1卷，外文出版社2014年版，第36页。

第二章　拜上帝教积聚力量：传统社会人们的认识水平有限，中外民间运动多带有宗教性质。洪秀全科举屡屡落第，创办拜上帝教。洪秀全等人在两广地区传教，积聚力量，酝酿起义。太平军各路兵马齐聚金田。拜上帝教是如何发起、传播并与当地文化相融合呢？又是如何积蓄力量、筹备武装起义呢？

第三章　金田起义建都天京：金田起义，自称天王；永安封王，东南西北，羽翼天朝；湘江之战，南王冯云山战死；长沙鏖兵，西王萧朝贵战死；北攻武汉，顺江东下，建都天京。这一路，太平军是如何过关斩将、攻克城池呢？是如何浴血奋战、化险为夷呢？又是如何壮大和建设革命队伍呢？

第四章　内政外交金戈铁马：龙盘虎踞金陵地，民物浩繁定京都。定都之后，太平天国颁布了《天朝田亩制度》和其他一系列政策，高扬反帝反封建的大旗；北伐，西征，连破江南、江北大营，抗击清军围剿。《天朝田亩制度》是一个什么样的方案呢？太平天国是如何开展内政外交呢？又是如何部署军事行动呢？

第五章　天京内讧折兵损将：花柳繁华地，温柔富贵乡，教权和皇权之争酿成惨剧。东王杨秀清一夜之间身首异处，北王韦昌辉作为"肇事者"被五马分尸，翼王石达开"负气出走"英雄末路。天京内讧的真相是什么呢？天王洪秀全扮演什么样的角色呢？元气大伤的太平天国将何去何从呢？

第六章　革新内政回光返照：首义五王或死或走，朝政无人掌管。天王洪秀全重建权力中枢，洪仁玕自香港来到天京总理朝政，获封干王，颁行《资政新篇》略见成效。少帅英王陈玉成、铁胆忠王李秀成通力合作，大破长围天京的清军。为什么说《资政新篇》是中国第一个系统的资本主义建设方案呢？这一切努力可否力挽狂澜呢？太平军进攻上海会成功吗？

第七章　大势已去天国末路：在清王朝和外国侵略者的联合剿杀下，太平军节节败退。安庆失守，太平天国西线战场顷刻瓦解。苏常失守,太平天国东线战场每况愈下。天王洪秀全病逝,天京沦陷,天国覆亡。忠王李秀成是"伪降"还是"叛徒"呢?太平天国运动失败的原因究竟是什么呢?又给历史留下了什么回响呢?

# 目　　录

**第一章　内忧外患乱世求生** …………………………………（1）
　　第一节　清朝国力由盛转衰 …………………………………（1）
　　第二节　社会矛盾日益严重 …………………………………（10）
　　第三节　广西社会危机四伏 …………………………………（18）

**第二章　拜上帝教积聚力量** …………………………………（25）
　　第一节　创立拜上帝教 ………………………………………（25）
　　第二节　宣传拜上帝教 ………………………………………（36）
　　第三节　酝酿武装起义 ………………………………………（44）

**第三章　金田起义建都天京** …………………………………（57）
　　第一节　金田起义 ……………………………………………（57）
　　第二节　永安建制 ……………………………………………（64）
　　第三节　挥师湘鄂 ……………………………………………（71）
　　第四节　建都天京 ……………………………………………（79）

**第四章　内政外交金戈铁马** …………………………………（85）
　　第一节　内部政务 ……………………………………………（85）
　　第二节　外交关系 ……………………………………………（108）
　　第三节　金戈铁马 ……………………………………………（116）

## 第五章　天京内讧折兵损将 ·················· （133）
### 第一节　权力结构矛盾 ·················· （133）
### 第二节　东王身首异处 ·················· （143）
### 第三节　北王五马分尸 ·················· （148）
### 第四节　翼王负气出走 ·················· （150）

## 第六章　革新内政回光返照 ·················· （161）
### 第一节　重建权力中枢 ·················· （161）
### 第二节　颁行改革方案 ·················· （169）
### 第三节　收拾旧日山河 ·················· （175）

## 第七章　大势已去天国末路 ·················· （183）
### 第一节　纲纪废弛 ·················· （183）
### 第二节　土崩瓦解 ·················· （190）
### 第三节　天京沦陷 ·················· （203）
### 第四节　历史余响 ·················· （217）

## 余　论 ·················· （226）

## 附录　太平天国运动民间诗歌选 ·················· （238）

## 参考文献 ·················· （241）

## 后　记 ·················· （247）

# 第一章　内忧外患乱世求生

世界潮流，浩浩荡荡，顺之则昌，逆之则亡。任何民族的命运，都遵循着历史的逻辑。政通人和，则国泰民安；内忧外患，则国将不国。内忧和外患同时发生在中央政权衰败之时，便是国家形势危急和倾覆之日。19世纪中期，中国不仅遭受外国侵略的苦难，还备受内部动荡的困扰。如果说战争和侵略是来自外部的灾难和屈辱，那么革命和动荡则从内部沉重打击了统治阶级。太平天国运动是清朝最大的一场社会动荡，广大人民群众勇敢地担负起反对封建主义、反对帝国主义的艰巨任务，达到了中国农民战争的历史最高峰。任何一次重大的社会事件都不是凭空发生的，而是同特定的社会环境、历史条件密切联系。太平天国运动的出现也不例外，它是当时整个中国社会危机下的必然产物。

## 第一节　清朝国力由盛转衰

马克思认为："人们在自己生活的社会生产中发生一定的、必然的、不以他们的意志为转移的关系，即同他们的物质生产力的一定发展阶段相适合的生产关系。这些生产关系的总和构成社会的经济结构，即有法律的和政治的上层建筑竖立其上并有一定的社会意识形式与之相适应的现实基础。"[①] 人类历史的发展有其内在的客观规律，

---

[①] 《马克思恩格斯选集》第2卷，人民出版社2012年版，第2页。

物质生活的生产方式决定社会生活、政治生活和精神生活的一般过程；社会存在决定社会意识，社会意识反作用于社会存在。生产力和生产关系的矛盾以及与之密切联系并建立其上的经济基础和上层建筑的矛盾，贯穿于人类社会的始终，是推动人类历史发展的根本动力和源泉。"我们判断这样一个变革的时代也不能以它的意识为根据；相反，这个意识必须从物质生活的矛盾中，从社会生产力和生产关系之间的现存冲突中去解释。"① 探讨清朝国力的由盛转衰，首先要分析封建社会的基本矛盾。

从秦汉到明清，中国处在漫长的封建社会中。农业是封建社会主要生产部门，农业生产方式是封建制度的基础。土地所有制是农业生产方式的重要组成部分，是土地制度的核心。土地是最基本的生产资料，它同劳动的结合是以不平等的分配为前提，占人口少数的地主拥有绝大部分土地，占人口绝大多数的农民只有少量土地。封建社会的生产力和生产关系的基本矛盾，以阶级斗争的形式表现出来，即地主阶级和农民阶级之间的矛盾。正因如此，封建社会秩序的有序或混乱从根本上取决于土地分配的适当与否。

在两千多年封建社会的历史长河中，中国先后出现了"文景之治""汉武盛世""光武中兴""贞观之治""开元盛世"和"永乐盛世"，它们多发生在王朝的中前期，这主要得益于以下两点。第一，王朝新立，土地分配相对合理，人民安居乐业；第二，统治者体恤民情，励精图治，政治清明，政策开明。然而，一个令人深思的现象是，大治之后常有大乱。公元21年，西汉末年爆发绿林赤眉起义；184年，东汉末年爆发黄巾起义；878年，唐朝末年爆发黄巢起义；1629年，明朝末年爆发李自成张献忠起义。"在每一次大乱之后，许多人被杀，以致有足够的土地供幸存者耕种，但经过一段和平时期，

---

① 《马克思恩格斯选集》第2卷，人民出版社2012年版，第3页。

人口的增长不可避免地导致人均耕地面积下降。这引起了民生之艰辛，而艰辛又引发了盗匪和起义，这些致乱的状况通常伴随着治理不力、政治腐败和道德沦丧。随后便出现一段混乱时期，在混乱中人口再一次大减，直到（从理论上来说）土地和人民之间达成一种新的平衡。此后便出现一段和平安定的时期，标志着新一轮循环的开端。总之，由乱到治和由治到乱乃是保持社会平衡的自然方式，中国人从远古时起就一直听凭这一程序的支配。"① 有人把这种现象称之为"历史之自然演进"理论，显然停留在问题的表面。人口增长固然导致人均耕地面积下降，但不是民生艰辛的根源。

自然经济与封建土地所有制是造成民生艰辛的根本原因，自然经济生产力水平低，封建土地所有制引发土地兼并，即土地越来越集中到地主阶级的手中。土地兼并是封建社会不能避免的顽疾，是封建王朝后期的突出表现，是封建经济发展的必然结果。"同西欧封授世袭的庄园经济、印度的农村公社相比，中国封建社会经济构造的显著特点就在于土地的私有和买卖。"② 皇室、贵族、官僚、地主作为统治阶级，为了扩大自己的土地，运用各种的手段用低廉的价格从农民手中购买土地，让拥有土地的农民变卖自己的土地和房产沦为佃农。佃农和自耕农一起，耕耘劳作，组成了小农经济的汪洋大海。"社会的物质生产力发展到一定阶段，便同它们一直在其中运动的现存生产关系或财产关系（这只是生产关系的法律用语）发生矛盾。于是这些关系便由生产力的发展形式变成生产力的桎梏。那时社会革命的时代就到来了。"③ 封建社会的生产关系束缚了生产力的发展，却长期难以突破封建制度。"其兴也勃焉，其亡也忽焉"，由乱到治，由治到

---

① ［美］徐中约：《中国近代史：1600—2000，中国的奋斗》，计秋枫等译，世界图书出版公司2008年版，第175—176页。
② 陈旭麓：《近代中国社会的新陈代谢》，中国人民大学出版社2012年版，第4页。
③ 《马克思恩格斯选集》第2卷，人民出版社2012年版，第2—3页。

乱，这是封建社会的历史周期律。

　　进入17世纪，明末爆发内乱，李自成、张献忠起义，满洲贵族"八旗"铁骑横扫南北，"扬州十日"斑斑血迹，嘉定屠城，无数人死于非命。清王朝建立在兵燹的余烬中，阶级矛盾与民族矛盾的交错重叠，连年的战乱使得中国人口数量急剧下降，有大量的荒地可供开垦。17世纪中期到18世纪末，清朝社会经济不断发展，政治制度逐步完善，编撰《康熙字典》《四库全书》，收复台湾，抗击沙俄，促进和巩固了大一统局面，国力空前强盛，人民安居乐业，史称"康乾盛世"亦称"康雍乾盛世"。"康乾盛世"促使人口数量迅速增长，尽管耕地面积有所增加，但耕地面积增加与人口数量增长相比严重"不足"。清朝人口数量在1660年（顺治十七年）约0.5亿，到1720年（康熙五十九年）约1亿，到1795年（乾隆六十年）约3亿，到1840年（道光二十年）约4亿。清朝耕地面积却没有相应增加，1661年约5.49亿亩耕地，到1812年约7.91亿亩。由此可见，1660—1812年，中国人口数量增长了5倍以上，但耕地面积只增加了不到50%。人口等比增长，土地等差增加，这种差异导致了人均耕地面积急剧下降。1812—1833年，由于自然灾害因素，耕地面积不仅没有增加，反而出现了负增长，从7.91亿亩减少到7.37亿亩，而人口却从3.61亿增长到了3.98亿，人均耕地面积下降到1.86亩。封建社会生产力水平低，人口增长与土地、粮食之间的矛盾问题是一个自然而然的过程，乾隆、嘉庆时期的诗人洪亮吉在《治平篇》中，"以一家计之"进行了深刻论述："有屋十间，有田一顷。身一人，娶妇后不过二人。以二人居屋十间，食田一顷，宽然有余矣。以一人生三计之，至子之世，而父子四人，各娶妇，即有八人，八人即不能无佣作之助，是不下十人矣。以十人而居屋十间，食田一顷，吾知其居仅仅足，食亦仅仅足也。子又生孙，孙又娶妇，其间衰老者或有代谢，然已不下二十余人。以二十余人而居屋十间，食田一顷，即量腹而食，度足而居，吾以知其必不敷矣。"① 小到家庭，大到国家，人口增长与土地、粮食之间的紧张形势是相似的。

清朝中后期，皇室、贵族、官僚、地主用经济的或者非经济的手段造成了土地兼并，耕地高度集中。乾隆年间，直隶怀柔县郝氏有"膏腴万顷"。时人上奏指出，良田之归于富户者，大约十之五六。道光年间，直隶总督琦善有耕地2万余顷，至于占地几千亩的地主，为数更多。农民土地拥有量不断减少，负担日益加重，当小块耕地的产出不能维持生活所需时，农民往往会卖掉耕地而成为地主的佃户。许多失去土地的农民背井离乡，流入城市，充当挑夫、码头装卸工或水手；有些人则漂洋出海寻求新生活，于是便衍生了近代华侨史；有些人成为无业游民，甚至沦为盗匪。洪亮吉在《生计篇》中写道："为农者十倍于前，而田不加增；为商贾者十倍于前，而货不加增；为士者十倍于前，而佣书授徒之馆不加增……何况户口既十倍于前，则游手好闲者，更十倍于前。此数十倍之游手好闲者，遇有水旱疾疫，其不能束手以待毙也明矣，是又甚可虑者也。"② 如果社会上存在大规模工业和产业，那么这些过剩的人员可以融入生产性的渠道，成为工人。但是，由于自给自足的自然经济、重农抑商的传统观念和超稳定的社会结构，苏浙地区零星的工场手工业难以突破封建制度的枷锁，当时中国没有出现新式的生产部门，更没有产生工业革命，大量无业者便成为社会不安定的因素。

马克思指出："在一切社会形式中都有一种一定的生产决定其他一切生产的地位和影响，因而它的关系也决定其他一切关系的地位和影响。"③ "康乾盛世"是中国封建社会的回光返照，嘉庆一朝是大清

---

① 洪亮吉：《洪北江诗文集》第1册，商务印书馆1935年版，第48页。
② 洪亮吉：《洪北江诗文集》第1册，商务印书馆1935年版，第50页。
③ 《马克思恩格斯选集》第2卷，人民出版社2012年版，第707页。

由盛转衰的时期，反清运动此起彼伏，白莲教、天地会等势力暗流涌动。道光前期仍存在大量骚动，农民阶级和地主阶级的矛盾已经十分尖锐，显现出积重难返的社会弊端。

一是官吏腐败。乾隆中后期，宠臣和珅公开收受贿赂，大肆非法侵吞钱财，众多官僚起而仿效，贪污腐败蔚然成风。据统计，和珅侵吞国家财产达25年之久，折合白银8亿两之多，当时清廷年收入不过7000万两。1799年（嘉庆四年），和珅被下狱赐死，在和珅家产被抄后的清单上，登记着金碗碟4288件、银唾盂600个、金面盆119个、黄金580万两、当铺75座本银3000万两、银号42座本银4000万两。因此，时人有"和珅跌倒，嘉庆吃饱"讽刺之说。和珅贪污受贿固然有乾隆皇帝宠护的原因，更与封建社会的政治制度有关。由于缺乏有效的管理制度，尽管嘉庆皇帝试图整治官吏腐败，但文武百官卖官鬻爵，强索钱财，非法众敛，司空见惯。士大夫龚自珍在《明良论》中写道："历览近代之士，自其敷奏之日，始进之年，而耻已存者寡矣！官益久，则气愈偷；望愈崇，则谄愈固；地益近，则媚亦益工。至身为三公，为六卿，非不崇高也，而其于古者大臣巍然岸然师傅自处之风，匪但目未睹，耳未闻，梦寐亦未之及。臣节之盛，扫地尽矣。"① 道光年间的爱国人士张亨甫形象地描述道：为大府者，见黄金则喜；为县令者，严刑非法以搜刮老百姓的钱米，变换成金而贿赂大府。地丁税是清政府的主要税收，每个地方在征收地丁税时都有一定的额度，但时常出现征收的税收超过甚至数倍于额度的情形，超过额度的所有钱粮被地方官员据为己有，非法所征的负担主要落到了农民的身上。在地方官吏和乡绅的催逼下，农民往往被迫交纳比核定税额多的现银和赋粮。三年清知府，十万雪花银。清朝中后期，官场腐败与百姓困苦已呈"积弊相沿""积重难返"之势！

---

① 康沛竹选注：《龚自珍集》，辽宁人民出版社1994年版，第7—8页。

二是行政无能。1768年（乾隆三十三年），一股名为"叫魂"的妖风冲击了几乎半个中国，老百姓人心惶惶，各级官吏疲于奔命，乾隆皇帝寝食难安，结果却无迹而终。① "盛世妖术"及应对之策，既反映了封建官僚体制运行的内在缺陷，又反映了清廷对于"汉化"和"执政合法性"的焦虑。满汉之争贯穿整个清王朝，清廷对汉族官员存有疑虑，采取相互牵制的政策，在一定程度上降低了行政效率。官员们出现任何疏忽或过失都可能招来惩罚，多屈从于一套严密的规章、限制和牵制网络，不敢或者不愿提出积极主动的独立见解，形成了"贪与廉皆不能办事"的可悲局面。1799年（嘉庆四年），广西巡抚谢启昆上奏清廷：各省仓库积弊严重，公物私相授受，前任亏空，后任隐瞒，以揭发亏空者为多事。普通官员谨慎行事，为了尽可能少地承担责任，多是循规蹈矩、循礼安分。许多官员不再追求经世致用，或舞文弄墨，作八股文，或行善念经，阴阳五行，得过且过，对民众福祉漠不关心。许多科举登第为官的人因"文字狱"之灾，明哲保身，多是软弱之辈，而非治国能臣。在这样的气氛下，知识分子自夸为学问而学问，逃避对社会应负的责任，"事不关己，高高挂起"，直接导致了清廷官场的道德沦丧。

三是军备松弛。清朝的常备军有两种，即八旗兵和绿营兵。② 在鸦片战争前，清王朝拥有22万八旗兵和66万绿营兵。八旗兵所获饷银是绿营兵所获饷银的数倍，他们拥有特权，养尊处优，疏于骑射，荒于武备，战斗力急剧下降。雍正年间，八旗兵已退化到不能再上阵

---

① 参见［美］孔飞力《叫魂：1768年中国妖术大恐慌》，陈兼译，生活·读书·新知三联书店2014年版。

② 八旗制度与清政权相始终，八旗兵以满人为主，分为正黄旗、正白旗、正红旗、正蓝旗、镶黄旗、镶白旗、镶红旗、镶蓝旗。顺治初年，清廷收编明军及其他汉兵，参照明军旧制，以营为基本单位组建而成，以绿旗为标志，称为绿营。绿营的兵种主要有骑兵、步兵和水师。驻防京师的绿营称为巡防营，驻守各省的绿营主要有督标（总督统辖）、抚标（巡抚统辖）、提标（提督统辖）、镇标（总兵统辖），标下设协（副将统辖）。

打仗的地步。他们放荡不羁,玩物丧志,三五成群,喝茶捧角斗蟋蟀,手提鸟笼雀架,终日闲游,甚或相聚赌博,不仅不能履行保卫王朝的职责,反而成了社会的寄生虫。道光、咸丰时期,绿营兵已经成了清廷的主力军队,战斗力虽强于八旗,但也相当腐化,镇压起义旷日持久,边关军务被漠然置之。沿海水师大都老弱无用,战船多半是薄板旧钉而成,存在水勇不习水、武器生锈、炮台失修的严重现象。军官贪污军饷,颓废不堪,甚至吸食鸦片。绿营兵的饷银甚低,有些士兵自谋生计,把当兵作为一种副业。总之,曾经建功立业的八旗兵和绿营兵大大丧失了以往的锐气和斗志,正如龚自珍在《尊隐》中所言:"日之将夕,悲风骤至,人思灯烛,惨惨目光,吸饮暮气,与梦为邻,未即于床。"①

四是国库空虚。乾隆皇帝好大喜功,虚饰浮华,消耗了大量的国力民财。乾隆皇帝在《十全记》中夸耀自己的"十全武功":两平准噶尔、平定大小和卓之乱、两次金川之役、平台湾林爽文起义、缅甸之役、安南之役、两次抗击廓尔喀之役,"十全武功"耗费约1.2亿两白银。此外,乾隆皇帝六次南巡,至少耗费2000万两白银,东、西、北各方巡游耗费白银不得而知,庆祝60大寿、大修圆明园耗费白银亦不得而知。1796年(嘉庆元年),白莲教在湖北发动起义,起义军转战河南、陕西、四川等地,沉重打击了清王朝。清政府历时九年镇压白莲教起义,耗费约2亿两白银。②享乐的风气、巨额的开支和官场的腐败,使得国库空虚。清朝政府已是积重难返,民心浮动,困境思变。汉、壮、苗、瑶、彝、回、藏等各族人民纷纷起义,抗租

---

① 康沛竹选注:《龚自珍集》,辽宁人民出版社1994年版,第2页。
② 参见蒋维明编《川湖陕白莲教起义资料辑录》,四川人民出版社1980年版,第28页。"白莲邪教起自元末红巾之乱……其教以道祖为重,又有天魔女诸名位,以持斋修善为名,而暗蓄异志,谋为不轨。其教自京畿迤南学习者众。乾隆中,傅文忠任九门提督时,曾捕获黄村妖妇某氏伏法;其党惩治有差,其风稍熄。而蔓延至楚、豫、秦、蜀诸省,遂有嘉庆丙辰楚北揭竿之乱,兵兴九载,然后扑灭。"

抗粮，拒捕伤官。根据1835年（道光十五年）御史常大淳的奏折来看，直隶、山东、河南等省份"教匪"辗转多地，传教"惑众敛钱"；湖南的永州、郴州、桂阳，江西的南安、赣州，均有"会匪结党成群"。

纵观中国封建社会，农民起义或者教会活动屡见不鲜，但改朝换代者相对较少。列宁说："一切革命……基本规律就是：要举行革命，单是被剥削被压迫群众认识到不能照旧生活下去而要求变革，还是不够的；要举行革命，还必须要剥削者也不能照旧生活和统治下去。只有'下层'不愿照旧生活而'上层'也不能照旧维持下去的时候，革命才能获得胜利。这个真理的另一个说法是：没有全国性的（既触动被剥削者又触动的剥削者的）危机，进行革命是不可能的。"① 革命需要物质基础，需要被动因素，彻底的革命是彻底需要的革命。任何时候、任何地方发生革命，其背后必然有某种社会要求。如果这种社会要求未被人强烈地、普遍地感受到，那么革命不会立即获得成功。革命活动不是一帆风顺，由无数个因素和环节构成，表现为局部的偶然性和全局的必然性。革命者不是先天就有，革命思想不是无源之水，革命不是凭少数人的情感冲动就能煽动起来，而是完全不以某个集团和整个阶级的意志和领导为转移的各种情况的必然结果。

官僚腐败、行政无能、军备松弛、国库空虚是诸多王朝后期的典型特征。变幻的时局已经超出了清朝皇帝的驾驭，所换来的是一个江河日下的"晚秋夕阳"。龚自珍留心国事，在《平均篇》中感慨："人心亡则世俗坏，世俗坏则王运中易。王者欲自为计，盍为人心世俗计矣。有如贫相轧，富相耀；贫者阽，富者安；贫者日愈倾，富者日愈壅。或以羡慕，或以愤怨，或以骄汰，或以啬吝，浇漓诡异之俗，百出不可止。至极不祥之气，郁于天地之间，郁之久，乃必发为

---

① 《列宁选集》第4卷，人民出版社2012年版，第193页。

兵燧，为疫疠，生民噍类，靡有孑遗，人畜悲痛，鬼神思变置。"①冰冻三尺非一日之寒，风起于青萍之末。清朝统治力量盛极而衰，昔日的昌盛浮现在表面，中国封建社会已经走到了尽头。

## 第二节  社会矛盾日益严重

16世纪后，中西方分途发展。中国在封建社会原地踏步，曾经发挥过进步作用的地主阶级走向没落；西方从中世纪走出来，经历文艺复兴、海外探险，资本主义在迅速发展，资产阶级登上历史的舞台。17世纪80年代，英国完成资产阶级革命。18世纪60年代，英国开始了工业革命，大机器工业逐渐代替了工场手工业。英国经济迅速发展，工业产量急剧上升。随后，法国、美国相继开始资产阶级革命和工业革命。"资产阶级在它的不到一百年的阶级统治中所创造的生产力，比过去一切世代创造的全部生产力还要多，还要大。"②"资产阶级，由于一切生产工具的迅速改进，由于交通的极其便利，把一切民族甚至最野蛮的民族都卷到文明中来了。它的商品的低廉价格，是它用来摧毁一切万里长城、征服野蛮人最顽强的仇外心理的重炮。"③不断扩大产品销路的需要，驱使资产阶级奔走于全球各地，寻找商品市场，争夺原料产地。

乾隆嘉庆年间，英国曾先后委派马戛尔尼、阿美士德使华，提出驻使、通商、租地的要求，但被清廷断然拒绝。早在17世纪，英国就开始从中国进口茶叶、丝绸和瓷器。中国尽管实行闭关锁国的政策，但对外贸易处于出超（出口额大于进口额）的地位，这主要源于中国古代社会自给自足的自然经济。中国的自然经济不需要和外国

---

① 康沛竹选注：《龚自珍集》，辽宁人民出版社1994年版，第76—77页。
② 《马克思恩格斯选集》第1卷，人民出版社2012年版，第405页。
③ 《马克思恩格斯选集》第1卷，人民出版社2012年版，第404页。

的商品生产紧密联系在一起，英国的产品并不受中国欢迎。1781—1790年，在中国销往英国的商品中，仅茶叶一项总额就是英国销往中国全部商品总额的六倍。英国必须以白银来抵付贸易差额，直到18世纪70年代，英国找到了鸦片这种特殊商品。① 1773年（乾隆三十八年），英国商人开始在中国贩卖鸦片；1796年（嘉庆元年），英国商人输入鸦片大约4000箱；1828年（道光八年），英国商人输入鸦片大约10000箱；1838年（道光十八年），英国商人输入鸦片大约35000箱。按当时价格，每箱鸦片售价是600—800银圆，35000箱鸦片共值约2000万银圆。当时1银圆大体合库平银7钱，折元成两。鸦片战争前夕，中国因为鸦片贸易每年流出白银在1000万两以上。

鸦片贸易不仅导致中国白银大量外流，还对中国人的身心健康造成极大损害。据1838年的估计，中国吸食鸦片的人数多达400万。官员吸食鸦片，私相授受，官商勾结，吏治更加腐败。士兵吸食鸦片，骨瘦如柴，战斗力持续下降，这些社会危机不能不引起清廷统治者的高度重视。1838年6月，鸿胪寺卿黄爵滋奏请严禁鸦片，吸食者限期一年内戒烟，不遵者视为"不奉法之乱民"，"其地方官署内官亲幕友家丁，仍有吸食被获者，除本犯治罪外，该本管官严加议处"②。道光皇帝将黄爵滋奏折转发到各地议处，八位督抚同意严禁鸦片，如湖广总督林则徐③。林则徐指出："当鸦片未盛行之时，吸食者不过害及其身，故杖徒已足蔽辜。迨流毒于天下，则为害甚巨，

---

① 鸦片很早就传入中国，可以麻醉神经，是中药成分之一，但吸食鸦片者会产生幻觉。雍正年间，清廷鉴于此允许鸦片入药，但禁止吸食鸦片。乾隆、嘉庆、道光年间，清廷禁止吸食鸦片，但收效甚微，反而因为英国倾销鸦片而愈演愈烈。

② 黄爵滋：《奏请严塞漏卮以培国本折》，载中国第一历史档案馆编《鸦片战争档案史料》第1册，上海人民出版社1987年版，第256—257页。

③ 林则徐（1785—1850），福建侯官（今福州）人，为官清廉，忠于职守。在鸦片战争中，林则徐被清廷罢黜，充军伊犁，兴修水利，保境安民，擢升陕甘总督、云贵总督。1849年林则徐因病辞职回籍，次年因两广地区民众动乱，再度授命钦差大臣，赴广州署理军务，卒于赴任途中，谥号"文忠"。

法当从严。若犹泄泄视之，是使数十年后，中原几无可以御敌之兵，且无可以充饷之银。"① 1838年11月，林则徐受命为钦差大臣，前往广东查禁鸦片。1839年3月，林则徐抵达广州，与两广总督邓廷桢通力合作，缉拿烟商；4月下旬至5月中旬，英美烟商被迫缴出鸦片19000多箱、2000多麻袋，共计200多万斤；6月，虎门销烟20多天，向世界宣示了中华民族反对外国侵略的决心，镌刻在中国人民英雄纪念碑的浮雕上。苟利国家生死以，岂因祸福避趋之？林则徐是一个生动的言传身教。他主张严禁鸦片，坚决抵抗西方侵略，维护国家主权和民族利益，是中华民族英雄；他积极学习国际法律和科学知识，主持编译《四洲志》，被称为"中国睁眼看世界第一人"。

中国禁烟的消息传到伦敦，英国议会围绕是否对华开战进行了三天的辩论，最终投票结果是271：262票，以9票的微弱优势决心出兵，英国资产阶级特别是鸦片利益集团沸腾了。匹夫无罪，怀璧其罪，这场看似因为虎门销烟而发动的"鸦片战争"根本上是为了打开中国市场和外交大门。1840年2月，英国政府任命懿律为侵华总司令和全权代表；6月，英国舰船抵达中国珠江海面，首先进攻广州，林则徐、邓廷桢指挥清军成功抵抗；7月，英军北上侵占浙江定海；8月，英军抵达天津大沽口。道光皇帝担心事态扩大，查办林则徐，改派直隶总督琦善为钦差大臣，负责与英国和谈。琦善擅自与义律商议《穿鼻草约》，涉及割地赔款，两江总督裕谦②对此弹劾，琦

---

① 林则徐：《奏为钱票无甚关碍宜重禁吃烟以杜弊源折》，载中国第一历史档案馆编《鸦片战争档案史料》第1册，上海人民出版社1987年版，第361页。
② 裕谦（1793—1841），蒙古镶黄旗人，注重经世致用，推崇范仲淹"以天下为己任"，鸦片战争期间署理两江总督。1841年10月，裕谦因清军溃败、镇海失陷，投水自尽，谥号"靖节"。

善①被革职抄家。清廷对英宣战，委派御前大臣弈山主持广东战事，英军攻占虎门，逼近广州，弈山与英军签订城下之盟《广州条约》，交付赎城费600万银圆。中英且战且谈，英国政府不满足英军在华取得利益，改派璞鼎查替换懿律为全权代表，增派援军，扩大侵略战果。1841年8月，英军侵占厦门；10月，英军第二次侵占定海。1842年6月，英军侵占吴淞口；7月，英军侵占镇江；8月，英军抵达南京江面。南北漕运②面临威胁，清廷求和，盛京将军耆英赴南京与璞鼎查谈判。

鸦片战争前夕，虽然中国的经济总量仍居于世界首位，但俨然是一只"病猫"或"纸老虎"。在鸦片战争中，清军虽然进行了英勇反抗，但难以抵挡英军进攻，清军节节败退。分析清军在鸦片战争中失败的原因，林则徐直言："彼之大炮，远及十里内外，若我炮不能及，彼炮先已及我，是器不良也。彼之放炮，若内地之放排枪，连声不断，我放一炮后，须转展移时，再放一炮，是技不熟也。""内地将弁兵丁，虽不乏久列戎行之人，而皆觌面接仗。似此相距十里八里，彼此不见面而接仗者，未之前闻，故所谋往往相左。"③除了清军武器落后、将士缺乏现代战争素养外，还有清廷思想观念落后，沉迷于天朝上国的美梦中，既不自知，又不知彼。1842年春，清廷命钦差大臣奕经询问被俘的英国军官，英吉利国"距离内地的水程，以及来华途中共经几国"？"该女王年甫廿二岁，何以推为一国之主？有无匹配？其夫何名？何处人？在该国现居何职？"④清廷谕台湾总兵达

---

① 1842年琦善被清廷起用，历任四川总督、陕甘总督。1853年再度授命钦差大臣，在扬州建立江北大营，围剿太平军，屡战屡败，次年病死，谥号"文勤"。
② 漕运是指利用水道、河道或海道的方式调运赋税（主要是粮食）的经济政策。清朝时期，东南富庶，南方赋税主要通过京杭大运河实现"南粮北运"。
③ 林则徐：《林少穆制府遣戍伊犁行次兰州致姚春木王冬寿书》，转引自康沛竹等编《〈中国近现代史纲要〉教学重点文献资料选编》，北京大学出版社2012年版，第51页。
④ 齐思和等整理：《筹办夷务始末（道光朝）》第46卷，中华书局1964年版，第1752页。

洪阿及道台姚莹查询英吉利国"周围几许?""英吉利至回疆有无旱路可通?平素有无往来?与俄罗斯是否接壤?有无贸易相通?"① 可怜之人,必有可恨之处;可恨之人,必有可悲之苦。在两年多的时间里,中国调动了 10 万军队,先后有一名总督(裕谦)、两名提督(关天培、陈化成)、七名总兵(张朝发、祥福、江继芸、郑国鸿、王锡朋、葛云飞、谢朝恩)、两名都统(海龄、长喜)以及数千名士兵死于战争。奈何国仇家恨,终究意气难平,鸦片战争开启了中国三千年未有之变局。

1842 年 8 月 28 日,由于战事不利,清政府被迫在英舰"康华丽"号上与英国签订《南京条约》,这是中国近代史上第一个不平等条约。1843 年 10 月,清政府与英国签订《南京条约》补充条款——《虎门条约》。割香港岛给英国,破坏了中国领土完整;开放广州、厦门、福州、宁波、上海为通商口岸,允许英国人在通商口岸设驻领事馆;中国向英国赔款 2100 万银圆,不包括广州赎城费 600 万银圆;英国在中国的进出口货物纳税,中国与英国共同议定,破坏了关税自主权;英国商人可以自由与中国商人交易,不受"公行"②的限制;英国获得片面最惠国待遇,享受清政府给予其他国家的任何权利;英国享有领事裁判权,英国人在中国犯罪可不受中国法律制裁;英国军舰可以进驻中国通商口岸,侵害了中国领水权。西方其他列强趁火打劫,逼迫清政府与之签订不平等条约。1844 年 7 月,中美签订《望

---

① 齐思和等整理:《筹办夷务始末(道光朝)》第 46 卷,中华书局 1964 年版,第 1776—1777 页。

② 在鸦片战争前,中国实行闭关锁国的政策,只有广州一处对外通商。公行是清朝在广州成立的行商组织,专门负责中国与外国的商业贸易,划定出口货物价格,经手交纳进出口货物的海关税。公行亦称洋行,有 13 家,也叫十三行。十三行的行总(总商)既是十三行的领袖,组织协调对外贸易;又是政府与外商的交涉员,清朝官吏的命令由行总传给外商,外商给清朝官吏的呈文由行总转递。公行对外商有严格的规定,夏秋两季是买卖季节,外商可以住在广州,买卖结束,必须回澳门过冬;外商在广州只能住在"夷馆",不能随便出游;枪炮及"夷妇"不能进广州。

厦条约》；10月，中法签订《黄埔条约》。随着一系列不平等条约的签订，中国被纳入西方资本主义的"条约体系"，开始沦为半殖民地半封建社会，社会危机日益加剧。

第一，清政府原本国库空虚，为了支付巨额赔款，加紧搜刮劳动人民。道光皇帝发布诏命，要求各省总督、巡抚限期催缴税捐，人民群众的生活更加困苦。地丁税涉及千家万户，鸦片战争后不到十年的时间，劳动人民实际负担比过去增加了好几倍，原本人多地少的贫苦农民陷入绝望境地。据记载，在苏州、松江（今上海松江区）地区，有些人耕作后的收入竟不够缴纳赋税，出现了"弃田不顾"的极端现象。江浙地区是清朝的鱼米之乡和财赋重地，赋税的征收直接牵连各阶层的切身利益。面对日益增加的地租，广大贫苦农民多次掀起抗租斗争，一些中小地主也参与其中。1843年，时任两江总督耆英向道光皇帝上报："官与民，民与兵役，已同仇敌。……吏治日坏，民生日困，民皆疾视其长上。一朝有事，不独官民不能相顾，且将相防。困苦无告者，因而思乱。"① 1843—1847年，湘、粤、桂三省变乱不断，湖南耒阳人民抗租抗粮，一度包围县城。

第二，鸦片战争后，西方资本主义国家向中国倾销商品，逐步破坏了沿海通商口岸及附近地区的传统手工业。西方资本主义国家完成了工业革命，蒸汽机提升了生产效率，大大降低了商品的生产成本，中国手工业在与西方现代工业竞争中很快落败。以东南沿海地区的手工纺织业为例，鸦片战争前"东南杼轴之利甲天下"，鸦片战争后"蚕棉得丰岁而皆不偿本"，洋布洋棉开始占据五处通商口岸，由于物美价廉，老百姓购买者约十分之九。在厦门和福州市场上，福建地区的土布大量积压；在上海和宁波市场上，江浙地区的土棉不复畅

---

① 转引自张海鹏、翟金懿《简明中国近代史读本》，中国社会科学出版社2018年版，第18—19页。

销。商人多不贩运土布土棉，中国纺织女工纷纷被迫停工。广州作为旧有的通商口岸，具有悠久的对外贸易史和广泛的对外接触面。面对西方商品的倾销，广州地区的家庭手工业被摧毁，自给自足的自然经济很快瓦解，少数的人借机转行谋生，更多的人受到负面影响而成为潜在的动荡因素。

第三，由于输掉了鸦片战争，鸦片贸易不但没有被禁止，反而更加泛滥，白银外流。1843年后，清廷不敢谈及"禁烟"，鸦片贸易实际上不受法律制裁。英、美等国来华的商人绝大部分都进行了鸦片贸易，因为鸦片进入中国无须缴纳关税，鸦片贩子肆无忌惮，南起广东、北到奉天（今辽宁）的许多港口都出现了走私鸦片的船舶。外国输入中国的鸦片从1842年的4万多箱上升到1850年的5万多箱。有人说：农民食烟者约十之三，商人食烟者约十之六，士兵食烟者约十之八，上至督抚仆隶之私，下至县门舆台之贱，食烟者十之八九。这种描述虽然略有夸张，但考虑到国内的罂粟种植情况，以进口鸦片的数量估计，当时中国吸食鸦片的人至少有1000万人。1843—1850年，中国因进口鸦片每年平均流出白银1000多万两。白银外流，银贵钱贱，加剧了业已恶化的经济混乱。1820年，1两白银兑换1400文铜钱；1838年，1两白银兑换1600文铜钱；1842年，1两白银兑换1700文铜钱；1845年，1两白银兑换2000文铜钱；1849年，1两白银兑换2300文铜钱。兑换率增长，实际是减少了普通民众的收入，正如清朝官员包世臣所言："小民计工受值皆以钱，而商贾转输百货则从银。其卖于市也，又科银价以定钱数，是故银少则价高，银价高则物值昂。又民户完赋亦以钱折，银价高则折钱多，小民重困。"[①]

第四，鸦片战争失败后，清王朝的声威一扫而尽，失去了民众的

---

① 转引自陈旭麓《近代中国社会的新陈代谢》，中国人民大学出版社2012年版，第48页。

敬畏。天朝上国、万世长存的迷梦被拆穿，闭关自守、与世隔绝的状态被打破，不得不同外界发生联系。一方面，中国近代的先进知识分子开始抛弃陈腐观念，注目世界，探求新知，寻求强国御侮之道，萌发了一股向西方追求真理的新思潮，封建思想受到了很大冲击，加速了清王朝的衰落。容闳①、洪仁玕②等人正是在香港获得了外部世界的直观印象，在体验中生羡慕，在学习中长见识，从心生抗拒转变为主动接受，从感性认识上升到理性认识，以至有了后来的改革思想和实践。另一方面，本国封建主义、外国资本主义双重压迫激起了人民群众的斗争，秘密会社和地方团体加紧筹划武装起义。道光年间，长江以北地区主要是白莲教运动，在清廷绞杀之下力量式微；长江以南地区主要是天地会起义，面对清廷的镇压越挫越勇。天地会是洪门③的一支，在嘉庆、道光年间发展壮大。鸦片战争后，天地会的势力遍及闽浙、两广、湘赣、云贵等省份，转移无定，招纳亡命，聚众持械，专门对抗清政府。

在清朝封建主义腐败统治和西方资本主义残酷压迫下，老百姓怨声载道。中国社会的主要矛盾由地主阶级和农民阶级的矛盾，转变为外国资本主义与中华民族的矛盾、封建主义与人民大众的矛盾。中国人民的革命任务，从反对封建主义转变为反对帝国主义和封建主义。内忧外患之中，生死存亡之际，百姓不得不铤而走险，大江南北的反

---

① 容闳（1828—1912），广东省香山人，中国近代著名的教育家、外交家和社会活动家。容宏曾在澳门、香港读书，后跟随美国传教士赴美留学；1854年从耶鲁大学毕业，返回中国；1860年冒险前往天京，建言献策，不得志；1863年拜会曾国藩，1872年组织了第一批官派留美幼童，在中国近代西学东渐中作出了不可磨灭的贡献。

② 洪仁玕是洪秀全的族弟，太平天国定都天京（今南京）后，洪仁玕来到天京，颁行《资政新篇》。

③ 洪门是明末清初成立的秘密会社，以反清复明、替天行道为宗旨。"洪门"一词的由来，一说"洪门"指代"汉门"，因为丧失了中原土地，"汉"的繁体字"漢"除去"中土"部分而成为"洪"；一说明太祖年号洪武，所以取名"洪门"。洪门的分支很多，比如天地会、哥老会、三合会、小刀会、致公堂（后改为致公党），在中国近现代史上产生了重要影响。

抗斗争风起云涌，中国社会陷入了兵荒马乱、民不聊生的泥潭。强者凌弱，肆无忌惮，弱者唯有抱团取暖，太平天国运动就是从这个乱世中出现的。

## 第三节　广西社会危机四伏

太平天国运动爆发于广西金田，波及长江中下游地区，后期在苏南和浙江建立了比较稳定的统治。如果说江南地区是太平天国运动的实践场，那么广西则是太平天国运动的策源地。"19世纪40年代充斥于广西省的社会混乱，部分地肇端于与外国接触所产生的破坏性后果，部分地为该地区独有的社会复杂性所使然。"①

第一，广西地区崇山峻岭，交通不便，土地贫瘠，自然灾害频发。"回顾我国历史上发生的农民起义，从秦末陈胜、吴广起义，汉代的绿林、赤眉起义，到隋末、唐末、元末以至明末李自成大起义，无论其时间长短、范围大小，无一不是以灾荒为背景。"② 太平天国运动亦不例外，它发生的前十年间，正是全国自然灾害频发时期。1841—1843年，黄河连续3次决口，河南、安徽和江苏等省份受灾严重；1847年，河南旱灾；1849—1850年，东南各省"大水奇灾"，浙江、江西和湖北等省份受灾严重。与此同时，地处中国西南的广西地区自然条件恶劣，几乎连年成灾。据史料记载，"道光十三年癸巳，桂平蝗。十四年甲午夏，浔州蝗，复大水。七月初七日，桂平大宣里鹏化、紫荆、五指三山水同发，平地深三尺，岁大歉。十五年乙未，平南蝗食草木百谷殆尽。十六年丙申，平南再蝗。十七年丁酉春三月

---

① ［美］费正清、刘广京编：《剑桥中国晚清史》上卷，厉以平译，中国社会科学出版社1985年版，第257页。
② 康沛竹：《中国近现代史前沿问题研究》，安徽人民出版社2012年版，第7页。

朔，浔州雹，大如斗。二十年庚子六月，浔州大旱。"①1842年（道光二十二年），玉林、北流、陆川雨雹天灾，苍梧水灾，上林旱灾，全州蝗灾。1843年（道光二十三年），罗城"春无雨。夏四月大水。六、七月，大旱。秋收无，贫民苦之"，融县"夏五月，时疫流行，死人颇多"②。1844年（道光二十四年），滕州、罗城水灾，全州瘟疫。1845年（道光二十五年），临桂大雨，柳城饥荒。1846年（道光二十六年），临桂"因四月二十日以后：阴雨连绵，至二十五日辰刻，山水暴发，建瓴而下，迅猛异常。至是日未刻，旋即消退。随勘得该处被水共五十二村，田百余亩。各村共倒塌瓦草房屋一百六十二间，压毙男妇大小共六百口"③。全州旱灾，桂平瘟疫，疫情延续到次年。1847年（道光二十七年），柳城蝗灾，恭城饥荒，容县风灾，平乐旱灾，临桂雨雹天灾，玉林地震。1848年（道光二十八年），贵县、宾州、修仁蝗灾，"飞蝗蔽日，如飘风骤雨之至，飒飒有声，所下之处，禾苗菽麦嚼食一空"④。藤县地震，浔州、武宣旱灾。1849年（道光二十九年），灵川春天冰雹，夏天蝗灾，秋天旱灾，禾苗尽枯；宾州、陆川、上林、象州风灾，北流、玉林饥荒。1850年（道光五十年），昭平、崇善、龙州水灾，三江瘟疫，人死无数，并有豺狼。总之，水灾、旱灾、蝗灾、雪灾、瘟疫在广西地区肆虐，老百姓陷于失业、破产、饥饿、死亡的困境。作为一种消极的破坏力量，自然灾害往往直接造成人口伤亡和财富的毁坏，不利于社会安定。然而，面对受灾民众的苦难，官府的赈济敷衍了事，弄虚作假，贪污渎职，趁火打劫。广西地区盗匪猖獗，受灾民众愤恨绝望，很容易被鼓动去参加叛乱或起义。可以说，"连年不断的自然灾害不仅导致人口

---

① 太平天国革命时期广西农民起义资料编辑组编：《太平天国革命时期广西农民起义资料》第1册，中华书局1978年版，第14—15页。
② 李文海等：《近代中国灾荒纪年》，湖南教育出版社1990年版，第32页。
③ 李文海等：《近代中国灾荒纪年》，湖南教育出版社1990年版，第54页。
④ 李文海等：《近代中国灾荒纪年》，湖南教育出版社1990年版，第98页。

死伤、房屋倒塌、土地荒芜,对社会生产造成巨大破坏;更为严重的是,大量无家可归的饥民、流民加重了社会动荡,加剧了本已十分尖锐的阶级矛盾。这些都为太平天国革命的发生、发展提供了有利的时机和条件"①。

第二,广西是清朝经济最落后、社会矛盾最尖锐的地区之一,地主对农民的剥削程度极其严重。1661—1840年,广西的人口从113.6万人增长到763.3万人,耕地面积只从53939顷增加到89620顷。人口数量增长与土地面积增加之间的差异导致了人均耕地面积的急剧下降。此外,广西土地兼并十分严重。鸦片战争后,平南县土地日益集中,"总计地主占有全部耕地面积的百分之八十以上"②。金田村武装起义的前夕,"全村水田约七百五十亩,全村人口约三百二十人,韦氏家族和谢氏家族占有一百十亩,另有八户各占有土地四至十亩不等。而其余的人共有土地六亩,其中绝大部分无土地。全村人口共占金田村范围内土地共二百八十多亩,还有四百四十多亩为外村大地主占有"③。土地的高度集中伴随着残酷的地租剥削。"夫广西之民,身之有丁也,既税以钱,又算以米,是一身而输二税。殆前世弊法,今既未能除,而又益以役钱,甚可悯也……清初沿前代旧制,地丁分二项征税。查陆川职田、民田及民塘,既征亩税科粮米,又编征四差银,是敷之田米也,而人丁复有税,是一身而输二税也。"④ 桂平县大宣里的地租剥削率,在鸦片战争前是"百种千租",即以100斤种子播种的田,要交1000斤的租谷;在鸦片战争后增加到"百种二千

---

① 康沛竹:《灾荒与太平天国革命的失败》,《北方论丛》1995年第6期。
② 广西壮族自治区通志馆编:《太平天国革命在广西调查资料汇编》,广西人民出版社1962年版,第5页。
③ 广西壮族自治区通志馆编:《太平天国革命在广西调查资料汇编》,广西人民出版社1962年版,第12—13页。
④ 太平天国革命时期广西农民起义资料编辑组编:《太平天国革命时期广西农民起义资料》第1册,中华书局1978年版,第12页。

租"，即以100斤种子播种的田，要交2000斤的租谷。道光年间，湛江村"每年田租要交收获稻谷的一半以上"，平南县的地租"一般占佃户收获物的百分之五十到百分之七十"，武宣东乡的地租"一般占收得净谷的六成"①。广大农民和其他劳动者陷入绝境，饿殍遍野，卖儿鬻女，甚至出现"屠人鬻于市"的惨剧。由此可见，广西地区已是危机四伏。

第三，广西是清王朝最晚征服的地区之一，具有优秀的革命传统，且清朝统治力量十分薄弱，这为革命力量的发展提供了客观条件。广西地处西南边陲，山多林密，有利于积蓄革命力量。明代大藤峡瑶族农民起义，奋力反抗朱明王朝，前后持续200余年，英勇不屈的革命精神激励了广西人民。清代中后期，大批破产的农民聚集在紫荆山区的叠嶂丛林之中，主要以耕种小块土地、烧炭和挖矿为生，与当地官绅时有摩擦。据《桂平县志》记载，道光年间，来自广东的游匪进入紫荆山区，和本地的匪徒联合起来，狂妄嚣张。匪徒或从隘口入山过界，而逃于武宣、象州等处；或在山外拐抢回头过界，复出隘口，潜匿于新圩一带村落中。当时在隘口驻防的士兵只有一人，虽常见匪徒往来，却力难禁阻。广西统治力量之薄弱，由此可见一斑。道光年间，天地会在广西地区点燃造反烽烟，成群结党，空前活跃。太平天国运动爆发前夕，广西全省十一府，其中八府掌握在天地会手中。在紫荆山附近，活跃着多支天地会武装，专与官府作对。1848年，广西天地会联合广东天地会，北袭桂林，西扰浔州。1849年，天地会在湖南、广西边境领导劳苦大众攻县城，杀县官，战斗在十几个州县。太平天国运动前夕，广西天地会起事多至数十次，每次"少者数百人，多者三、四千人不等"，"几乎无地无之，无时无之"，犹

---

① 广西壮族自治区通志馆编：《太平天国革命在广西调查资料汇编》，广西人民出版社1962年版，第10—11页。

如滔滔江水连绵不绝，又如洪水泛滥一发不可收拾。所以，当太平天国运动在紫荆山地区开始武装起义的时候，清廷甚至广西政府误以为是天地会造反活动。

第四，土客冲突是广西地方社会矛盾的突出表现，太平天国起义受客家社会浸染颇深。"土"是指在广西土生土长的当地人，比如壮族人、苗族人；"客"是指迁居广西的客家人。客家人最初居住在中原地区，是汉族南迁后形成的一个特殊群体。秦始皇统一中国后，为了南定百越，曾派遣几十万军民进驻岭南。其后，每逢中原战乱，朝代更迭，就有汉族民众举家南迁，从黄河流域迁居江淮流域，甚至岭南地区。南宋时期，朝廷政府在少数民族的威胁之下向南迁移，大批汉族民众迁居福建、广东、广西等地。独在异乡为异客，由于客家人独特的语言、生活方式和习惯①，他们很难与当地人融合或同化，在困难面前齐心合力、团结一致，繁衍生息，最终形成了客家集团。在迁居过程中，客家人与当地少数民族矛盾重重，土客之间时常发生冲突。"土籍的本地人和数百年前从北方移来的客籍人之间存在着很大的界限，历史上的仇怨非常深，有时发生很激烈的斗争。这种客籍人从闽粤边起，沿湘、赣两省边界，直至鄂南，大概有几百万人。"②鸦片战争爆发后，一些广东客家人为了躲避战火，一些湖南客家人为了寻找生计，涌入广西地区。广西地区原本人多地少，资源紧张，随着外省客家人的涌入，社会矛盾更加尖锐，土（土著人）客（客家人）之争愈演愈烈。"道光二十四年，桂平县金田村黄谭两姓械斗；道光二十八年，贵县北岸来土械斗；道光三十年，贵县赐谷村农民之间因争水源械斗。不久，'来人'打死土人多，贵县奇石寺村数百土人来寻仇，开始互相仇杀；再后，教子岭一带的'来人'想强娶壮

---

① 客家人自认为保留了最纯正的汉语古音，但这对于迁入地的土著人来说却是"外语"。在传统社会，客家女人不缠足，可以四处走动、下地干活。
② 《毛泽东选集》第 1 卷，人民出版社 1991 年版，第 74 页。

族美女为妻,壮人和土人联手与'来人'械斗。'来人'打不过土人,便又四处联络'来人'来帮忙,愈演愈烈之下,整个贵县地区上万人大规模械斗,互杀四十余天,尸横遍野,瘟疫肆虐,'来土之争'已经到了水火不容的地步,不是你死,就是我亡。"① 19世纪40年代后期,广西社会的土客双方为了在争斗中取胜,打造"武器"。《干王洪仁玕自述》写道:"至庚戌年,因来人温姓富豪欺人,与土人争斗,而贵县知县准土人与来人相杀起衅。"② 客家人没有很深的社会根基,但比土著人更大胆、更勇于行动,潜在的革命者就是在客家群体中招募信徒。以客家贫苦山民为主体的民众,日益走上政治化与军事化的道路。

经济基础决定上层建筑,广西落后的文化和教育与广西落后的经济和社会相一致。③ 广西本省士子出官入仕的机会少,势必影响了广西地方官员与乡绅的政治敏感度和应变决断力。面对"山雨欲来风满楼"危机局势,地方政府缺乏有效的应对措施,防不胜防,剿不胜剿,官僚、地主和乡绅惶惶不可终日。频繁的自然灾害、残酷的土地剥削、薄弱的统治力量、特殊的土客冲突使得广西社会状况空前恶化,大动荡条件已经成熟。全国各地掀起的反抗斗争,以广西、广东、湖南三省声势最盛,广西则成为三省反抗力量汇合的基地。

在中国封建王朝的画卷上,秦、汉(西汉、东汉)、三国(魏、蜀、吴)、晋(西晋、东晋)、南北朝、隋、唐、五代、宋(北宋、南宋)、元、明、清,登台又落幕,国力由盛转衰是历朝农民运动爆发的普遍原因,西方列强入侵是清末农民运动爆发的特殊原因,广西危机四伏是广西农民运动爆发的具体原因。群众性斗争日甚一日,革

---

① 梅毅:《帝国殃咎:太平天国真史》,海天出版社2012年版,第16页。
② 《干王洪仁玕自述》,载罗尔纲选注《太平天国诗文选》,中华书局1960年版,第174页。
③ 顺治到道光年间,依照全国各省入翰林院的士子数,经济社会相对发达的江苏有近700人,而广西不足100人。

命的腥风血雨已经在千沟万壑中暗流涌动。然而，遍布广西地区的民众抗争，由于缺乏统一的组织，天地会内部庞杂，起义军不相统属，力量分散，且没有纪律性，"饥则蜂起，饱则远扬"，难以形成对抗清政府的强有力量。"江山代有才人出"，时代呼唤具有明确纲领的严密组织。

# 第二章　拜上帝教积聚力量

如果说内忧外患乱世求生是太平天国运动爆发的客观条件，那么拜上帝教积聚力量则是太平天国运动爆发的主观条件；客观条件揭示了太平天国运动爆发的必然性，主观条件使太平天国运动爆发的必然性走向现实性。在漫长的历史长河中，有国泰民安、生如夏花，也有苟且偷生、得过且过，还有揭竿起义、奋起反抗。起义和反抗要冒极大的风险，支撑这些行动的背后，便是希望和信仰。希望是前进的灯塔，信仰是行动的指南，精神的力量十分巨大，有利于人们冲破历史桎梏、社会枷锁和思想罗网。洪秀全等人创立、宣传拜上帝教，唤醒、引导和组织民众，酝酿武装起义，为推翻清王朝积聚力量。

## 第一节　创立拜上帝教

传统社会生产力长期落后，人类认识水平有限，出现了巫术、图腾、神话。作为人类社会发展到一定历史阶段的产物，宗教不是从来就有的，也不会永远存在下去；作为一种信仰和崇拜神灵的文化现象，宗教本质上是支配人们日常生活的外部力量在人们头脑中的虚幻的反映。马克思指出："宗教里的苦难既是现实的苦难的表现，又是对这种现实的苦难的抗议。宗教是被压迫生灵的叹息，是无情世界的情感，正像它是无精神活力的制度的精神一样。"① 任何一种宗教都蕴涵着具体的历史和现实依据，拜上帝教有其创立的主客观条件。

## 一　创立拜上帝教的客观条件

"宗教是人民的鸦片。"② 宗教像鸦片一样，一方面提供虚无缥缈的幻觉，腐蚀人民的精神；另一方面具有解忧镇痛的功效，抑制心理的创伤。拜上帝教创立的客观条件是当时内忧外患的社会环境，人们生活在水深火热之中。基督教徒在华从事传教活动，为拜上帝教的创立提供了可能性。

早在明朝中后期，基督教③伴随西学东渐进入中国，意大利人利玛窦奠定了基督教在中国的根基。清朝建立后，西学渐衰，中国禁教日甚一日。"康熙时以学者、客卿相待，乾隆时则有如仆佣。在不违背道统、治统的原则下，康熙有使西人各献所长的雅量。雍正虽然禁教，仍承认西洋历法之精。乾隆所爱的为西洋玩好之物，而非科学。嘉庆时教士的地位更为低落，几不易存身。"④ 1807年（嘉庆十二年），罗伯特·马礼逊（Robert Morrison）作为西方派到中国的传教士，从英国伦敦出发，取道美国到达中国广州。传教伊始，马礼逊面临着"清廷禁令"：一是不准传教士进入内地，中国人不得信教；二不准卖中文书给洋人，不能教洋人学习中文。在这种情况下，马礼逊的主要使命是将《圣经》完整地翻译成中文，他在以前汉译本《圣经》手稿的基础上，一到广州就开始系统翻译《圣经》。1809年，马礼逊受聘英属东印度公司，曾担任英国特使阿美士德的秘书兼译员。这份工作不仅可以保证马礼逊安全地居留中国，还有助于他学习中

---

① 《马克思恩格斯选集》第1卷，人民出版社2012年版，第2页。
② 《马克思恩格斯选集》第1卷，人民出版社2012年版，第2页。
③ 基督教主要分为三大教派：基督教、新教、东正教，本书统一用"基督教"表述。
④ 郭廷以：《近代中国史纲》，格致出版社2012年版，第24页。

文。1814年,马礼逊完成了《新约》中译本。1812年,伦敦教会增派传教士米怜(William Milne)来到中国协助马礼逊。1819年,马礼逊与米怜共同完成了《旧约》中译本。1823年,中译本《圣经》以《神天圣书》之名出版,《新约》部分是马礼逊独自完成,《旧约》部分是马礼逊和米怜共同完成。作为基督教经典著作,《圣经》中文全译本的出版,使中国人得以探明《圣经》教义的全貌,这无疑对基督教在中国的传播产生了重要影响。此外,马礼逊编纂出版了《华英字典》,促进了中西文化交流,堪称"揭开新一轮西学东渐序幕的第一人"。

1815年,梁发成为米怜的雇工,协助刊印基督教书册。梁发又称梁阿发,出生在广东高明县的贫苦家庭,一开始信仰佛教,在米怜耐心劝说下,经过内心一番挣扎,皈依基督教。1816年,米怜为梁发受洗。1819年,梁发在广州散发基督教书册,被官府逮捕,囚禁受刑。梁发出狱后,宗教信仰更加坚定,劝说妻子入教并为其受洗。1822年,在"伦敦传道会"(London Missionary Society)任命后,梁发成为第一位华人基督教传教士。1832年,梁发编撰出版《劝世良言》,意在将"真经圣理之旨分送劝戒世上之人",以期"合正经之道理"。《劝世良言》是由9本小册子合订一起,约9万字,大部分内容选自《圣经》的章节,其余部分结合中国风土人情,阐发基督教基本教义。在《劝世良言》一书中,梁发采用原教旨主义词句,叙述了夏娃和亚当在蛇的引诱下偷吃禁果,描写了挪亚方舟和几乎毁掉世上一切生灵的洪水,刻画了全能的上帝爷火华(今译作耶和华),思索了上帝恩典的奥秘和人的各种堕落,以自己为例现身说法,宣传信仰上帝,顺从基督,鼓吹天堂永乐、地狱永苦等教义。"在福音的外观下,梁阿发的《劝世良言》含有许多严肃的政治寓意。首先它一再暗示,由于长期的道德衰退过程,整个中国社会正濒临灾难的边缘,对一个19世纪30年代的中国读者来说,它明确无误地示意，王朝的兴衰周期正处于最低点。"① 在当时中国禁教的情况下，散发《圣经》《劝世良言》以及其他宗教小册子，成为在华传教士暗自传教的一个重要方式。梁发跟踪那些逐县逐城主持科举考试的学政，希望借此把基督教经书送到考生的手里——虽然考生不见得有兴趣。广州城的贡院附近是梁发等人散发宗教小册子的重要地方，因为有大量的生员在此参加科举考试。

1827年，包括"美国对华传教之父"奥立芬（David W. C. Olyphant）在内的一些美国基督教徒时常在马礼逊住处进行祈祷。马礼逊提出美国宗教机构向中国派遣传教士的建议，大家经过讨论，一致赞同，主张从美国派来一个传教团，随团送来印刷设备，出版宗教书刊和传教小册子。1829年，奥立芬回到美国，劝说美国教会派遣传教士来华。1830年，裨治文（Elijah Coleman Bridgman, 1801—1861）作为美国派到中国的传教士，到达中国广州。② 1832年，在马礼逊建议下，裨治文创办并主编《中国丛报》（*The Chinese Repository*）。在创刊号上，裨治文概括地提出刊物研究的四个方面：中国自然经济、地理位置的情况；中国的商业发展情况，特别是中外通商贸易情况；中国社会发展情况，包括中国的政治、经济、军事、文化、历史、法律等方面；中国的宗教事业的发展状况。裨治文希望借此帮助西方尽快了解中国，消除中西方思想隔阂，最终让中国人接受基督教文明、西方政治制度和意识形态。

1832年，美国传教士埃德温·史蒂文斯（Rev. Edwin Stevens）到达中国广州。1835年春秋两季，史蒂文斯和居茨拉夫进行了两次长途探险，传经布道。卡尔·弗里德里希·奥古斯特·居茨拉夫

---

① ［美］费正清、刘广京编：《剑桥中国晚清史》上卷，厉以平译，中国社会科学出版社1985年版，第261页。

② 裨治文主张对华强硬，主张传教士深入中国内地传教。1844年，裨治文参与签订中美《望厦条约》。1854年，裨治文随美国驻华公使麦莲抵达天京（今南京），访问太平天国。

(Karl Friedrich August Gützlaff),德国波美拉尼亚人,来华传教士,中文名字为郭士立,能说流利的汉语,修正和重译了《圣经》(《旧约》和《新约》)中文本。居茨拉夫善于伪装成福建水手,受聘英国东印度公司,在中国沿海进行间谍侦察活动,刺探搜集大量军事情报。①史蒂文斯和居茨拉夫携带大量中文本基督教书册,诸如耶稣生平事迹的译本、有关"十诫"②的评注、布道讲稿文集、福音书注释本、赞美诗集。他们在跋涉途中散发基督教书册,"有时候,发书过程井然有序,民众心里虽急切,但还是面带微笑,相互礼让;有时则是挤成一团,史蒂文斯只得爬到墙上躲开争抢,或将书本和小册子往空中一撒,任人接取。有时,在一些偏僻的村落,他在每户人家的门槛上放上一本书。有一次还有一大群人站在倾盆大雨中听史蒂文斯宣讲,一动也不动,史蒂文斯也是淋得全身湿透。有一次,围在他边上的中国人以指触嘴,表示官府禁止他们大声同洋人说话,但他们还是领了书。庙里的和尚、家里的文人也会领书"③。然而,西方传教士很快就意识到传教效果并没有想象中好,"有些中国人神色泰然自若,似乎知道这些书籍的目的,还会送上一些小东西作为回报,如几串白葡萄、几只梨子、一小袋烟丝、一捧小米或一小把鱼干,等等;但有些人却恰恰相反,他们拿了一本红皮面的书,还拼命想拿一本灰皮的书,而这两本书的内容其实是一样的;史蒂文斯还没离开,有些人就把刚领到的书拿到路口去卖掉;有些人死赖着不走,花言巧语就为了要鸦片(史蒂文斯搭的帆船上也确实带着鸦片)或传教士自备的药

---

① 居茨拉夫在鸦片战争前,鼓吹对中国发动武装侵略;鸦片战争期间为英军提供情报,负责翻译,在英军占领浙江定海时担任"民政官",参与了中英《南京条约》的起草和谈判;鸦片战争后曾任英属香港殖民地高级官员抚华道。
② 十诫,是《圣经》记载的上帝耶和华借由以色列的先知和众部族首领摩西向以色列民族颁布的十条规定。
③ [美]史景迁:《太平天国》,朱庆葆等译,广西师范大学出版社2011年版,第34页。

品,这说明他们的动机只是要钱或怕生病,倒不是性灵有所需求"①。中国老百姓对基督教经书的接受多半是因为好奇和贪婪,对基督教经书的接受并不意味着对基督教教义的接受。一方面,中国人没有向西方那样信神的传统,"子不语怪、力、乱、神"②,尽管老百姓敬神拜佛,实属多神论③,且临时抱佛脚之人不在少数,总体上中国人与神的关系不是水乳交融,而是油水分离;基督教把上帝作为唯一的神,多数传教士虔诚地传经布道,要求人们只能敬拜上帝而敌视邪神偶像。另一方面,中国人历来重视孝道,百善孝为先,祭祀先祖是一项隆重的民俗活动;基督教以反孝甚至仇孝作为号召,要求人们对上帝的孝顺超越对父母的孝顺。正因如此,中国传统文化与基督教教义有着巨大的差异,基督教的福音无法引起中国人民的共鸣,真正信仰基督教的人很少,还有很多读书人抗议基督徒不敬儒道。④

鸦片战争后,西方传教士积极谋取在华地位和权益。中美《望厦条约》规定:美国可以在通商口岸购买地产建设教堂和医院;中法《黄埔条约》规定:法国可以在通商口岸购买地产建设教堂和坟地,清政府有保护教堂的义务,"严拘重惩"毁坏教堂的中国人,这实际上迫使清政府放弃了禁教令。随着不平等条约的签订,西方教会逐步扩大了在中国传教的范围,基督教开始渗透到中国的政治、经济、司法和文化等领域。⑤ 为了加快在中国发展基督教的势力,西方传教

---

① [美]史景迁:《太平天国》,朱庆葆等译,广西师范大学出版社2011年版,第36页。
② 张燕婴译注:《论语》,中华书局2006年版,第95页。
③ 中国老百姓普遍敬拜的"神"有玉皇大帝、观音菩萨、财神爷、灶王爷、城隍爷等。
④ 太平天国定都天京(今南京)后,删减和焚烧儒家经典书籍,曾国藩号召读书人反对。
⑤ 1860年中法《北京条约》规定:任法国传教士在各省租买土地,建造自便。一些传教士采用欺骗敲诈、压价购买、强迫捐献等手段霸占土地,建造教堂,出租房产,剥削佃户,甚至包庇教中不法分子,教会在中国地位越来越高,俨然"国中之国",激起了中国人民的义愤和反抗。

士认为最有效的方法是建立以基督教信仰为基础的学校，开始在中国开办教会学校。1844年，厦门男塾成立；1845年，崇信义塾成立；1848年，福州男塾成立；1849年，圣保罗书院成立。这些学校的办学宗旨之一是"向学生灌输对生活及世界积极和健康的态度，及宣扬基督教的讯息"。当然，教会学校不单是宣扬宗教，让学生信教，他们还注重激发学生的个人潜能，培育学生的公民意识和现代观念。换言之，虽然教会学校的直接目的是通过学校传播基督教教义，但它在一定程度上促进了中外文化交流和中国教育现代化。

## 二　创立拜上帝教的主观条件

历史发展有其不以人的意志为转移的客观规律，时势造英雄；历史发展往往会通过人的意志和选择表现出来，英雄在关键时刻亦造时势；历史的发展是一个客观规律性与主观能动性相统一的过程。拜上帝教的创立固然离不开当时的社会环境，更与洪秀全的自身素质和人生经历密不可分。正是由于这一特殊的主观条件，拜上帝教的创立才从可能性走向现实性。

洪秀全（1814—1864），族名洪仁坤，小名洪火秀，"丁酉异梦"后更名为洪秀全。洪秀全是客家人，出生于广东花县（今广州花都区）官禄布村的一个中农家庭，生母去世后父亲再娶，有两个兄长和一个姐姐。洪秀全幼年在村中书塾上学，熟读四书五经，受到封建思想的熏陶，渴望学优而仕，一举成名。洪氏家族从17世纪南迁，移居花县的这支谱系尚未有人中过秀才。家人和族人都对洪秀全抱有极高的期望，希望他谋取功名、光宗耀祖。洪秀全16岁时，因家道中落，不再专心读书，开始帮着家里干农活。在农业劳动过程中，洪秀全接近贫困农民，对广大群众的疾苦有了深入地了解。广东是英国鸦片走私的集散地，也是天地会武装反清的活跃地，这对洪秀全的思想发展产生了深远影响。① 每当谈及时事政治，洪秀全感慨万千，既仇视西方帝国主义的侵略和掠夺，又痛恨清政府的腐败和社会的不公。

十年磨剑寒窗苦读，但龙门之路遥遥无期。自 1828 年（道光八年）开始，经历了 1836 年（道光十六年）、1837 年（道光十七年），一直到 1843 年（道光二十三年），洪秀全四次参加童试②，屡试不第。童试是参加科考的资格考试，包括县试、府试和院试三个阶段的考试：县试在各县进行，由知县主持，通过后取得府试资格；府试在管辖本县的府进行，由知府主持，通过后取得院试资格；院试由各省学政主持，通过的童生被称为科考"生员"，即"秀才"。1828 年，洪秀全通过县试，府试或院试落第。1836 年，洪秀全通过县试，府试或院试落第。尽管洪秀全这次依然名落孙山，但他有了一次特殊的人生际遇。洪秀全在广州贡院附近的大街上遇见两个人，一个是美国传教士史蒂文斯，一个是给史蒂文斯做翻译的中国人。史蒂文斯称赞洪秀全身份尊贵，并送给他一本《劝世良言》。根据洪秀全的回忆，他当时没有细读这本书，只是"草览其目录"。一个奇怪的现象是，洪秀全发现他的名字与这本书有两处交集。一是"洪"字在书中第四篇第四条里非常醒目，"洪"水摧毁了世上一切生灵；二是"洪"水浩劫是创造万物"爷火华"的旨意，"火"字与洪秀全的小名"洪火秀"大有关联。洪秀全科考落第了，但他保留了这本书。

1837 年，洪秀全再次来到广州参加府试，起初榜上有名，后来榜上无名，可能没有通过院试，功亏一篑。洪秀全倍受打击，万分沮丧，猝然病倒。一度昏迷的洪秀全卧床不起，他幻觉到有一个老妪，

---

① 这种影响既包括洪秀全的反清思想和武装斗争，又包括太平天国定都后严禁鸦片。
② 清代科举制度包括四部分：童试、乡试、会试、殿试。童生参加县州级考试，这级考试叫"童试"，考中者为"秀才"；秀才参加省级考试，这级考试叫"乡试"，考中者为"举人"，第一名称"解元"；举人参加国家级考试，这级考试叫"会试"，考中者为"贡士"，第一名称"会元"；贡士参加皇上主持的考试，这级考试叫"殿试"，考中者为"进士"，第一名称"状元"，第二名称"榜眼"，第三名称"探花"，其余者称"进士出身"。

即"天母"。"天母"为洪秀全清洗身体，并带他到了天庭。洪秀全在天庭见到一个"头戴高边帽""身穿黑龙袍"、蓄着金色胡须的可敬长者，即"天父上主皇上帝"。"天父"给了洪秀全一柄斩妖宝剑"云中雪"和一方斩妖金玺。在数次拜访天庭期间，洪秀全见到了一个中年男子，即"天兄基督"，"天兄"教洪秀全如何斩灭妖魔，洪秀全与阎罗王多番激战，最终胜出。洪秀全看到孔丘被捆绑，因为他没有在经书中准确地解释真理。"孔丘跪在天兄基督面前再三讨饶，鞭挞甚多，孔丘哀求不已，天父皇上帝乃念他功可补过，准他在天享福，永不准他下凡。"① 洪秀全与妻子"正月宫"住在天堂的东边，生有一子，生活幸福。洪秀全的原名是洪火秀，"火"字犯了"天父"爷火华的忌讳，被"天父"要求改名为"洪秀""洪全""洪秀全"②。"天父"要求洪秀全下凡诛妖，封了他一个头衔——"太平天王大道君王全"。在临别之际，"天父"告诉洪秀全："尔勿惧，尔放胆为之，凡有烦难，有朕做主；左来左顶，右来右顶，随便来随便顶，尔何惧焉！"③

  洪秀全在昏迷中的所见所知自然是虚假的，可是为什么会有如此幻觉呢？第一种解释，幻觉内容虚假，幻觉形式相对真实。洪秀全高烧不退，神志不清，凭借荒唐的想象胡言乱语。第二种解释，幻觉内容虚假，幻觉形式亦是虚假。洪秀全"丁酉异梦"不断丰富，记录在洪秀全1848年编写的《太平天日》中。一位研究洪秀全幻觉的现代心理学家指出，梦中的那位长者为金须人，推测是洪秀全早先在广州大街上碰到的传教士史蒂文斯，史蒂文斯在洪秀全梦中成像。无论是郎中还是巫师都无法治愈洪秀全，这种神智昏迷和幻觉，断断续续

---

① 《太平天日》，载罗尔纲选注《太平天国诗文选》，中华书局1960年版，第79页
② 从"洪秀""洪全""洪秀全"中选择"洪秀全"，"秀全"拆字，取"禾（吾）乃人王"之意。
③ 《太平天日》，载罗尔纲选注《太平天国诗文选》，中华书局1960年版，第82页。

地持续了四十天,这个时间与耶稣在旷野中经受考验的期限相应,推测是洪秀全早先在那本基督教小册子《劝世良言》中得知了这些信息。

高烧甫退,洪秀全告诉家人"升天之事",天父上帝命他斩除妖魔,拯救世人,天兄耶稣鼎力相助。家人以为洪秀全得了失心疯,对他严加看管。清朝律令规定,疯子若犯了法,家人要为其担责。洪秀全超然物外,自命不凡,萌生"罢黜诸神,独尊上帝"的宗教思想。在洪秀全看来,上帝主宰万物,是唯一的真神,众人皆当敬畏他、崇拜他;只有上帝可以称"帝",世间的最高统治者僭用"皇帝"的称号,妄自尊大。洪秀全打制了一把"斩妖剑",勇气倍增,热血沸腾,提笔作诗:

(一)

手握乾坤杀伐权,斩邪留正解民悬。
眼通西北江山外,声震东南日月边。
展爪似嫌云路小,腾身何怕汉程偏。
风雷鼓舞三千浪,易象飞龙定在天。①

(二)

手持三尺定山河,四海为家共饮和。
擒尽妖邪归地网,收残奸宄落天罗。
东南西北效皇极,日月星辰奏凯歌。
虎啸龙吟光世界,太平一统乐如何!②

---

① 《干王洪仁玕自述》,载罗尔纲选注《太平天国诗文选》,中华书局1960年版,第172页。

② 《干王洪仁玕自述》,载罗尔纲选注《太平天国诗文选》,中华书局1960年版,第172页。

然而，深受功名利禄的诱惑和传统观念的影响，洪秀全很难与读书入仕的"历史惯性"彻底决裂。1843年（道光二十三年），洪秀全最后一次参加科举考试，仍然铩羽而归，愤懑不平。于是，洪秀全发誓"不考清朝试，不穿清朝服"，立志将来另起炉灶、开科取士。此时，洪秀全认真研读《劝世良言》，认为他的升天神话和书中所说大为符合，自己确是真命天子，《劝世良言》是上帝赐他的"天书"，反省悔悟：

> 吾侪罪恶是滔天，幸赖基督代保全。
> 克胜邪魔遵圣诫，钦崇上帝正心田。
> 天堂荣显人宜慕，地狱幽沉朕亦怜。
> 及早回头归正果，敢将方寸俗情牵。①

洪秀全"觉已获得上天堂之真路，与及永生快乐之希望"②，按照《劝世良言》书中的规定，祈祷上帝，自行洗礼，以示"去旧从新"，创立"拜上帝教"③。洪秀全的拜上帝教与基督教有着密切的关系，但就其教义而言与基督教有着天壤之别。基督教有"三位一体"之说，通过圣父、圣子和圣灵三个位格，推究"上帝"对人的救赎，圣父、圣子和圣灵是一体，而非三个神。然而，洪秀全并不了解基督教义的真谛，他称上帝为天父，称基督为天兄，自称天弟，奉天父天兄之命来救世，崇拜上帝者"无灾无难"，不崇拜者"蛇虎伤人"，孔教、佛教、道教等其他宗教都是妖术，四书五经的撰写者、和尚道士在助纣为虐。洪秀全反对邪神偶像，借此找到了一种反抗清朝统治

---

① 《太平天日》，载罗尔纲选注《太平天国诗文选》，中华书局1960年版，第84页。
② 中国史学会主编：《中国近代史资料丛刊：太平天国》第6卷，神州国光社1952年版，第846页。
③ 学界存在将太平天国宗教冠名为"上帝教"而非"拜上帝教"的观点，笔者在此沿袭旧习，称之为"拜上帝教"，且与国家马克思主义理论研究和建设工程重点教材《中国近现代史纲要》（2021年版）中的"拜上帝教"说法保持一致。

的路径。"如果说后来康有为的特点是托古改制，那么洪秀全的特点就是托上帝以改朝换代。上帝的存在，不仅具有宗教精神的意义，而且更多现世功利的意义。他使洪秀全从一名三家村塾师变成天父的次子，所谓'太平天王大道君王全'。"①

## 第二节　宣传拜上帝教

　　洪秀全创立拜上帝教后，首先信教并接受洗礼的是李敬芳②、冯云山和洪仁玕。冯云山（1815—1852），又名乙龙，客家人，出生于广东花县（今广州花都区）官禄布村的一个殷实家庭。冯云山是洪秀全的朋友，和洪秀全的经历一样，自幼诵读经史，参加科举考试，但屡试不第，后在农村设馆授徒，以塾师为业。洪仁玕（1822—1864），字益谦，是洪秀全的族弟。洪仁玕的经历和洪秀全、冯云山相似，博览群书，但科考不第，以塾师为业。

　　洪秀全和冯云山、洪仁玕一道，在花县老家捣毁孔圣人牌位，彰显自己对上帝的信仰。一些读书人指责拜上帝教，并与洪秀全就《劝世良言》展开辩论。多数乡里人反对洪秀全的所言所行，甚至以为洪秀全又疯了。1844年2月，洪秀全和冯云山决定出游广州附近各县、粤北瑶区，在珠江三角洲开始了宣传拜上帝教的征途。洪仁玕因家人劝阻，未能同行，继续以教书谋生。洪秀全和冯云山在广州、顺德、南海、番禺、增城、从化、清远、英德、曲江、阳山、连山等地宣传拜上帝教，然而他们传教的效果并不理想，在广州附近各县大约有五十人入教，在粤北瑶区仅有一人入教。1844年夏，洪秀全和冯云山

---

①　陈旭麓：《近代中国社会的新陈代谢》，中国人民大学出版社2012年版，第70页。
②　李敬芳是洪秀全的表哥，在照看洪秀全时，接触了《劝世良言》，与洪秀全一道敬拜上帝教，但其后事迹不显著。

前往广西贵县赐谷村（今长谷村），洪秀全的表兄王盛均①住在这里。他们一边教书，一边宣传拜上帝教，信教者百余人。然而，拜上帝教由于"独尊上帝"，排斥当地祭祀的"土神"，被土著人视为异端。王盛均信教后，其子因邻族人举报而被官府拘押，洪秀全积极营救，但氏族纠纷不断。洪秀全和冯云山遭到土著人的憎恨，被迫离开赐谷村。洪秀全回到花县老家，冯云山转往贵县东北的桂平县继续传教，1846年创立拜上帝会，遥奉洪秀全为教主。

1844年11月，洪秀全回到家乡后，继续以教书为业，深入研究和完善拜上帝教，开始宗教政治著述。1845—1847年，洪秀全奋笔疾书，写出了三篇宗教文章：《原道救世歌》《原道醒世训》《原道觉世训》。②《原道救世歌》宣传天父上帝为独一真神，所有人等应只拜上帝，不拜邪神。普天之下皆兄弟，上帝视之皆赤子，动员人民去推翻封建等级统治。劝告人们切戒"淫""忤父母""行杀害""为盗碱""为巫觋""赌博"和"食洋烟"等恶劣行为，要求建立新的社会风尚。《原道醒世训》提出"天下凡间，分言之，则有万国，统言之，则实一家"③，"皇上帝天下凡间大共之父也，近而中国是皇上帝主宰化理，远而番国亦然；远而番国是皇上帝生养保佑，近而中国亦然。天下多男人，尽是兄弟之辈，天下多女子，尽是姊妹之群，何得存此疆彼界之私，何可起尔吞我并之念"④。面对黑暗的统治，洪秀全号召天下兄弟姊妹"循行上帝之真道，时凛天威，力遵天诫，相与淑身淑世，相与正己正人，相

---

① 王盛均在太平天国文献记载中为"黄盛均"，"王"姓改为"黄"，推测这是因为太平天国避讳制度。
② 《原道救世歌》和《原道醒世训》为洪秀全1845年创作，《原道觉世训》是1847年创作。
③ 洪秀全：《原道醒世训》，载罗尔纲选注《太平天国诗文选》，中华书局1960年版，第5页。
④ 洪秀全：《原道醒世训》，载罗尔纲选注《太平天国诗文选》，中华书局1960年版，第5页。

与作中流之砥柱，相与挽已倒之狂澜"①，建设"强不犯弱、众不暴寡、智不诈愚、勇不苦怯之世"，以求实现"天下一家，共享太平"的理想。《原道觉世训》指责佛老之徒"造出无数怪诞邪说，迷惑害累世人"，天父"皇上帝"是唯一的"帝"，他人不得以此妄称。封建皇帝是阎罗妖，所有牛鬼蛇神皆"阎罗妖之妖徒鬼卒"。洪秀全极力动员拜上帝教徒团结一致，在皇上帝差遣下凡以"拯救天下"者的领导下打倒阎罗妖，"太平"世界很快可以到来，"天国"应该建在人间。

洪秀全站在中国被压迫、被剥削的劳苦大众立场上，重新认识和改造了基督教，实现基督教"世俗化""本地化"，把敬拜上帝和贫苦农民迫切愿望结合起来；在阐发宗教思想时引经据典，把基督教教义和中国儒家思想结合起来，在对二者进行严格取舍的同时，把自己有关政治、经济、男女、民族四大平等的革命思想融化其间，劝导世人拜上帝、学正人、捐妄念，惩富济贫，实现公正太平的社会理想。

洪秀全敬拜上帝的言行，尽管难以被乡里接受，却被广州"福汉会"（The Chinese Union）和美国传教士罗孝全（Issachar Jacob Roberts）得知。②1846年年底到1847年年初，广州"福汉会"两次邀请洪秀全来听罗孝全讲经。1847年3月，洪秀全和洪仁玕从花县来到广州，与罗孝全相处约四个月，仔细阅读了郭士立译成的《圣经》中文本，获得了较为系统的基督教知识。期间，洪秀全请求罗孝全为他洗礼，罗孝全一开始同意考虑，还对洪秀全进行专门调查，后来拒绝为洪秀全洗礼。对此，罗孝全回忆说："当洪秀全初来我处时，曾写就一文，详述其得获《劝世良言》一书之经过，及其得病情形与病中所见之异象，一一详述。又谓梦中所见者与书中所言两相证实。

---

① 洪秀全：《原道醒世训》，载罗尔纲选注《太平天国诗文选》，中华书局1960年版，第5页。
② 罗孝全是美国浸礼会传教士，受郭士立邀请来华传教。郭士立1844年发起福汉会，罗孝全是福汉会在广州的主要负责人。

在述其异梦时,彼之所言实令我莫名其妙,迄今仍未明其究从何处而得此种意见,以彼对于圣经之知识无多也。彼请求受洗礼,但在未得吾人满意于其合格之先,彼已往广西去矣。"① 洪秀全为何不是"合格"教徒?"当时的人说洪秀全上了当,这是其他替罗孝全工作、心怀忌妒的中国信徒设下的圈套。他们知道罗孝全讨厌那些嘴上说要受洗,实则是想找份差使,或从传教士那里拿钱的人,他们也担心罗孝全会雇洪秀全,这么一来,有人就会丢了饭碗,于是他们要洪秀全去跟罗孝全要求金钱上的保证,洪秀全不明就里就照做了,结果坏了罗孝全对他的信任和支持。"② 笔者认为,洪秀全的不合格之处在于思想不纯,主要有两点。一是洪秀全视上帝为天父,视耶稣为天兄,自称天父之子,有悖于基督教教义;二是洪秀全把宗教作为革命的武器,敬拜和宣传上帝,组织民众,揭竿起义,或许不被罗孝全甚至"福汉会"领导者郭士立赞同,这一点将在后文探讨。

1847年7月,洪秀全离开广州,第二次前往广西。山重水复,柳暗花明,洪秀全从此走上了一条全新的道路。1847年8月,洪秀全到达桂平县紫荆山地区,看到了冯云山传教的"惊人成就"。紫荆山地区位于桂平、平南、武宣、象州交界处,岩壑纵横,深林密布,地势险要,汉、壮、瑶等多民族杂居,居民大多数以耕地、烧炭为业,生活极其困苦。冯云山以此为主要基地,以做工、教书为业,在贫苦群众中大力宣传拜上帝教,发展教徒2万余人,初具规模,奠定了拜上帝会的基本力量。广西地区骚动,散则为民,聚则为寇,每支队伍都有头目。为什么冯云山此时传教这么成功呢?这固然离不开冯云山的智慧和辛劳,更与前文论述的广西社会危机有关。

---

① 中国史学会主编:《中国近代史资料丛刊:太平天国》第6卷,神州国光社1952年版,第856页。
② [美]史景迁:《太平天国》,朱庆葆等译,广西师范大学出版社2011年版,第126页。

洪秀全的到来增强了宣传拜上帝教力量,他充分利用自己"品行谨慎,行为和蔼而坦白"的优良品德以及"口才佳妙,极有感染力"的演讲才能,和冯云山一起,跋山涉水,广泛深入地宣传拜上帝教,效果甚好,"听者不特即行接纳其道,而且信洪、冯二人乃上天特派到此传播真理与彼等者,即皈依受洗礼者逾百人"①。万事皆有天父"当家作主",在天父上帝面前,凡天下男子,皆为兄弟;凡天下女子,皆为姐妹。"这种平等,取消了人间一切世俗的等级权威并使人人都可以走入天父的怀抱。"② 由于拜上帝会贯穿了洪秀全的思想理论,加上他"对众信徒施以严格的规矩"③,使得拜上帝会一开始就表现出与旧式会党不同的特点:有一致的信仰、正确的纲领和严密的组织。这种特点恰恰适合起义群众的需要,因而能把分散的农民汇聚成革命的洪流。为了巩固和发展拜上帝会,洪秀全和冯云山共同策划,制定了"十款天条"、各种条规和宗教仪式,加强对会众进行思想教育和纪律管束。

## 时时遵守十款天条

第一天条崇拜皇上帝 皇上帝为天下万国大共之父,人人是其所生所养,人人是其保佑,人人皆当朝晚敬拜,酬谢其恩。俗语云:"天生天养天保佑。"又俗语云:"得食莫瞒天。"故凡不拜皇上帝者,是犯天条。

第二天条不好拜邪神 皇上帝曰:"除我外不可有别神也。"故皇上帝以外,皆是邪神迷惑害累世人者,断不可拜。凡拜一切邪神者,是犯天条。

第三天条不好妄题皇上帝之名 皇上帝本名爷火华,世人不可

---

① 中国史学会主编:《中国近代史资料丛刊:太平天国》第6卷,神州国光社1952年版,第852页。
② 陈旭麓:《近代中国社会的新陈代谢》,中国人民大学出版社2012年版,第67页。
③ 中国史学会主编:《中国近代史资料丛刊:太平天国》第6卷,神州国光社1952年版,第867页。

妄题。凡妄题皇上帝之名，及咒骂天者，是犯天条。

第四天条七日礼拜颂赞皇上帝恩德 皇上帝当初六日造成天地山海人物，第七日完工，名安息日，故世人享皇上帝之福，每七日要分外虔敬礼拜，颂赞皇上帝恩德。

第五天条孝顺父母 皇上帝曰："孝顺父母，则可遐龄。"凡忤逆父母者，是犯天条。

第六天条不好杀人害人 杀人即是杀自己，害人即是害自己。凡杀人害人者，是犯天条。

第七天条不好奸邪淫乱 天下多男人，尽是兄弟之辈；天下多女子，尽皆姊妹之群。天堂子女，男有男行，女有女行，不得混杂。凡男人女人奸淫者，名为变怪，最大犯天条。即丢邪眼、起邪心向人，及吹洋烟、唱邪歌，皆是犯天条。

第八天条不好偷窃劫抢 贫穷富贵，皆皇上帝排定。凡偷窃人物、劫抢人物者，是犯天条。

第九天条不好讲谎话 凡讲谎诞鬼怪奸诈之话，及讲一切粗言烂话者，是犯天条。

第十天条不好起贪心 凡见人妻女好，便贪人妻女，见人物产好，便贪人物产，及赌博、买票、围姓，皆是犯天条。①

以"十款天条"为代表的拜上帝思想，把敬拜上帝和孝顺父母、严于律己结合起来，实质上是用敬拜上帝的宗教宣传掩盖推翻清朝的政治目标，用合法的宗教斗争掩盖"开创新朝"的密谋活动。看似可笑的宗教思想，有其深层的政治目的，既能骗过清政府而获认可，又能适合当时农民的觉悟程度，不失为一套比较完备、特色鲜明的革命理论。

---

① 罗尔纲、王庆成编：《中国近代史资料丛刊续编：太平天国》第1卷，广西师范大学出版社2004年版，第5—6页。

"批判的武器当然不能代替武器的批判,物质力量只能用物质力量来摧毁;但是理论一经掌握群众,也会变成物质力量。理论只要说服人[ad hominem],就能掌握群众;而理论只要彻底,就能说服人[ad hominem]。"① 洪秀全和冯云山通过走村串户,写书送人、教书演讲和结拜交友等方式,艰苦细致宣传,组织群众力量。《忠王李秀成自述》对此写道:"是以一传十,十传百,百传千,千传万。数县之人,十家之中,或有三、五家肯从,或十家八家肯从,亦有读书明白之士子不从,从者俱是农夫之家,寒苦之家,积多结成聚众。"② 在此基础上,洪、冯二人物色革命骨干,一旦发现,就撇开对大多数人所使用的宗教语言,直接告以革命的最终目的。"所知事者,欲立国者,深远图为者,皆东王杨秀清、西王萧朝贵、南王冯云山、北王韦昌辉、翼王石达开、天官丞相秦日昌六人深知。"③ 洪秀全和冯云山通过革命骨干去影响更多的群众,使得拜上帝会迅速扩展到紫荆山根据地附近各县。

灵活的斗争策略使洪秀全收到了显著的宣传效果,在按照上帝旨意打倒邪神、批判偶像崇拜的过程中建立起自己的权威,1847年10月,洪秀全和冯云山率领教徒手持利器,捣毁象州甘王庙的神像和香炉等祭器。洪秀全在庙内墙壁上题诗:

题诗行檄斥甘妖,该灭该诛罪不饶。
打死母亲干国法,欺瞒上帝犯天条。
迷缠男妇雷当劈,害累世人火定烧。

---

① 《马克思恩格斯选集》第1卷,人民出版社2012年版,第9—10页。
② 《忠王李秀成自述》,载罗尔纲选注《太平天国诗文选》,中华书局1960年版,第111页。
③ 《忠王李秀成自述》,载罗尔纲选注《太平天国诗文选》,中华书局1960年版,第111页。

## 第二章 拜上帝教积聚力量

作速潜藏归地狱，腥身岂得挂龙袍！①

洪秀全下令"该处人等永不准复立此庙，拜此邪魔，倘敢抗命，定与此妖一同治罪"②。甘王庙中的甘王是一个凶神，当地百姓因为惧怕其作恶才以香火供奉，迷信其"神圣"，但洪秀全等人的捣毁行为没有遭到丝毫的"报应"，百姓认为洪秀全是"天下奇人"，"神且砍头折足何况于人？神且不敢为祸，人何敢违"③。洪秀全"声誉大振，信徒之数加增更速"④。此后，洪秀全派人捣毁田心水和花雷水一带的所有社稷神坛，到处破坏寺庙，张贴"天条"，宣布"只知有天父兄，不怕有妖魔"，鼓舞了教徒的斗争胆识和勇气。

拜上帝教的信徒越来越多，引起了地方士绅的恐慌，时常与拜上帝会发生冲突。地主豪绅凭借团练武装的力量，企图压制拜上帝会的活动，斗争愈演愈烈。1847年年底，紫荆山地区石人村豪绅王作新带领家丁和团练，以捣毁寺庙、宣传妖书为罪名，逮捕了冯云山，但中途被拜上帝的信徒营救。1848年年初，王作新向桂平县衙状告冯云山毁坏神明社稷，蛊惑人心，有违清朝法律。桂平县衙随后将冯云山和卢六关押入狱，此时的洪秀全正在贵县（今贵港市），闻讯立即赶到桂平县，积极营救，但无济于事。洪秀全决定亲自前往广东，希望通过罗孝全，向两广总督耆英告状，以营救冯云山。冯云山被关押在桂平县牢狱之中，但他擅长辩论，智斗官府，坚称自己清白冤枉，只是敬拜上帝，并无不法行为。当时的清政府因鸦片战争的失败，惧怕洋人，应外国传教士的要求，清政府命令地方政府不要干涉洋教活

---

① 《太平天日》，载罗尔纲选注《太平天国诗文选》，中华书局1960年版，第90页。
② 《太平天日》，载罗尔纲选注《太平天国诗文选》，中华书局1960年版，第91页。
③ 中国史学会主编：《中国近代史资料丛刊：太平天国》第3卷，神州国光社1952年版，第315页。
④ 中国史学会主编：《中国近代史资料丛刊：太平天国》第6卷，神州国光社1952年版，第860页。

动；且桂平县官府没有找到冯云山的不法证据，加之拜上帝教徒聚财行贿官府，卢六病死，官府最终息事宁人。桂平知县以"查无情实"为由释放了冯云山，但认定他是"无业游荡"，遂派两个差役将他押送回原籍，加以管束。在押送途中，冯云山巧舌如簧，向两位差役宣讲拜上帝教，两位差役倍受感动，信奉了拜上帝教，不但释放了冯云山，还陪同冯云山秘密潜回紫荆山。冯云山得知洪秀全前往广东求助，便离开广西去找寻洪秀全。经过这次牢狱之灾，拜上帝教众更加团结，势力越来越大，王作新不敢在石人村住下去，于是举家迁往外地。

## 第三节 酝酿武装起义

作为拜上帝教众的领导者，洪秀全、冯云山不断吸收新鲜血液，壮大拜上帝会，形成了坚强的领导力和强大的战斗力。在冯云山的襄助下，洪秀全编写了《太平天日》，记述了洪秀全"丁酉异梦"、两次广西之行，宣称洪秀全是上帝的次子，耶稣之弟，被封为"太平天王大道君王全"，是"真命天子"，受命下凡"斩邪留正"。《太平天日》以宗教的外衣，表露了洪秀全的反抗倾向和出师有名，为发动武装起义做了思想准备。

自古以来，"形形色色的宗教、迷信、神灵、偶像流行于社会，支配着社会，充塞着人们的心灵世界。天地神灵，仙佛神怪都被虔诚地供奉着，敬拜着，祈祷着，从祖先传下来，一代又一代"[1]，历史上的民间运动多带有宗教性质。公元前209年，陈胜、吴广巧设"鱼腹丹书""篝火狐鸣"，发动秦末农民起义；公元184年，张角通过太平道组织信徒，发动汉末农民起义；1120年，方腊通过摩尼教织信徒，发动宋末农民起义；1351年，刘福通通过白莲教组织信徒，

---

[1] 徐松荣：《文化冲突与天国兴亡》，《广东社会科学》2002年第1期。

发动元末农民起义。事实上，在传统社会，农民受到严酷的剥削，但动员他们起来起义并不容易。农民散居各地，要想取得共同协议、采取共同行动十分困难。农民世代相传，习于顺从，有着与生俱来的封闭、保守、愚昧和落后等特点，农民领袖要想把处于这种安静和沉睡状态的农民唤醒，宗教乃是最合适的形式。"深受封建剥削压迫，饱尝灾荒之苦的农民希望得到皇上帝的拯救，希望争取生存的权利。不死于饥，即死于法的贫苦农民与其饿死，不如铤而走险，起义农民的这种心理，自古皆然，从大泽乡起义到太平天国，如出一辙。"① 宗教具有资源整合、社会控制和心理调节的功能，通过宣传宗教教义，引发民众对美好生活的向往，鼓动参加起义。洪秀全正是通过拜上帝教集中民众，壮大声势，"作为天父，上帝的慈悲给小农以慰抚；作为上神，上帝的独裁收束了小农的散漫"②。

  在冯云山被捕入狱、洪秀全前往广东期间，拜上帝会一时失去重心，群龙无首，人心浮动，有人对上帝产生怀疑、思想动摇甚至退缩。为了扭转这一不利的局面，杨秀清和萧朝贵挺身而出，稳定人心。杨秀清（1823—1856），原名嗣龙，客家人，广西桂平县人。杨秀清五岁时父亲去世，九岁时母亲去世，由伯父抚养长大，以烧炭为生，在艰苦磨炼中成长。杨秀清不识文字，但坚韧倔强，性格机智，富有谋略，善用权术，拥有高超的组织才能。萧朝贵（约1820—1852），客家人，广西武宣县人。萧朝贵自幼随养父长大，家境贫苦，以种菜、烧炭为生，品尝了生活的艰辛。萧朝贵性格刚烈，胆识过人，擅长权谋，做事决断，拥有一定的组织才能。1846年，杨秀清和萧朝贵一道接受了冯云山传播的拜上帝教，成为拜上帝会的早期成员。杨秀清和萧朝贵因为相似的人生经历和相同的宗教信仰，情同手

---

  ① 康沛竹：《灾荒与晚清政治》，北京大学出版社2002年版，第94—95页。
  ② 陈旭麓：《近代中国社会的新陈代谢》，中国人民大学出版社2012年版，第68页。

足，亲如兄弟。1848年年初，拜上帝会面临分裂和瓦解的危险时，杨、萧二人分别假托天父、天兄下凡。① 4月间，杨秀清自称"天父下凡"，他"代天父传言"，澄清了拜上帝会中的许多混乱思想，要求教众诚心敬拜上帝，同心同德，维护了革命队伍的团结。10月间，萧朝贵效仿杨秀清，自称"天兄下凡"，他"代天兄传言"，首先神化洪秀全，继而号召大家拥戴洪秀全为太平圣主，共扶真主，坚定斗志，对巩固教会组织和坚定教众信念起了极大的作用。当时拜上帝会中还有其他人以其他神灵的名义"传言"，但洪秀全只承认了杨秀清"代天父传言"和萧朝贵"代天兄传言"的权力。"天父传言"和"天兄传言"后被太平天国汇编成《天父圣旨》3卷和《天兄圣旨》2卷，由于时间久远和战火影响，《天父圣旨》前2卷遗失。在《天兄圣旨》中，第一条记录发生在1848年，萧朝贵"代天兄传言"许洪秀全为"日"，称冯云山、杨秀清、萧朝贵为军师，另有一个军师尚在番国。

### 戊申年九月间

天兄劳心下凡，垂怜救世，时在平山。

天王曰："天兄，太平时军师是谁乎？"

天兄曰："冯云山、杨秀清、萧朝贵俱是军师也！洪秀全胞弟，日头是尔，月亮是尔妻子。冯云山有三个星出身，杨秀清亦有三个星，萧朝贵有二个星。杨秀清、萧朝贵他二人是双凤朝阳也。即番郭（系为'国'——引者注）亦有一个军师。"

---

① 杨秀清"代天父传言"和萧朝贵"代天兄传言"丰富了拜上帝教的神学体系，实际上是利用民间降僮（神灵显圣）旧习俗。降僮术在南方农村盛行，是广西民间信仰体系的组成部分。诸如此类的灵魂超升、跳大神、催眠术是拜上帝会凝聚教众的重要手段，本质上是宗教"巫术"。

天王曰："他姓什么？"

天兄曰："姓蔡。"①

杨秀清"代天父传言"和萧朝贵"代天兄传言"，是太平天国准备起义阶段的一次关键性转折，左右了拜上帝教会未来的发展方向。杨、萧二人虽然对于维护拜上帝会起了一定作用，但降低了冯云山的重要性，削弱了洪秀全的话语权，甚至在宗教地位上取得了凌驾于洪秀全之上的最高权威，这为日后太平天国领导集团的分裂埋下了危机。

1849年6月，洪秀全、冯云山一起回到广西，因为官府追查，安全起见，藏入深山。洪、冯二人不便公开活动，主要依靠杨秀清、萧朝贵主持拜上帝会的事务，拜上帝会形成了洪秀全、冯云山、杨秀清和萧朝贵权力交叉的多元组织结构。拜上帝会领导层不断扩大，除了洪秀全、冯云山、杨秀清、萧朝贵外，还有韦昌辉和石达开。韦昌辉（约1823—1856），原名韦正，客家人，出生于广西桂平县金田村的一个富裕之家。韦昌辉颇知文义，"是监生出身，见机灵变之急才足有"②，但没有功名，有钱无势。由于经常受到当地大户的欺侮与讹索，韦昌辉的反抗情绪不断高涨。1848年10月，冯云山出狱后返回紫荆山，路经金田村，借宿韦家。冯云山与韦昌辉促膝交谈，相得甚欢，趁机邀请韦昌辉加入拜上帝会。韦昌辉献出全部家财，率全家参加了拜上帝会，并在自家秘密打造刀枪棍剑，为起义做了许多准备工作。石达开（1831—1863），客家人，出生于广西贵县的一个小康之家。石达开幼年丧父，少时即独撑门户，务农经商，文武兼修，智勇双全。石达开行侠仗义，乐善

---

① 王庆成编注：《天父天兄圣旨》，辽宁人民出版社1986年版，第3—5页。
② 《忠王李秀成自述》，载罗尔纲选注《太平天国诗文选》，中华书局1960年版，第111页。

好施，常为人排难解纷，年未弱冠已被尊称为"石相公"。洪秀全、冯云山慕名来访，邀其共图大计，石达开慨然允诺，决心毁家纾难，投身拜上帝会。[①] 拜上帝会领导集团的形成和扩大，奠定了武装起义的组织基础。

"天父"和"天兄"下凡，几乎所有人都会毕恭毕敬，悉心聆听，绝对服从，但石达开是个特例。他在《天父天兄圣旨》中出现较少，在天父天兄面前坚持己见。自始至终，石达开对于上帝的信仰存疑。

## 己酉年十二月二十九日

救世主基督又下凡。

救世主耶稣谕叶享才曰："叶享才，你说不可班师。你能挪得粮草么？"

享才奏曰："达开哥及玉绣他说顶起粮草也。"

天兄曰："石福隆、石贤隆、石镇交等粮草将尽，你还不知么？"

俄而翼王、玉绣至前。

天兄曰："韦正，达开，玉绣，现圣兵尔三人意见如何？"

韦正奏曰："现大军既毁破周凤鸣巢穴，他畏惧遁去，大军现宜回朝朝见太平王也。"

天兄："尔说是也。"

翼王、玉绣俱说不可班师。

天兄厉声曰："据朕子爷在高天看来，都无些指甲事情。你等何竟毫无胆识也？石福隆等家粮草将尽，你还不知么？"

---

① 石达开在《天兄圣旨》中最早出现在己酉年（1849）八月。1850年，石达开亲率3000多人抵达金田村，参加起义。

翼王、玉绣二人奏曰："小弟二人在后顶起也。"
天兄不答。①

在拜上帝会中，流出一种口号——"男学冯云山，女学杨宣娇"。杨宣娇亦称杨云娇，原名黄宣娇或王宣娇，是萧朝贵之妻。她仿照洪秀全"丁酉异梦"，给自己编制了相似的升天神话。"萧妻名杨云娇（Yang Yun-kiau）自言在丁酉年间，彼曾患大病，卧床如死去，其灵魂升天，即闻一老人对其言曰：'十年以后，将有一人来自东方，教汝如何拜上帝，汝当真心顺从'。"② 杨秀清为拉拢萧朝贵以"天父下凡"认黄（王）宣娇为女，并令其易姓为杨。不久，萧朝贵为抬高妻子杨宣娇的地位，以"天兄下凡"称杨宣娇为胞妹。于是，杨宣娇后改为洪宣娇，成为洪秀全的胞妹。③ 上帝大家庭发展壮大，上帝是天父，耶稣是长兄，洪秀全、冯云山、杨秀清、萧朝贵、韦昌辉、石达开、洪宣娇均是家庭核心成员，犹如梁山好汉在忠义堂论资排辈。"虽然他们在上帝的名义下组成了一个神圣家族，其实不过是把中国固有的名分纲纪和江湖聚义中惯见的成规引入了上帝的家里。"④

1849—1850 年，广西出现了大饥荒，天地会在"劫富济贫"的旗号下发起行动，有些富裕之家为了寻求保护而加入拜上帝会，这一方面增强了拜上帝会的力量，另一方面出现了一些投机分子。在有利的形势下，拜上帝会的力量迅速发展起来，形成了以杨秀清、萧朝贵

---

① 王庆成编注：《天父天兄圣旨》，辽宁人民出版社 1986 年版，第 31—32 页。
② 中国史学会主编：《中国近代史资料丛刊：太平天国》第 6 卷，神州国光社 1952 年版，第 857—858 页。
③ 参见刘晨《再探"洪宣娇"》，《清史研究》2013 年第 1 期。
④ 陈旭麓：《近代中国社会的新陈代谢》，中国人民大学出版社 2012 年版，第 72 页。

和韦昌辉为首的紫荆山地区、以石达开和秦日纲①为首的龙山地区、以胡以晃为首的鹏化山地区、以赖九和黄文金为首的陆川博白地区、以凌十八为首的信宜地区。

1850年2月25日（道光三十年正月十四日），道光帝病逝，民间盛传这是"清尽明复"之预兆，拜上帝会教徒蛊惑人心，鼓动他人入会。拜上帝会在各地传唱"穷饿老天保尔安"的歌谣，入会者的财产归公，不许私蓄，"将田产屋宇变卖，易为现金，而将一切所有缴纳于公库，全体衣食俱由公款开支，一律平均"②，这种共享财物的制度适应了战争需要，对贫苦大众具有很大的吸引力，有利于保持起义队伍的团结一致。教徒聚集渐多，彼此教化，《天兄圣旨》对此多有记述。

### 庚戌年正月初二日

天兄于鸡鸣时劳心下凡，时在贵县。

有他方兄弟来投，天兄欲天王安抚远人，不须疑虑，爰谕天王云："秀全，远处兄弟真草（系为'心'——引者注）敬草（系为'心'——引者注）来见尔，尔要任他来，留他完（系为'玩'——引者注）耍也。"

天王奏曰："遵天兄命。"③

### 庚戌年正月十六日

天兄劳心下凡，时在平山。

---

① 秦日纲（约1821—1856），广西桂平县人，原名秦日昌，后来因避北王韦昌辉讳而改名秦日纲。

② 中国史学会主编：《中国近代史资料丛刊：太平天国》第6卷，神州国光社1952年版，第870页。

③ 王庆成编注：《天父天兄圣旨》，辽宁人民出版社1986年版，第32页。在太平天国文献中，"草"系为"心"，下文相似之处，不再标注。

天兄因是晚有几多众小来朝，欲其慎言炼正，历久勿渝，爰降圣旨谕天王曰："秀全，今晚有好多众小到来么？"

天王对曰："然也。"

天兄谕唤众小到来，逐一断过，要谨口，逐一超升，各魂升天堂。

天兄谕曾天养曰："曾天养，尔教有几多人敬天父及敬天兄乎？"天养奏曰："有四百余人。"

天兄曰："救条人命值千金。尔教有这多人，尔有好大福气。上天堂时，封尔顶上顶也。"

天兄曰："众小弟，识得三星禾王、云开山顶、双星脚起、月婿等么？"众等奏曰："识得。"

天兄曰："众小弟，各要真草到底，跑路跑到尾。回家去各教导各妻子，各教导各子女，各炼成天堂子女样，后来自有分断也。"众等奏曰："遵命。"①

## 庚戌年正月十七日

天兄劳心下凡，时在平山。

天兄因曾天养等能知劝人敬天，欲众等识得天王东王，方有福享，爰降圣旨谕曾天养云："曾天养，尔去教人敬天父及我天兄么？"天养奏曰："然也。"

天兄曰："尔有好大福气也。"陈仕刚曰："天兄，小弟去教人敬天父天兄好么？"天兄曰："那样不好？难道独尔认得也？"

天兄曰："众小弟宽心，朕回天矣。"

是晚，救世主基督又下凡，谕天王曰："秀全，今晚有好多兄弟到来么？"

---

① 王庆成编注：《天父天兄圣旨》，辽宁人民出版社1986年版，第35—36页。

天王对曰:"然也。"

天兄曰:"秀全,谕唤众小弟到来。"俄而,众小到前。

天兄逐一断过,要谨口,逐一超升,各魂上天堂。①

　　拜上帝会规模愈大,人数愈多,严密组织和领导核心显得愈加重要。洪秀全"待部众以礼,以义,以仁"②,"对于一己之品行极为严格"③,"态度行动雍容有君子风",④自然地赢得广大人民的拥护和信仰。"洪秀全的文学才能,道德修养,行政才干,精神智力,领导气魄,为众人所拥戴"⑤,大家一致承认他的最高权威,推选他作为革命领袖。洪秀全利用拜上帝教推行平等思想与革命理论,在太平天国运动之初起到了号召民众和凝聚人心的作用。

　　1850年4月3日,洪秀全自称是亲承天父上帝之封的人间真主,于平在山秘密穿起黄袍,正式"登极"成为太平王。洪秀全"先让最高之称号于其他四首领袖——冯云山、杨秀清、萧朝贵及韦正——及彼等谦让不肯,而且发愿完全服从洪之威权,彼乃自登尊位"⑥。虽然这一日期后来被洪秀全定为"太兄暨朕登极节",但拜上帝会对于洪秀全"登极"之事严格保密。期间,杨秀清生病,萧朝贵成为拜上帝会的实际负责人,频繁"代天兄传言"⑦,有时一天"传言"

---

① 王庆成编注:《天父天兄圣旨》,辽宁人民出版社1986年版,第37页。
② 中国史学会主编:《中国近代史资料丛刊:太平天国》第6卷,神州国光社1952年版,第825页。
③ 中国史学会主编:《中国近代史资料丛刊:太平天国》第6卷,神州国光社1952年版,第862页。
④ 中国史学会主编:《中国近代史资料丛刊:太平天国》第6卷,神州国光社1952年版,第824页。
⑤ [英]呤唎:《太平天国革命亲历记》,王维周译,上海人民出版社1997年版,第39页。
⑥ 中国史学会主编:《中国近代史资料丛刊:太平天国》第6卷,神州国光社1952年版,第873页。
⑦ 1848年9月到1851年10月,萧朝贵"代天兄传言"120多次,且有洪宣娇的辅佐,他在拜上帝会的地位迅速提升,一度掌握最高权力。

数次，涉及洪秀全"避吉"①、洪秀全举家前来、拜上帝会的人事变动、教众奖惩、金田团营、军事部署等政教事务。

### 庚戌年二月二十三日

天兄劳心下凡，时在平山。

天兄欲天王暂行避吉，众等坚耐灵变，爰降圣诏谕天王曰："秀全，尔穿起黄袍么？"

天王对曰："然也。"

天兄曰："要避吉，不可令外小见，根机不可被人识透也。"

天王对曰："遵天兄命。"

天王曰："天兄，今贵县有五位兄弟被外小捉去，李炳章又在平南妖官捏告胡以晃等。望天兄作主，奏知天父，永不准妖魔鬼计得行也。"

天兄曰："不妨。万样皆天排，要嘱各兄弟灵变坚耐也。"

天王对曰："遵天兄命。"

天兄曰："秀全，尔在杨堂、萧堂避吉，宽心。云山宽心。朕回天矣。"②

### 庚戌年六月二十日

天兄劳心下凡，时在旧合。

天兄欲余廷章等谨言，并欲王次兄等一心顶主，爰降圣旨谕余廷章曰："余廷章，尔欲回家么？"廷章奏曰："然。"

天兄曰："为何事？"廷章奏曰："想去教人敬天父天兄也。"

天兄曰："廷章，到尔家说道理畀兄弟听。天下凡间同一盆

---

① "避吉"即"避凶"，以吉代凶，意在求吉。
② 王庆成编注：《天父天兄圣旨》，辽宁人民出版社1986年版，第40—41页。

水，同出一父母，总共一体也。千祈不好泄漏天机，不好讲太平事先。"廷章奏曰："遵天兄命。"①

1850年夏，洪秀全派人把家人从广东花县接来广西桂平县团聚，见到了久别的妻子赖氏、两个女儿和儿子洪天贵②。洪秀全的次兄洪仁达一家同来，长兄洪仁发一家和亲戚朋友后来也来了。

酝酿起义不是一帆顺风，一些地主豪绅纠集团练对抗拜上帝教徒，平南县衙抓了拜上帝会首领黄为正和吉能胜，贵县、桂平、信宜等地相继传来教会首领被捕入狱的消息，石达开、胡以晃和凌十八等人开始领导拜上帝教徒武装反抗地主豪绅团练的围攻。拜上帝教徒与地主豪绅团练争斗，各逞其强，武装起义因逼而起。

### 庚戌年七月二十九日

天兄劳心下凡，时在洪山。

天兄欲遣林大居往象州调取李妖，并欲南王、韦正及众等顶天扶主，于焉降临。

天王问曰："天兄，众小弟斟酌，未知天兄主张朝贵妹夫、韦正二人到白塘、八洞等处教导兄弟否也？"

天兄曰："明晚朝贵、韦正二人到大居家，先差人去吊几个远方兄弟到来。"

天王同众等各不明其故。

天王问曰："求天兄讲明。"

天兄曰："尔现有两个军师在此，待朕回天后，尔问朝贵也。"

---

① 王庆成编注：《天父天兄圣旨》，辽宁人民出版社1986年版，第48—49页。
② 洪秀全后来为洪天贵加"福"字，改其名为洪天贵福。

救世主天兄回天后，天王将天兄说话问西王。西王曰："此必定是说吊象州这个妖魔降托李某也。"

天王同众等各点头称是。下午，救世主天兄下凡。

天王问曰："天兄，当前所说吊几个远方兄弟到来，是说象州这个妖魔降托李某否也？"

天兄曰："是也。唤大居来。"林大居到前。

天兄曰："尔识得某人识象州李某，就去吩咐他明天即往象州也。尔吩咐他到去说：尔二兄到洪化水，叫他到来相见也。"大居奏曰："遵命。"

天兄转又谕曰："不可说尔二兄到洪化水，且说天父天兄极欢喜，说有帮手，叫他到来相见也。"大居奏曰："遵命。"

天兄转谕南王曰："云山，尔要放醒来，周时肚内打稿，真草扶尔二兄也。"南王奏曰："遵天兄命。"①

## 庚戌年七月二十九日

天兄劳心下凡，时在平山。

天兄欲韦正扶实天王，和顺兄弟，爰降圣旨谕韦正曰："韦正，千祈要扶实尔三星兄江山。朕今在高天，要理天下万郭（系为'国'——引者注）事。这今各处团方也，有事情，尔要时时灵变，肚里要翻翻转。每事总要遵条命做事，切不可过当人家。每事理道总要高张过人。自然高天有天眼看顾得到，总不妨。高做事，高担当。尔要和顺兄弟，倘有不遵条命者，他不能飞走得朕高人手脚下过。朕这今倘或三两月下一回也不定。有事尔同尔妹夫商量理酌，切不好畀人看小尔三星兄江山。朕所吩咐说话，尔切要记紧。有朕在高天看顾，总不妨。"

---

① 王庆成编注：《天父天兄圣旨》，辽宁人民出版社1986年版，第62—63页。

韦正奏曰："遵天兄命。"

天兄曰："宽草、放草，朕回天矣。"①

1850年9月初，洪秀全经过慎重考虑，把广西桂平县金田村作为武装起义的大本营，发布总动员令，号召各地教众到金田村"团营"，即集中操练军队。各地教众整编队伍，途中不断与拦阻的清军、团练发生战斗。为了避开官方的追查，洪秀全、冯云山匿居平南县，杨秀清佯作耳聋口哑。拜上帝会总部设于金田韦昌辉家，首先率众而来的是贵县石达开部。神秘而庄严的氛围使得拜上帝会领导者既诚惶诚恐又振奋不已，教众捐献财物，纷纷表示效忠洪秀全。拜上帝会和庄园武装为革命积蓄了力量，武装起义一触即发。

---

① 王庆成编注：《天父天兄圣旨》，辽宁人民出版社1986年版，第75页。

# 第三章　金田起义建都天京

社会发展的历史是人民群众实践活动的历史，人民群众是历史的创造者和社会活动的主体，但人民群众创造历史的活动总是受到一定历史阶段的经济、政治和思想文化条件的制约。"历史是这样创造的：最终的结果总是从许多单个的意志的相互冲突中产生出来的，而其中每一个意志，又是由于许多特殊的生活条件，才成为它所成为的那样。这样就有无数互相交错的力量，有无数个力的平行四边形，由此就产生出一个合力，即历史结果，而这个结果又可以看作一个作为整体的、不自觉地和不自主地起着作用的力量的产物。"[①] 清朝晚期，腐朽、反动的清政府专制统治已经陷入深刻的危机之中；鸦片战争后，社会矛盾日益尖锐，革命形势不断成熟；广西地区民族矛盾、阶级矛盾趋于激化，清军军备松弛，成为中国封建社会统治的薄弱环节；拜上帝教的创立和宣传促进了广西客家民众的军事化进程，素来已久的社会矛盾更加尖锐，群众性斗争日甚一日，革命的腥风血雨在广西丘陵暗流涌动，已成星星之火。

## 第一节　金田起义

金田起义揭开了太平天国运动的序幕。在太平天国的历史文献

---

① 《马克思恩格斯选集》第4卷，人民出版社2012年版，第605页。

中，金田起义的内涵有狭义和广义之分。狭义的金田起义，是指拜上帝教众在金田村公开起义当天的活动；广义的金田起义，是指拜上帝会各路人马汇集金田地区，继而揭竿起义的全过程。

1850年秋，拜上帝会各路人马在杨秀清、萧朝贵的调度下，陆续向金田地区集结。《忠王李秀成自述》写道："道光三十年十月，金田、花洲、六（陆）川、博白、白沙同日起义。此之天机，变化多端，实不详周，是以拜上帝之人格而深信了。"①《天情道理书》写道："及至金田团营，时维十月初一日，天父大显权能，使东王忽然复开金口，耳聪目明，心灵性敏，掌理天国军务。"②11月下旬，除了信宜凌十八的队伍外，各路拜上帝会人马齐会金田。当时，连同陆续来投的客家人与天地会武装，总人数已达2万。杨秀清统一部署，把拜上帝教众按地域编制，初步组建成一支军队，这就是后来令清军闻风丧胆的太平军。保存至今的《太平军目》在论述旗制时，提及每面旗帜上写有"太平某省某地某旗"字样，并列举了广西贵县、平南、武宣、桂平、博白、苍梧和广东归善、湖南道州等地名。

1850年11月4日（道光三十年十月初一日）是预定的公开起义日期，"起义之时，天王在花洲山人村胡以晥（同'晃'——引者注）家内密藏，并无一人得悉。那时东王、北王、翼王、天官丞相俱在金田"③。杨秀清等人所在的金田总部并没有发动军事行动，只以军师杨秀清、萧朝贵的名义发布了起义文告。当日，洪秀全和冯云山组织了一场战斗，他们住在花洲山人村胡以晃家，这一带地势险要，只有思旺墟一条路可通。清军在思旺墟布防，意图切断花洲和金田的

---

① 《忠王李秀成自述》，载罗尔纲选注《太平天国诗文选》，中华书局1960年版，第112页。
② 中国史学会主编：《中国近代史资料丛刊：太平天国》第1卷，神州国光社1952年版，第367页。
③ 《忠王李秀成自述》，载罗尔纲选注《太平天国诗文选》，中华书局1960年版，第112页。

联系。洪秀全趁清军防线未稳，派遣胡以晃带兵从花洲进攻思旺墟，与平南县秦川巡检张镛部清军激战。12月25日，杨秀清命令蒙得恩[1]率太平军进攻思旺墟，击毙张镛，这是被太平军击毙的第一位清朝官员。太平军击败浔州协副将李殿元部清军，拔除了清军安置在平南、桂平交通要道上的据点。12月27日，洪秀全等人冲出花洲，结束了长达数月的密藏（"避吉"），胜利返回金田，史称"迎主之战"。

1850年年底，镇远总兵周凤岐率清军来犯，清江协副将伊克坦布、松桃副将清长、浔洲知府刘继祖、桂平知县李孟群等部清军进攻金田。1851年年初，洪秀全和杨秀清指挥太平军，在金田附近的望鳌岭设伏，声东击西，兵不厌诈，大败清军。清江协副将伊克坦布仓皇逃命，堕于蔡村江桥下被杀。此次战斗的胜利稳定了金田的形势，鼓舞了拜上帝教众的士气。

1851年1月11日（道光三十年十二月初十日），拜上帝教众在金田热烈祝贺洪秀全的三十八岁生日，这次祝寿活动标志着历时数月之久的金田起义终于有了一个圆满的结局。洪秀全建号"太平天国"[2]，立长子洪天贵福为幼主。《干王洪仁玕自述》写道："合到金田，恭祝万寿起义，正号太平天国元年，封立幼主。"[3]凡参与此次祝寿者，在太平天国定都南京后都得到了"功勋加一等"的殊荣。

洪秀全、冯云山在杨秀清建军思路的基础上，重整太平军。洪秀全在金田村颁布《五大纪律诏》："一、遵条命；二、别男行女行；三、秋毫莫犯；四、公心和傩，各遵头目约束；五、同心合力，不得

---

[1] 蒙得恩原名蒙得天，后来因避"天父""天兄""天王"讳而改名。
[2] "太平"一词在中国典籍中多有出现，曾是以前多个皇帝的年号，反映了中国人民对社会安定的追求；"天国"一词取自《圣经》，德国平民宗教改革家托马斯·闵采尔（1489—1525）领导农民战争时提出建立"千年天国"，反映了德国人民对理想社会的追求；"太平天国"一词是中西文化综合的结晶，意在人间建立的太平之天国。
[3] 《干王洪仁玕自述》，载罗尔纲选注《太平天国诗文选》，中华书局1960年版，第175页。

临阵退缩。"① 五大纪律要求太平军对天国忠诚；克己奉公，捐弃私心；在对敌斗争中要保持乐观和沉着；坚韧不拔、百折不挠地为天国事业而斗争。后来，五大纪律不断丰富，愈加系统化。《行军总要》对"陆路号令""水路号令""点兵号令""传官号令""查察号令""防敌要道""禁止号令""体惜号令""试兵号令"等条目都做了非常具体、细致的规定。冯云山仿照《周礼》司马之法，自下而上组建队伍。伍长管4人，两司马管五个伍长及其所属共25人，卒长管四个两司马及其所属共104人。依此类推，五个卒为一个旅，由旅帅监管；五个旅为一个师，由师帅监管；五个师为一个军，由军帅监管；一个军足员共13156人（含军帅）。金田起义时，太平军组建了5个军，但每个军并不足员。后来，太平军的建制不断发展完善，军帅之上为监军、总制、将军、指挥、检点、丞相、主将、军师。"各队伍还用不同颜色的三角旗来识别，三角旗上用大字标明自己的所在营地。另外，伍长各有徽章，五英寸见方，贴在衣服的背后或前心，表明他所属的两和卒；而军士亦有四英寸见方的徽章，标明他们所属的伍和两及各人自己的身份编码。为了规范作战命令，每伍的四个军士都各有编码，曰'冲锋'、'破敌'、'制胜'、'奏捷'。"② 此外，太平军的一切支出来自"圣库"，人人平等，同吃同住。拜上帝教众多是举家前来，太平军严格禁欲，男营和女营各分一处。这种严格的军纪、平均主义和清教徒式的禁欲主义，有利于加强太平军的团结，赢得广大群众的拥护，保持旺盛的战斗力，争取战斗的不断胜利。

就太平军的上层领导来看，有失意求变的知识分子，如洪秀全、冯云山；有通晓诗书的富家公子，如韦昌辉、石达开；有出身卑微的寒门弟子，如杨秀清、萧朝贵。就太平军的下级成员来看，以汉、

---

① 太平天国历史博物馆编：《太平天国文书汇编》，中华书局1979年版，第31页。
② ［美］史景迁：《太平天国》，朱庆葆等译，广西师范大学出版社2011年版，第172页。

壮、瑶的农民居多，还有矿工、挑夫、船夫、水手、商贩、游民、散兵、海盗。太平军全体将士"蓄发明志"①，头包红巾，因而有"长毛"和"发军"之称。为了壮大起义队伍的力量，洪秀全主动争取桂平一带的天地会加入太平军。反清是天地会与拜上帝会的相通之处，天地会有一定势力，洪秀全希望收为己用。然而，天地会来归者不少，敌对者亦有，一是天地会自由散漫成习，难以遵从拜上帝会的严格条规；二是天地会和拜上帝会的政治、宗教主张不合，天地会以复明为号召，供奉五祖，拜上帝会旨在建立新王朝，只许敬拜上帝，视五祖为妖魔。天地会山堂分立，成分较复杂，对太平军的态度各不相同。《忠王李秀成自述》写道："有大头羊、大鲤鱼、罗大纲三人在大黄（湟）江口为贼，即入金田投军。该大头羊到金田见拜上帝之人不甚强，非是立事之人，故未投也，后投清朝向提台（系为'向荣'——引者注）。"② "大头羊"张钊、"大鲤鱼"田芳投降清军，成为太平军的敌人。罗大纲参加太平军，建立战功，成为太平军的将领。

金田起义后，太平军上下齐心，各尽其能，向着太平天国大业进发。面对太平军来势汹汹，广西巡抚郑祖琛"专事慈柔，工于粉饰"，广西提督闵正凤"专讲应酬，于纪律运筹一无所知"。广西地区的动乱关乎北京清廷的安危，道光皇帝驾崩后，皇四子奕詝继位，次年改元"咸丰"。新君初立，内忧外患。"对于他来说，在继承祖宗皇位的同时，似乎也继承了祖父和父亲留下的灾难。"③ 早在金田起义前，清廷得到两广地区民众起义的消息，颇为重视，起用林则徐

---

① 汉人自古重视衣冠服饰，身体发肤，受之父母，不敢毁伤。清朝入关后，颁行"剃发令"，强行改变了汉人的"发型"。太平军蓄发易服，以示与清廷势不两立。太平军若有剃发者，受到严惩。《天父天兄圣旨》："有一儿小何士贤削发，黜为奴。"

② 《忠王李秀成自述》，载罗尔纲选注《太平天国诗文选》，中华书局1960年版，第112页。

③ 陈旭麓：《近代中国社会的新陈代谢》，中国人民大学出版社2012年版，第64页。

为钦差大臣。1850年11月，林则徐奉命赴广州署理军务，行至广东普宁县，因劳累过度和疾病恶化而逝世。不久，清廷改派两江总督李星沅为钦差大臣。在此期间，广西很多州县官员纷纷上报民众揭竿起义的情况，广西巡抚郑祖琛正式将此事向清廷奏报，清廷急令湖南提督向荣和贵州提督张必禄带兵奔赴广西镇压。张必禄赶至浔州城（今广西桂平），因劳累过度和疾病恶化而逝世，镇远总兵周凤岐代为领兵。

1851年2月，向荣部清军进攻太平军，被击败于牛排岭。随后又战于屈甲洲，太平军佯装溃败，设伏兵于大湟江下游，清军大败。在这之前，清政府对太平军的情况并不真正了解，不知道这是与天地会完全不同的太平军，误以为是"乌合之众"，把主要力量用来镇压天地会造反。钦差大臣李星沅奉命进入广西时，金田起义已经爆发，才发现太平军"实为群贼之尤"，不得不据实上报，并主张"聚集精兵，全力攻剿"。广西、广东、云南、贵州、湖北、福建六省清军齐聚金田地区，完成了对太平军的包围。然而，清军大多来自平原地区，擅长陆战，却不习惯跋山涉水。清廷追究广西动乱的祸端，将办事不利的广西巡抚郑祖琛、广西提督闵正凤革职查办，起用前漕运总督周天爵为广西巡抚，湖南提督向荣改任广西提督。

1851年3月10日，洪秀全率领太平军由江口突围，经桂平新墟，翻越紫荆山，到达武宣。3月23日，洪秀全在武宣的东乡自称"天王"，设置4个军师、5个主将。杨秀清为左辅正军师、中军主将；萧朝贵为右弼又正军师、前军主将；冯云山为前导副军师、后军主将；韦昌辉为后护又副军师、右军主将；石达开为左军主将。由此，太平天国的领导核心正式确立。太平军主力驻扎在武宣东乡，先头部队进抵三里墟，武宣周围的村子尽为太平军占领。4月3日，广西巡抚周天爵和广西提督向荣率领清军，兵分四路进攻三里墟，洪秀全亲自指挥太平军顽强抵抗，取得胜利。5月16日，太平军乘胜进入象州境内，在中坪墟设立总部，连同百丈、新寨成掎角之势。洪秀全在领导战斗中表现出的智慧、才能，不但进一步提高了他在太平军将士中的威望，而且扩大了他在清军中的影响，甚至对清军将领产生了较强的震慑作用。在周天爵看来，洪秀全"飘忽不及闯献，而深沉过之，纵观所有大帅无与敌者"。更可贵的是，洪秀全在战斗中既是指挥员亦是战斗员。作为指挥员，他临危不惧，处险不惊，从容不迫，指挥若定。作为战斗员，他亲自带领部队在前线作战，这种身先士卒是洪秀全正确决策的实践基础。

太平军有着坚定的宗教信仰，各遵约束，行军秋毫无犯，临阵奋勇拼杀，成长为一支意志坚定、深得民心、舍生忘死的队伍。战火淬炼了太平军的斗志，凝聚了太平军的人心，锻造了太平军的战力。与之相反，清军将帅不和，互相推诿，号令不一，畏惧不前。周天爵通过双方情况做的比较，认为"贼愈战愈多，而我兵愈战愈怯"。清军屡战屡败，李星沅劳累过度，旧病复发，逝世于军中。为了镇服诸将，统一指挥，咸丰皇帝派遣赛尚阿接替已逝的李星沅为钦差大臣。赛尚阿是蒙古正蓝旗人，道光时期已是军机大臣，官至理藩院尚书。咸丰帝继位后，封他为文华殿大学士，委以首辅重任。赛尚阿临行之前，咸丰皇帝赏赐"遏必隆刀"，增加军费白银两百万两。赛尚阿一到广西，就连同广州副都统乌兰泰、广西提督向荣指挥军队，围攻太平军。1851年6月，太平军和清军激战于独鳌山、梁山村和马鞍山，各有胜负。独鳌山一战，本来清军已占先机，在关键时刻太平军少数士兵冲入清军威宁镇营盘，清军恐慌，误以为大营被破，全线溃退。7月2日，洪秀全下令太平军自象州中坪墟折回紫荆山区的茶地、新墟、莫村和思盘，途中遭遇向荣部清军的拦截。太平军"前以新墟为门户，后以猪仔峡、双髻山为要隘"，固守紫荆山区，及时休整。面对军中缺粮，又多伤病的困境，洪秀全撰写《诛妖歌》，以革命乐观主义凝聚太平军的斗志。

### 诛妖歌

真神能造山河海，任那妖魔一面来；
天罗地网重围住，尔们兵将把心开。
日夜巡逻严预备，运筹设策夜衔枚。
岳飞五百破十万，何况妖魔灭绝该。①

1851年8月14日，洪秀全在茶地"下诏"，明确了杨秀清的最高军事指挥，发布战斗口号——"同见小天堂威风"！杨秀清智勇双全，令行禁止，下令太平军拼死抵抗。8月底，由于寡不敌众，太平军死伤无数，战略要地猪仔峡、双髻山先后失守，太平军的紫荆山根据地面临清军的严重威胁。9月11日，太平军从新墟突围，沿山道进入平南鹏化山区。乌兰泰部清军尾随太平军，向荣部清军经大湟江口、佛子村、横岭，进至思旺东南的官村。9月15日，萧朝贵和冯云山指挥太平军，在官村设伏，在向荣部清军扎营未稳之际，突然发起攻击。向荣部清军措手不及，四处溃逃，军械辎重尽失。向荣被清廷革职，但仍"随营效力"。官村之战得胜后，太平军第一次跳出清军的包围圈。

## 第二节　永安建制

太平军自官村杀向永安州（今广西蒙山县），洪秀全、杨秀清沿途宣传拜上帝教，放手发动群众，太平军吸纳大量的生力军，其中有后起之秀李秀成。《忠王李秀成自述》写道："至天王由思旺到，到大黄（旺）圩，分水旱两路，行营上永安州，路经大黎。经过大黎

---

① 洪秀全：《诛妖歌》，载罗尔纲选注《太平天国诗文选》，中华书局1960年版，第190页。

处所,〈四〉面高山,平地周围数百里,旱路兵由此经过,是西王、北王、天官丞相及罗大纲带。水路兵是东王、南王所带。西王、北王带旱兵在大黎里经过,屯扎五日,将里内之粮谷衣服逢村即取,民家将粮谷盘入深山,亦被拿去。西王在我家近村乡居驻,传令凡拜上帝之人不必畏逃,同家食饭,何必逃乎!我家寒苦,有食不逃。"①

1851年9月25日,罗大纲率领太平军先锋攻占永安。永安之战意义重大,这是太平军第一次"进城"。太平军约3.7万人,为了守卫永安,在外围阵地上建立了四个营垒群和两条警戒线。四个营垒群是:以水窦村为中心的南面营垒群,以龙眼塘、上阳村为基地的北面营垒群,以大塘村、窝池岭为主体的东面营垒群,以六庙、竹枝各村为据点的西面营垒群。两条警戒线是:西南一线,起自栾岭,经秀才岭,占秀才、三石为前沿据点,联龙虎岭向南延伸,至长寿河与文圩河交汇的恒尾村;东北一线,西起上阳村,向东延展,经垌口至马背岭。太平军在险要之处竖木栅,筑土垒,掘壕沟,建炮台,准备长期固守。

1851年9月26日,乌兰泰部清军赶至永安城南,驻扎在佛子村一带。随后,向荣部清军赶至永安城北,屯兵北路古排塘一带。10月19日,向荣部清军进逼永安,途中遭到太平军伏击,大败而逃。12月10日,乌兰泰部清军进攻永安城外据点水窦村,萧朝贵指挥太平军英勇抗击。萧朝贵号称太平军第一勇将,遇战当先,参加了绝大多数的战斗,清人张德坚在《贼情编纂》中描述他为"面貌凶恶,性情猛悍,每率群丑,与我并苦战"②。太平军取得了水窦村战斗的胜利,但萧朝贵身负重伤,假称"天兄下凡"告知众人。

---

① 《忠王李秀成自述》,载罗尔纲选注《太平天国诗文选》,中华书局1960年版,第113页。

② 中国史学会主编:《中国近代史资料丛刊:太平天国》第3卷,神州国光社1952年版,第47页。

## 辛开元年十月十八日

天兄劳心下凡，时在永安。

天兄因西王诛妖，受些小伤，不甚要紧，欲安天王及众等心，爰降圣旨谕众小曰："尔众小，安慰尔二哥宽心安福。贵妹夫受些苦难，不妨也。"①

由于永安防守严密，清军围攻数月，未能破城。1852年1月15日，咸丰帝下旨斥责赛尚阿"旷日持久，尚无制胜之谋"。赛尚阿心中惶恐，亲赴前线，采取"层层逼近，前剿后应"的部署，大举攻城。太平军中多有炸山凿矿的劳工，对火药枪炮的使用得心应手，不等清军靠近即开火。此时的太平军近4万人，清军各部严重受挫，双方呈对峙态势。清军采取"多购间谍，解散党羽，计诱贼首"的阴谋手法，收买周锡能，企图里应外合，歼灭太平军。杨秀清得知周锡能叛变后，假托"天父下凡"，下令缉拿周锡能加以审讯，并指出其谋反行径。

## 天父下凡诏书

辛开元年十月二十九日，秀清、云山、韦正、达开上朝，云山奏曰："今日小弟同韦正、曾天芳、蒙得天到清弟府商议，并欲奏封周锡能，忽然天父下凡，喊锁周锡能，吩咐毕，天父回曰：'我回天矣'。"秀全曰："拿获否？"清等对曰："早已拿获在案。"秀全曰："天父咁大权能，我等跪谢天恩，各自退朝。"

是夜，云山、达开上朝奏说天父又复下凡。秀全即至天父面

---

① 王庆成编注：《天父天兄圣旨》，辽宁人民出版社1986年版，第93页。"辛开元年十月十八日"是传统农历纪日，即公历1851年12月10日。

前。天父即命吊周锡能。审毕,天父曰:"我回天矣。"①

在证据面前,周锡能无法狡辩,只得供认。杨秀清下令将周锡能斩首示众,周锡能在临刑前呼喊:"众兄弟,今日真是天做事,各人要尽忠报国,不好学我周锡能反骨逆天。"②洪秀全教育太平军将士要警惕"妖魔多端诱惑",加强戒备,一旦发现可疑分子,即刻禀报,必须"立志顶天,真忠报国到底"。太平军驻守永安州八个月之久,制订各种制度,规划设施渐臻完备。

第一,政权建设。太平军以"周锡能案"为反面教材,开展整顿和教育活动,不但打击了清军的嚣张气焰,粉碎了其从内部瓦解太平军的企图,而且坚定了信仰,稳定了人心,巩固了政权。1851年12月17日,洪秀全发布《封五王诏》:杨秀清为东王、萧朝贵为西王、冯云山为南王、韦昌辉为北王,分别管制东西南北各国。石达开为翼王,羽翼天朝。天王称万岁,东王、西王、南王、北王、翼王依次称九千岁、八千岁、七千岁、六千岁、五千岁,秦日纲、胡以晃等被封为丞相。天王是万国真主,其余各王须受东王节制,杨秀清实际上掌握了太平天国的军政大权。永安封王标志着太平天国政权初步建立,太平天国前期权力结构(见图3-1)。永安封王对太平军发展壮大起到了一定作用,但这一举措表明太平天国不可能建立有别于封建王朝的新型政权,依然在走传统农民起义的老路。

---

① 《天父下凡诏书》,载罗尔纲选注《太平天国诗文选》,中华书局1960年版,第93页。
② 《天父下凡诏书》,载罗尔纲选注《太平天国诗文选》,中华书局1960年版,第100页。

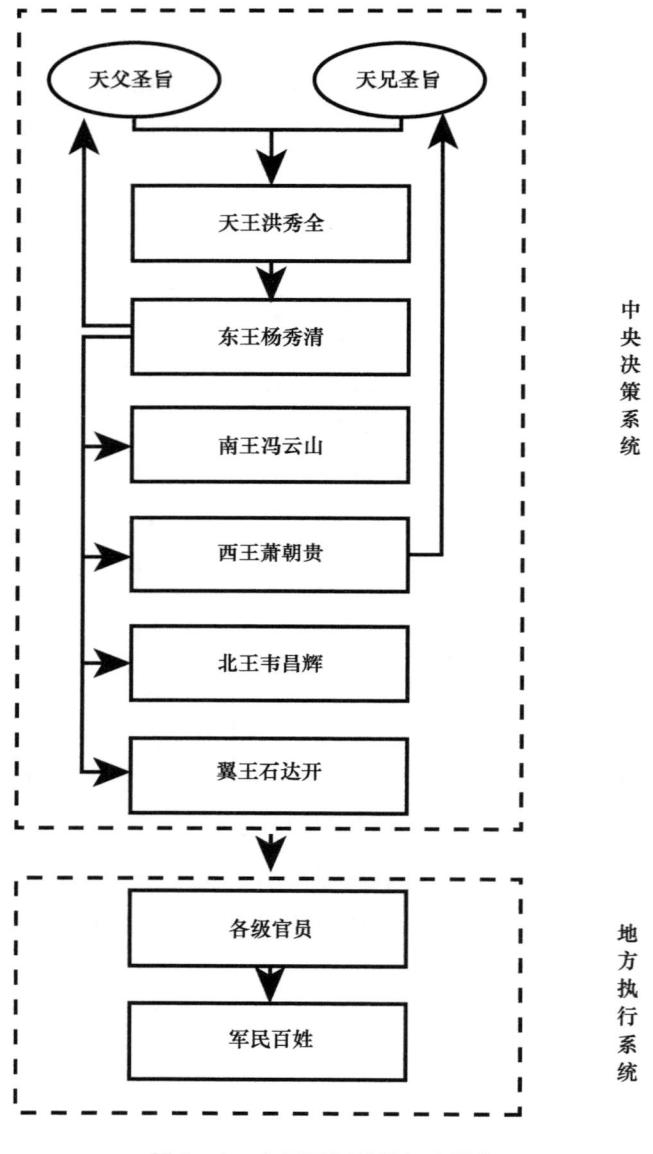

```
                ┌─────────┐         ┌─────────┐
                │ 天父圣旨 │         │ 天兄圣旨 │
                └─────────┘         └─────────┘
                     ↑    ↓             ↑
                     │  ┌─────────────┐ │
                     │  │  天王洪秀全  │ │
                     │  └─────────────┘ │
                     │       ↓          │
                     │  ┌─────────────┐ │       中
                     │  │  东王杨秀清  │ │       央
                     │  └─────────────┘ │       决
                     │                  │       策
                     │  ┌─────────────┐ │       系
                     │→ │  南王冯云山  │ │       统
                     │  └─────────────┘ │
                     │  ┌─────────────┐ │
                     │→ │  西王萧朝贵  │─┘
                     │  └─────────────┘
                     │  ┌─────────────┐
                     │→ │  北王韦昌辉  │
                     │  └─────────────┘
                     │  ┌─────────────┐
                     └→ │  翼王石达开  │
                        └─────────────┘
                              ↓
                        ┌─────────────┐         地
                        │   各级官员   │         方
                        └─────────────┘         执
                              ↓                 行
                        ┌─────────────┐         系
                        │   军民百姓   │         统
                        └─────────────┘
```

图 3-1　太平天国前期权力结构

第二，军队建设。太平天国领导人经过商议，在五大条军律的基础之上，正式制定了一整套军事条规，即《太平条规》，其中包括"定营规条十要"和"行营规矩"两部分。"定营规条十要"内容是：恪遵天令；熟知天条，赞美朝晚礼拜规矩及所颁行诏谕；练好心肠，不得吸烟、饮酒、公正和傩、毋得包庇徇情顺下逆上；同心合力，各遵有司约束，不得隐藏兵数及匿藏金银首饰；别男营女营，不得授受相亲；谙熟日夜点兵、鸣锣、吹角、擂鼓号令；无事不得过营越军，荒误公事；学习为官称呼问答礼制；各正军装枪炮以备急用；不许谎言国法王章，讹传军机时令。"行营规矩"内容是：各内外将兵凡自十五岁以外，各要佩带军装、粮食及锅碗油盐；内外强健将兵不得僭分干名，坐轿骑马及乱拿外小；内外将兵各回避道旁呼万岁、万福千岁，不得杂入御舆官妃马轿中间；号角宣传急赶前禁地听令杀妖，不得躲避偷安；军民男女不得入乡造饭取食、毁坏民房、掳掠财物及搜抄药材铺户并州府县司衙门；不许乱捉卖菜水、卖粥饭外小为挑夫，及隐瞒吞骗军中兄弟行李；不许途中铺户堆火困睡，耽阻行起，务要前后联络，不得脱队；不许焚烧民房及出恭在路及民房；不得妄杀老弱无力挑夫；各遵主将有司号令分发，不得任性自便，推前越后。在永安，洪秀全、杨秀清系统组建了太平军女营，女将、女兵多是客家女，她们强而有力，赤足健步，裹头持械，勇健不逊男子。曾国藩后来创办湘军，尝过太平军女兵的苦头，痛恨地称这些客家女为"大脚蛮婆"。

第三，经济建设。政治和军队建设之外，经济建设便是重中之重。太平军进驻永安后，所得金银、绸帛、宝物上缴天朝圣库，逆者议罪。为了确保后勤供给，太平军放手发动群众，没收地主豪绅的财产，开仓放粮，屠杀家畜，严格审查耕田，抢收地主的农作物，一半归农民，一半归太平军。太平军的举措深得民心，有力地孤立和打击了地主豪绅，广大群众纷纷参加太平军，比以往更加踊跃，参加太平军者多是"农夫之家""寒苦之家"。太平军兵马粮草充足，保障了在永安与清军的长期对峙。

第四，历法建设。太平天国废除清朝纪年法，颁行《天历》，这是冯云山1848年在狱中制定的历法。《天历》是一个不中不西的组合，一年366天，单月31天，双月30天，7天一个礼拜，没有闰月，以立春为元旦，仍用干支纪日，但较中国通行的农历（干支纪日）早一天，太平天国的礼拜日较西方通行的公历礼拜日亦早一天。1852年2月3日，原是咸丰元年十二月十四日，改成太平天国立春元旦。历法是政权存在的重要标志之一，《天历》的颁布宣布了太平天国与清王朝的彻底决裂。太平军克复的地方，都立刻行使天历。清廷对此倍感愤怒，认为太平天国妄改"正朔"，罪大恶极。《天历》中节气固定，并与中国传统"二十四节气"达到了最大限度的一致；排除老皇历，无吉凶宜忌、生克休咎，有利于革除旧历中的迷信思想。"年年是吉是良，月月是吉是良，日日是吉是良，何有好歹，何用拣择？"① 太平天国以此美化上帝，却隐含着一种朴素的唯物主义世界观。

在太平军进行各项建设的同时，清政府加紧对太平军的"围剿"，永安城外的清军增至5万人，一次次进攻太平军的前沿阵地，包围圈越来越小。太平军与清军激战，清军虽"火器精，粮饷足，兵勇众"，但乌兰泰和向荣之间的矛盾升级，将帅不和导致配合不利。永安城池虽然坚固，但毕竟是孤城，在清军长期围困的情况下，太平军接济不易，粮食和火药后续不足，防御力量逐渐消耗。1852年3月，恰逢贵县矿工前来支援，洪秀全与五王商议，筹划率众突围。

### 永安破围诏

天王诏令通军男将女将：千祈遵天令，欢喜、踊跃、坚耐威武，放胆诛妖。任那妖魔千万算，难走天父真手段。江山六日尚

---

① 转引自罗尔纲《太平天国史》第2卷，中华书局2009年版，第1228页。

造成，各信魂爷为好汉。高天差尔诛妖魔，天父天兄时顾看。男将女将尽持刀，现身着衣仅替换，同心放胆同杀妖，金宝包袱在所缓。脱尽凡情顶高天，金砖金屋光焕焕。高天享福极威风，最小最卑尽绸缎。男着龙袍女插花，各做忠臣劳马汗。钦此！①

1852年4月6日深夜，太平军乘雨从永安东南方向杀出，突破清军设在古苏冲、玉龙关和龙寮口的三道防线，奔向昭平大峒。乌兰泰部清军奋勇追杀，斩落太平军2000余众。4月8日，太平军在大峒设伏，一举击败乌兰泰部，斩杀郧阳总兵邵鹤龄、凉州总兵长寿、河北总兵董兴甲、天津总兵长瑞，乌兰泰侥幸逃生，清军损失4000余人，元气大伤。由此，太平军得以成功突围，再次跳出清军的包围圈。

## 第三节 挥师湘鄂

太平军摆脱清军，选择小路疾行，途经中角徭山、天平坳，由山路出荔浦马岭。1852年4月18日，太平军抵达桂林城下，桂林是当时广西的省会。萧朝贵以天兄身份鼓励太平军将士，不料竟是最后一次"代天兄传言"。

### 壬子二年三月十五日

天兄劳心下凡，时在桂林。

有妖作怪，天兄恐众等畏缩，爰降圣诏谕曰："各放胆宽草。朕回天矣。"②

---

① 《永安破围诏》，载罗尔纲选注《太平天国诗文选》，中华书局1960年版，第18页。
② 王庆成编注：《天父天兄圣旨》，辽宁人民出版社1986年版，第97页。"壬子二年三月十五日"是太平天历纪日，即公历1852年4月18日。

向荣预判太平军会进攻桂林，日夜兼程，抢在太平军之前进入该城，命令守城兵勇团练紧急设防。太平军驻扎在西南文昌门外象鼻山和西门外牛山，共计近8万人，猛力攻击桂林城。4月19日，太平军在南门外将军桥重伤乌兰泰，乌兰泰回到阳朔，不治而亡。由于桂林是广西首府，城池坚固，且清军各路兵勇齐聚桂林，有效地防御太平军的进攻，太平军围攻一月有余，仍没有攻克桂林。5月19日，太平军主动撤围北上，直奔六十余英里之外的兴安城。5月23日，由于兴安的清军毫无防备，太平军顺利攻入兴安。面对尾随在后的清军，太平军没有滞留兴安，纵火焚烧衙署而走，挥师直逼河运枢纽全州。5月24日，太平军先锋部队抵达全州城下，大军包围全州城，轮番攻城。全州知府书写血书求助全州附近的清军，但清军慑于太平军近乎疯狂的旺盛斗志和凶猛气概，为求自保，按兵不动，拒绝增援。6月3日，太平军攻克全州，对清军大开杀戒。6月5日，太平军撤离全州，兵分水陆两路，沿湘江直奔湖南。

在此期间，清军将领江忠源率部在全州城外的湘江蓑衣渡口设下埋伏。湘江蓑衣渡口的水流较浅，但非常湍急，河床浅滩纵横交错，江忠源命人在蓑衣渡口打下木桩，阻止船只通过。江忠源率部隐藏在两岸的密林中，以逸待劳。冯云山率太平军先锋，乘船顺湘江而下，船只在蓑衣渡口撞上木桩，越挤越多，太平军一时混乱。江忠源江忠源率部朝太平军船只施放火箭，大火在船只之间蔓延，太平军陷入重围，死伤近万人。太平军在蓑衣渡口损失惨重，主要是因为麻痹大意、轻敌冒进。清军因为畏惧太平军，固然互相推诿，但也有如江忠源这般的英勇将领。胜败乃兵家常事，但太平军付出的代价极其昂贵，冯云山中弹，不久身亡。洪秀全抚尸大哭：天妒英才，为何夺我良辅性命！冯云山作为拜上帝教创始人之一，是一位忠勇坚毅、顾全大局和善于协调的杰出领导人，尽管在谋略和权术方面不及杨秀清，却是洪秀全的坚定支持者和坚决维护者，他的离世对洪秀全的核心地位是一次巨大冲击。

1852年6月12日，太平军进入湖南，因受湘江潇水所阻，太平军南折攻占道州，短暂停留，增修战具。清军迅速赶至道州，与太平军对峙，逐步形成对道州的包围。太平军枕戈待旦，很快恢复了战斗力，冲出包围圈，一路向东。7月24日，太平军攻克江华；7月29日，太平军攻克永明；8月12日，太平军攻克嘉禾；8月13日，太平军攻克兰山；8月14日，太平军攻克桂阳；8月17日，太平军攻克郴州。太平军转战湘南地区，纪律严格，只杀官吏恶霸，违反军令者一律处死。当地穷苦百姓和大批天地会人纷纷来投，全军人数增加至10万人。《忠王李秀成自述》写道："招得湖南道州、江华、永明之众，足有二万之数。此时追军，即向、张两军。后移师到郴州，入郴州亦招二、三万众，茶陵州亦得数千。"① 参加太平军的人中有许多是挖煤工人，他们组成土营，遇到城市攻坚时，挖掘地道，放置火药，炸毁城墙。太平军善用穴地攻城术，在战斗中成效显著。

除了战略战术，战争历来讲究师出有名。清廷蔑称太平军为"贼"，太平军则称清廷为"妖"，双方都在争夺和维护战争的话语权。从金田起义到挥师湘鄂，太平军为了统一思想，收复民心，以东王杨秀清、西王萧朝贵的名义发布了三篇文告：《奉天讨胡檄布四方谕》《奉天诛妖救世安民谕》《救一切天生天养中国人民谕》。杨秀清、萧朝贵的三篇文告和洪秀全的三篇文章（《原道救世歌》《原道醒世训》《原道觉世训》），在根本思想上保持一致，把反阎罗妖和反清王朝结合起来，初步构建了太平天国的意识形态。相较于三篇文章，三篇文告的政治诉求更加明确，加强了舆论攻势，通过"华夷之辨""夷夏大防"的思想，利用汉民族的心理，煽动民族情绪，同仇

---

① 《忠王李秀成自述》，载罗尔纲选注《太平天国诗文选》，中华书局1960年版，第114页。

敌忾对付"满妖咸丰",堪称"战斗檄文"。

《奉天讨胡檄布四方谕》阐述满汉有别的思想,赞美文天祥誓不降元、史可法等人誓不降清的民族气节,揭示清廷的罪行,号召人民反抗满洲统治。"予惟天下者,上帝之天下,非胡虏之天下也;衣食者,上帝之衣食,非胡虏之衣食也;子女民人者,上帝之子女民人,非胡虏之子女民人也。"① 中国是神州大地,是"首";满洲是胡虏妖人,是"足"。妖人窃取神州,把中国变成了妖魔之地,剃发易服,改变了中国人形象,"拖一长尾于后,是使中国之人变为禽犬也"。满洲玷辱了中国女子,钳制了中国男子。"中国有中国之制度,今满洲造为妖魔条律","中国有中国之语言,今满洲造为京腔",满洲纵容贪官污吏,搜刮民脂民膏,"官以贿得,刑以钱免,富儿当权,豪杰绝望,是使我中国之英俊抑郁而死也。凡有起义与复中国者,动诬以谋反大逆,夷其九族,是欲绝我中国英雄之谋也"②。中国人遭受满洲的祸害,"至今而犹不知变计,同心戮力,扫荡胡尘,其何以对上帝于高天乎?"此次兴兵,"上为上帝报瞒天之仇,下为中国解下首之苦,务期肃清胡氛,同享太平之乐"③。

《奉天诛妖救世安民谕》抒发亡国之恨,宣扬天父上帝"无所不知,无所不在,无所不能"的权能,天父、天兄下凡显示了"无数权能"。满妖咸丰,原属胡奴,是中国的世仇;拜邪神,逆真神,叛逆上帝,天所不容。团勇助妖,误入歧途,"不知木本水源,情愿足上首下,瞒高天之大德,反颜事仇,受蛇魔之迷缠,忘恩背主,不思己为中国之善士,本属天朝之良民","今各省有志者万殊之众,名儒学士不少,英雄豪杰亦多,惟愿各各起义,大振旌旗,报不共戴天之仇,共立勤王之勋,本军师有所厚望焉。""尔等凡民亟早回头,

---

① 太平天国历史博物馆编:《太平天国文书汇编》,中华书局1979年版,第104页。
② 太平天国历史博物馆编:《太平天国文书汇编》,中华书局1979年版,第105—106页。
③ 太平天国历史博物馆编:《太平天国文书汇编》,中华书局1979年版,第107页。

拜真神，丢邪神，复人类，脱妖类。庶几常生有路，得享天福。"①

《救一切天生天养中国人民谕》反对传统迷信，引导人民反省，弃暗投明。上帝是天下万国人民的亲爷，魔鬼是上帝亲爷的仇敌，亦是天下万国人民的仇敌。不要拜祭菩萨偶像，菩萨偶像是"蛇魔红眼睛阎罗妖之妖徒鬼卒"。生时若遭魔鬼迷惑，死后变成恶鬼，"在十八重地狱受无穷无尽苦楚"，所以要明辨是非，"速即反戈替天诛妖"。上帝大开天恩，派遣天王下凡作天下万国太平真主。"从前误在妖营，帮妖逆天，今闻本军师谕，有能即明大义，约同中国人民，擒斩妖胡头目首级，亲到天朝投降者，本军师不独赦宥尔等前愆，且将奏明天父，有大大天爵天禄封赏尔等。我主江山万万年，尔子尔孙世袭官爵万万年。"②

美好愿景可以畅想，但人间天堂并无捷径可循。太平军在湖南连续作战，道路不便，行军疲惫。广西籍的将士怀念故乡，不想远行，太平军内部发生了关于发展前景的争论。在危急关头，杨秀清反对保守思想，太平军已骑虎背，不可有顾恋乡土之心。他主张继续前进，攻城略地，建功立业。杨秀清的意见得到了洪秀全的赞同，太平天国开始走向更为广阔的舞台。1852年8月26日，洪秀全、杨秀清率太平军主力在郴州驻扎，萧朝贵带领太平军先锋从陆路横越湖南，一路势如破竹，连克安仁、攸县、茶陵、醴陵等地。9月12日，太平军先锋抵达湖南省会长沙城下。萧朝贵亲率太平军攻城，在长沙城南门用火炮和炸药猛攻城门城墙，向城内投射火箭，连续作战六天六夜。由于长沙城墙坚固，清军竭力守卫，呼应协调，太平军难以攻克。9月17日，萧朝贵再次率太平军攻城，不幸中弹，不久身亡，太平军

---

① 太平天国历史博物馆编：《太平天国文书汇编》，中华书局1979年版，第107—108页。
② 太平天国历史博物馆编：《太平天国文书汇编》，中华书局1979年版，第109—110页。

再损一员大将。① 萧朝贵的离世意味着"代天兄传言"戛然而止,"天兄"代言人之死,这无疑对于太平天国的信仰产生了一定的冲击。更为重要的是,萧朝贵"代天兄传言"和杨秀清"代天父传言"相得益彰,互相制衡,萧朝贵战死后,太平天国的权力逐渐汇集于杨秀清手中,这对于太平天国发展影响深远。

萧朝贵猝然猛攻之际,长沙城中清军只有千余人,湖南巡抚骆秉章被罢官,太平军几乎要攻下长沙,"西王之死"使太平军锐气受挫,丧失了攻克长沙的绝佳机会。洪秀全得知萧朝贵英勇牺牲的消息,震惊万分,立即下令大军北上,于10月13日兵临长沙。洪秀全和太平军主力的迟到对长沙的防御至关重要。在太平军一开始攻城时,清廷就下令派兵增援长沙,钦差大臣赛尚阿、湖广总督徐广缙、新任湖南巡抚张亮基等部清军纷至沓来,一个月后增至六万人。清军拥有了足够多的枪炮和火药,在城内城外协同布防,提高了长沙守军的防御实力。

洪秀全"驾临"长沙城下,太平军士气大振,在短时间改变了长沙战局。在洪秀全、杨秀清的指挥下,太平军首先进攻长沙城外战略据点蔡公坟,遭到清军顽强抵抗。太平军绕道妙高峰,直扑浏阳门外校场,清军将领和春、江忠源率军中途拦击,向荣率军从长沙城内杀出,太平军损失惨重,被迫撤退。太平军腹背受敌,给养不足,石达开率太平军2000余人西渡湘江,收割水稻为军粮。太平军高筑堡垒,控制了湘江西岸的粮仓,在湘江上搭起浮桥,把粮食源源不断地送至长沙城下的太平军大营。咸丰帝闻讯震怒,连下数道谕旨,下令清军围剿湘江西岸的太平军。太平军严阵以待,清军各部无不受挫。1852

---

① 萧朝贵凭借"代天兄传言"一度攫取了拜上帝会的最高权力,却在永安城外的水窦村战斗中身负重伤。萧朝贵养伤半年,"天兄"沉默不语,迅速失势。1852年春,萧朝贵复出后急欲立功以谋取权位,不料战死于长沙城外。参见刘晨《萧朝贵研究》,九州出版社2014年版。

年10月31日,向荣亲率3000清兵,进攻湘江中流的水陆洲。①石达开设伏兵于水陆洲洲尾,隐藏在树木深处。向荣部清军登陆水陆洲时,施枪放箭,零散的太平军佯装落败,诱敌深入。待清军"半渡"湘江之时,太平军突然摇旗呐喊,从树林中杀出,清军惊惧,多数被杀,向荣侥幸逃脱。石达开以计取胜,"半渡而击"②,当时年仅21岁!

长沙之战,攻防对垒。如果说萧朝贵率太平军进攻长沙是奇袭战,那么洪秀全指挥太平军进攻长沙则是阵地战。"天王在长沙南门制造玉玺,呼称万岁"③,太平军作战非常英勇,洪秀全提拔赖汉英、李开芳、林凤祥、黄再兴、曾水源等将领。太平军土营在长沙城外挖掘地道,长沙城内的清军把大木桶埋入土中,令听觉敏锐的盲人根据声音辨别挖地道的方向。每当太平军地道即将挖成时,清军就大铁球将地道砸开或压垮,或者在城内对挖地道,然后灌水和粪便逼走太平军。1852年11月30日,太平军攻取长沙依旧无望,洪秀全下令撤围,太平军主力渡湘江西走,与石达开部合军,移师北上。长沙之战,对于太平军来说,虽然没有取胜,却锻炼了队伍,洪秀全率太平军成功遁走;对于清军来说,虽然丧失了聚歼太平军的绝好机会,却成功固守长沙,保存了实力,为日后湘军崛起提供了条件。

1852年12月3日,太平军攻克益阳,获得数千船只,船户、水手积极参军。太平军浩浩荡荡,乘船越过洞庭湖。12月13日,太平军占领两湖咽喉要地岳州(今岳阳),缴获大批粮饷、军械。数千船

---

① 水陆洲位于长沙市湘江中流,因洲上盛产橘子,又名橘子洲。青年毛泽东在《沁园春·长沙》中写道:"独立寒秋,湘江北去,橘子洲头。"
② "半渡而击"是一种兵法战术,《孙子·行军篇》写道:"客绝水而来,勿迎之于水内,令半济而击之。"当敌人渡河渡到一半的时候,有一部分已上岸,另一部分部还在渡河,此时向敌人发动攻击,敌人会首尾不接,行列混乱。
③ 《忠王李秀成自述》,载罗尔纲选注《太平天国诗文选》,中华书局1960年版,第114页。

户带着船只踊跃参军，太平军将船户整编组成"水营"，由"典水匠"唐正才统率。太平军吸取蓑衣渡战斗的教训，陆路和水路协同并进，水军还发展了一套通信系统。12月17日，太平军撤离岳州，水陆并进，所向披靡，直趋武昌。12月22日，太平军抵达武昌城外，陆路占领城东洪山、小龟山，水路占领鹦鹉洲。太平军与清军激战，12月23日占领汉阳，12月29日占领汉口。

太平军在汉阳、武昌间以船只相连，上铺木板，架起两座可以通行兵马的浮桥，准备进攻武昌。咸丰皇帝命令各路大军火速增援武昌，武昌是当时湖北的省会，号称九省通衢。湖北巡抚常大淳、提督双福坐镇武昌，但守军仅有3000余人。为了便于与太平军作战，常大淳下令烧毁武昌城外的民房，审查城内居民的身份，民怨沸腾，转而同情太平军。12月21日，清朝将领常禄、王锦绣率千余名援军进驻武昌。12月24日，向荣率1万余名援军抵达武昌附近，但始终无法突破太平军的包围圈，未能与城内清军取得联系。12月25日，太平军开始进攻武昌，先使用大炮、火箭、云梯等武器，后改用穴地攻城术。城内清军采用长沙防御策略，令听觉敏锐的盲人根据声音辨别挖地道的方向，但因为人心尽失，效果不佳。1853年1月12日，太平军土营引爆埋在文昌门附近的火药，炸开城墙，太平军先锋由缺口冲入，主力部队继而突进。守城清军四散逃跑，湖北巡抚常大淳、提督双福丧命，太平军占领武昌。武昌之战，表明太平军已经成为一支能攻坚克难的军队。

太平军在武昌进行了短期休整，收缴了地主官绅人家的财物，接收了官府库银、船只、枪炮和弹药，打开牢狱释放囚徒，开仓放粮分给民众。广大民众兴高采烈，出现了又一次参军高潮，男子参军者十分之九，女子参军者十分之一二，男子入男营，女子入女营，革命形势蓬勃发展，河南境内的地主官绅纷纷逃窜。武昌既克，咸丰皇帝闻讯震怒，裁撤了湖广总督徐广缙等一批官员。为了防止太平军北上或东下，清廷任命向荣为湖北提督、钦差大臣，专门负责两湖军务，紧逼太平军；任命河南巡抚琦善为钦差大臣，会同直隶提督陈金绶，屯兵于河南南部的南阳、信阳、商城一线；任命两江总督陆建瀛为钦差大臣，统筹江苏、安徽、江西三省军务。

　　面对清军的围追堵截，太平军对于人间天堂的方位并不明确，此时在战略决策上出现了分歧，一是欲北上取河南为都，二是欲东下取南京为都，两种意见相左，争论不休。根据《忠王李秀成自述》可知，当时有一老年湖南水手，大声扬言，亲禀东王，不可往河南，云："河南河水小而无粮，敌困不能救解。尔今得江南，有长江之险，又有舟只万千，又何必往河南。南京乃帝王之家，城高池深，民富足余，尚不立都，尔而往河南何也？""河南虽是中州之地，足备稳险，其实不及江南，请东王思之！"① 杨秀清听取了老水手的建议，借"天父下凡"号令三军，直捣南京！1853年2月9日，太平军放弃武汉三镇，50万大军顺江而下，水路由天王、东王、北王、翼王及秦日纲、罗大纲、赖汉英率领，陆路由胡以晃、李开芳、林凤祥率领，百舸争流，旌旗漫卷，浩浩荡荡。清人张德坚在《贼情汇纂》中记述："其由武汉下江南也，帆幔蔽江，衔尾数十里，行则帆如叠雪，住则樯若丛芦，炮声遥震，沿江州邑……莫不望风披靡。"②

## 第四节　建都天京

　　1853年2月15日，秦日纲、罗大纲所率太平军先锋冲破两江总督陆建瀛设在湖北东部的老鼠峡一带的江防，陆建瀛仓皇而逃，清军

---

　　① 《忠王李秀成自述》，载罗尔纲选注《太平天国诗文选》，中华书局1960年版，第115页。
　　② 中国史学会主编：《中国近代史资料丛刊：太平天国》第3卷，神州国光社1952年版，第132页。

纷纷溃散。太平军每临近城市，就派人潜入，张贴告示，清军望风而逃，归顺之家的门上写着"顺"字。逝者如斯夫，不舍昼夜。太平军长驱直进，先锋水师于2月18日攻克江西九江，2月24日攻克安徽省会安庆，击毙安徽巡抚蒋文庆，缴获官府库银三十余万两。清廷在得知九江、安庆失守后，急命向荣率兵赶赴江苏，命琦善、陈金绶率兵急趋安徽，协助防守，以保南北漕运。2月26日至3月7日，太平军以摧枯拉朽之势，连克安徽池州（今贵池）、铜陵、芜湖、太平府（今当涂）及和州（今和县）。

　　太平军在攻城略地的同时，检验和调整之前制定的各项政策。政治上，清除清廷官吏，许诺选贤任能；经济上，惩富济贫，实行"圣库"制度；思想上，敬拜上帝，驱逐巫道僧侣；生活上，纪律严肃，男兵女兵严格分开。太平军沿途胁迫了一些船夫，一方面是增强"水营"的实力，另一方面不希望他们帮助清军。那些没有加入太平军的船夫，只有他们忠于太平军，可以携家人同行，也可以保留脑后的辫子。沿途百姓纷纷参军，各乡争献贡物，热烈欢迎太平军。在当地人的引导下，太平军进展神速，直奔南京。

　　南京当时称为江宁，是江南的名城大都和政治、经济、文化中心，战略位置极为重要。南京历史底蕴深厚，三国时期吴最早在此建都，东晋、南朝的宋、齐、梁、陈相继在此建都，明朝开国皇帝朱元璋正是以南京为基地，驱逐蒙古征服者，恢复了汉人天下。南京西北两面濒临长江，东面靠着钟山，附近丘陵环绕，城高墙厚，形势险要，有"虎踞龙盘"之称。清廷在南京设有江宁将军，管辖旗兵3000余人。太平军抵达南京时，城内共有清军5000余人、临时募集的勇壮9000余人。陆建瀛自长江兵败逃回南京后，数日不理政事。江苏巡抚杨文定借口防守镇江，离城而去。江宁将军祥厚、江南提督福珠洪阿上奏朝廷弹劾陆、杨二人，陆建瀛被缉拿问罪，杨文定被革职留任。然而，清廷的谕旨未到，太平军已经逼近南京，陆建瀛将城外防兵尽撤城内，以土袋堵塞十三个城门，企图据城顽抗。清廷获悉南京被围，深为恐慌，催促向荣、琦善率南北两路清军日夜兼程赶赴江宁、浦口，下令山东、河南加强黄河各渡口的防务，严格审查公私船只，防止太平军北上。

1853年3月7日晚，陆路太平军先锋率先抵达江宁镇的板桥。3月8日，李开芳、林凤祥等率太平军主力抵达南京城西南的善桥一带。3月9日，李开芳率数百兵勇占领雨花台，乘势穿过吊桥，直临南京城下。与此同时，水路太平军逼近南京，停泊在大胜关至草鞋峡一带江面。此时太平军人数近60万，水陆连营，无边无际，整装待发，南京城里清军如惊弓之鸟。3月12日，太平军占领浦口，完成了对南京的包围。

鉴于南京城墙坚固，周长九十余里，洪秀全和杨秀清决定，陆路太平军进攻南端的聚宝门（今中华门），水路太平军进攻北端的仪凤门，以发挥水陆两军的优势，分散清军兵力。太平军选定北面的仪凤门为突破口，采用行之有效的穴地攻城术。仪凤门外约半里有静海寺，太平军以此为掩护，挖掘地道，埋设火药，准备攻城。南面聚宝门外的太平军把炮安在报恩寺塔上，白天猛烈轰城，夜晚则不间断地佯攻，使得守城士兵夜不能寐，身心俱疲。太平军还搬出报恩寺内的罗汉像，诱使清军彻夜打炮。此外，城外的太平军彰显仁义，城内的天地会暗中破坏，百姓纷纷盼望太平军入城。

1853年3月19日拂晓，太平军点燃火药，炸塌仪凤门附近城墙，数百名将士冲入北城，然后分成两支，一支向鼓楼方向进攻，一支通过金川门至神策门（今中央门），击毙陆建瀛。此后，攻入城内的太平军遭到八旗兵的猛烈反击，力战不胜，只得后撤，并由北门缺口退出城外。然而，防守南城的清军闻北城已破，总督被杀，便纷纷逃遁，不战而溃。于是，进攻南城的数千太平军在林凤祥、赖汉英率领下，攀爬入城，打开聚宝门、水西门、汉西门。3月20日黎明，太平军主力进入城内,直奔南京满城。满城是明朝皇宫旧城,城垣极其坚固,防御工事完备。江宁将军祥厚率众据守满城,拼死抵御,太平军奋勇战斗,终将满城攻破,击毙祥厚,完全占领了南京。3月29日,天王洪秀全乘轿凯旋入城,下令全城捕杀旗人,改南京为天京,以两江总督衙门为天王府,正式建立了与清王朝对峙的太平天国农民政权。

需要说明的是,太平天国领导者对于定都天京的意见,并不一致。有人提出应乘胜进攻,一鼓作气,直取北京。后来刊布的《建天京于金陵论》一书,辑集了41篇同名短论,"或系奉杨秀清之命而撰,说明金陵的种种优点,大致不外城廓坚厚,仓库充实,形势虎踞龙蟠,风俗温文敦厚,全就守势立言"①。天下未安,定都天京,似有不妥,由此可以推究为农民阶级保守安逸的小生产意识,阶级局限性制约了眼界和格局。定都之后,太平军不得不分兵固守,进攻之势锐减。太平军在天京城外建立营垒,营墙上开设枪眼炮门,营外挖有一至数道的深壕;在天京城内遍设望楼,派兵日夜观察警戒,白天和夜晚分别以旗帜和灯火为信号,一方有警,城内指挥机构能迅速得知,及时做出处置。为了更好地保证天京的安全,3月31日,罗大纲率太平军攻克镇江;4月1日,林凤祥、李开芳率太平军占领扬州。天京、镇江、扬州形成了犄角之势,太平天国发布《诰四民安居乐业谕》。

## 诰四民安居乐业谕

真天命太平天国禾乃师赎病主左辅正军师东王杨、右弼又正军师西王萧,为诰谕四民各安常业事:

照得天意既定,人心宜从。天既生真主以御民,则民自宜倾

---

① 郭廷以:《近代中国史纲》,格致出版社2012年版,第65页。

心而向化。慨自胡奴扰乱中国以来，率民拜邪神而弃真神，叛逆上帝，倡民变妖类，迥非人类，触怒皇天。兼且暴虐我黎庶，残害我生灵，肆铜臭之熏天，令斯文以扫地。农工作苦，岁受其殃，商贾通往，关征其税，四海伤心，中原怒目。

本军师奉天命之用休，不忍斯民于涂炭，创义旗以剿妖胡，兴王师以灭魔鬼，乃郡县所经，如行时雨，旌旗所指，犹解倒悬，本天意之昭彰，证人心之响应。自广西起义以来，所到之处，抗王师者前徒倒投顺之戈，凛天威者闻风丧妖人之胆。

兹建王业，切诰苍生，速宜敬拜上帝，毁除邪神，以奖天衷，以受天福，士农工商各力其业。自谕之后，尔等务宜安居桑梓，乐守常业，圣兵不犯秋毫，群黎毋庸震慑，当旅市之不惊，念其苏之有望。为此特行诰谕，安尔善良，布告天下，咸晓万方，各宜禀遵毋违。特谕。

太平天国癸好三年五月初一日诰谕①

从金田起义后，太平天国经过两年多的战斗，兵马倥偬，席卷了广西、湖南、湖北、江西、安徽、江苏六省，最后定都天京。太平军早期的胜利源于许多因素。第一，太平军发动的战争是正义的，他们坚决镇压和打击官僚、豪绅、地主，焚烧衙门、粮册、田契、债券，赢得了广大人民群众的同情和支持。根据清方人士的记述，太平军"专房城市，不但不房乡民，而且所过之处以攫得衣物散给贫者，布散流言谓将来概免租赋三年，乡民德之。以致富者坐视城中困守，不肯捐助一钱，贫者方幸贼（系为'太平军'——引者注）来，借可肥已……甚至贼至争迎之，官军（系为'清军'——引者注）至皆

---

① 杨秀清、萧朝贵：《诰四民安居乐业谕》，载罗尔纲选注《太平天国诗文选》，中华书局1960年版，第42—43页。虽然萧朝贵此时已经战死，但"诰谕"仍旧以杨秀清、萧朝贵名义发布。

罢市"①。因此，老百姓纷纷参加太平军，帮助太平军打击清军。

第二，太平军怀着"救世"的使命，是一支有信仰的军队。尽管这是不科学的宗教信仰，但是太平军将士相信，洪秀全是上帝派到凡间的"太平真主"，天父天兄保平安。他们跟着洪秀全斩妖除魔，如果为了这个事业而献身，将升入天堂与上帝同在。

第三，太平军纪律严肃，令行禁止，所向披靡。《李秀成自述》写道："严严整整，民心佩服。安民者出一严令，凡安民家安民，何官何兵无令敢入民房者斩不赦，左脚踏入民家门口即斩左脚，右脚踏〈入〉民家门口者斩右脚。故癸好年（系为'癸丑年'、太平天国三年、1853年——引者注）间上下战功利，民心服。"②

---

① 中国史学会主编：《中国近代史资料丛刊：太平天国》第3卷，神州国光社1952年版，第271页。

② 《忠王李秀成自述》，载罗尔纲选注《太平天国诗文选》，中华书局1960年版，第116页。

# 第四章　内政外交金戈铁马

　　虎踞龙盘，物华天宝。太平天国定都天京后，建立了一套从中央到地方的政权机关，颁布和实行了一系列的制度和政策，出师北伐、西征、东征，打破清军的围剿，积极开展同西方国家的关系。太平天国扩大和维护自己的势力范围，从经济基础到上层建筑，从政权建设到外交关系，沉重打击了清朝统治阶级，表现了农民阶级的革命精神。然而，封建统治力量虽然受到严重的削弱，但远没有被彻底摧毁。

## 第一节　内部政务

　　太平天国领导人按照自己的意愿，推行城市和农村治理，摸索社会改革方案。1853年冬，太平天国颁布了《天朝田亩制度》。作为太平天国运动的一个创举，《天朝田亩制度》是洪秀全、杨秀清等人在早期太平军内部生活秩序的基础上，吸收了进驻天京以来的实践经验而制定的纲领性文件。《天朝田亩制度》涉及经济、政治、文化和社会等各个方面，体现了农民阶级对美好社会的追求，是以太平天国理想改造中国的蓝图。

## 一 经济方面

中国历来是一个农业大国，农民占绝大多数，土地问题是中国社会的基本问题。作为封建社会的主要生产者，农民要求获得土地，倡导平均地权。在两千多年的封建社会中，中国农民阶级举行无数次起义，向封建土地所有制的宣战，提出过无数个革命口号，但不如《天朝田亩制度》这般系统和完整。为了"共享天父上主皇上帝大福"，实现"有田同耕，有饭同食，有衣同穿，有钱同使，无处不均匀，无人不饱暖"的理想，《天朝田亩制度》按照"凡天下田，天下人同耕"的原则，把每亩田地按每年产量的多少，分为九等①，"凡分田，照人口，不论男妇，算其家人口多寡，人多则分多，人寡则分寡。杂以九等。如一家六人，分三人好田，分三人丑田，好丑各一半"②。所有 16 岁以上的男女都可以分得一份田地，所有 15 岁以下的人分得半份田地，"如十六岁以尚（系为'上'——引者注）分尚尚田一亩，则十五岁以下减其半，分尚尚田五分；又如十六岁以尚分下下田三亩，则十五岁以下减其半，分下下田一亩五分"③。太平天国反对土地私有制，所分的田地并不是个人的财产，农民只是获得了田地的耕种权。此外，《天朝田亩制度》还提出赈济灾荒的办法，"此处不足，则迁彼处，彼处不足，则迁此处……此处荒，则移彼丰处以赈此荒处，彼处荒，则移此丰处以赈彼荒处"④。

---

① 1 亩产粮 1200 斤的田地为上上等，产粮 1100 斤的田地为上中等，产粮 1000 斤的为上下等；产粮 900 斤的田地为中上等，产粮 800 斤的田地为中中等，产粮 700 斤的田地为中下等；产粮 600 斤的田地为下上等，产粮 500 斤的田地为下中等，产粮 400 斤的田地为下下等。

② 中国史学会编：《中国近代史资料丛刊：太平天国》第 1 卷，上海人民出版社 1957 年版，第 321 页。

③ 中国史学会编：《中国近代史资料丛刊：太平天国》第 1 卷，上海人民出版社 1957 年版，第 321 页。

④ 中国史学会编：《中国近代史资料丛刊：太平天国》第 1 卷，上海人民出版社 1957 年版，第 321 页。

太平天国在太平军建制的基础上,创建了管理体制。《天朝田亩制度》规定,每25户为一"两",这是太平天国政权的基层组织,领导者为"两司马",统筹管理25户的农副业生产分配、婚娶吉喜和宗教事务。"凡二十五家中,设国库一,礼拜堂一,两司马居之。"① 在农副业生产方面上,《天朝田亩制度》规定:"凡天下,树墙下以桑。凡妇蚕绩缝衣裳。凡天下,每家五母鸡。二母彘,无失其时。"② "凡二十五家中,力农者有赏,惰农者有罚。"③ 在分配问题上,每"两"生产的农副业产品,"除足其二十五家每人所食可接新谷外,余则归国库。凡麦、豆、苎麻、布帛、鸡犬各物及银钱亦然。盖天下皆是天父上主皇上帝一大家,天下人人不受私,物物归上主,则主有所运用,天下大家处处平均,人人饱暖矣,此乃天父上主皇上帝特命太平真主救世旨意也"④。鳏寡孤独、老弱病残等丧失劳动能力之人,由国库统一供养;家中若有婚丧吉喜之事,所需要的银钱粮食,由国库统一开支。"凡二十五家中所有婚娶弥月喜事,俱用国库;但有限式,不得多用一钱。如一家有婚娶弥月事,给钱一千,谷一百斤,通天下皆一式,总要用之有节,以备兵荒。"⑤ 此外,太平天国诸匠营和百工衙统一经营管理手工业,《天朝田亩制度》规定"凡二十五家中陶冶木石等匠,俱用伍长及伍卒为之,农隙治事"⑥。诸匠营包括

---

① 中国史学会编:《中国近代史资料丛刊:太平天国》第1卷,上海人民出版社1957年版,第322页。
② 中国史学会编:《中国近代史资料丛刊:太平天国》第1卷,上海人民出版社1957年版,第321—322页。
③ 中国史学会编:《中国近代史资料丛刊:太平天国》第1卷,上海人民出版社1957年版,第322页。
④ 中国史学会编:《中国近代史资料丛刊:太平天国》第1卷,上海人民出版社1957年版,第322页。
⑤ 中国史学会编:《中国近代史资料丛刊:太平天国》第1卷,上海人民出版社1957年版,第322页。
⑥ 中国史学会编:《中国近代史资料丛刊:太平天国》第1卷,上海人民出版社1957年版,第322页。

土营、木营、织营、饰营等，百工衙包括弓箭衙、油漆衙、豆腐衙、面包衙等。诸匠营和百工衙为供应太平天国的需要而生产，产品直接分配给各单位。

天京政权既立，占地渐广，广大人民群众纷纷反对地主的压迫和剥削。在清方地主乡绅的笔下，天京附近，农民"交长毛钱粮，不复交田主粮"；江苏扬州，"凡佃人田者，亦思抗租不纳"；安徽芜湖，"自咸丰三年后，籽粒无收"。广大人民群众或占有逃亡地主的土地，或拒绝向地主交租，有的则少纳地租。太平天国因收缴富贵之家获得了大量财富，这是天朝圣库制度得以推行的物质基础。太平天国曾一度采取"以下供上"的赋税政策，老百姓主动进贡，过于理想，不是长久之计。1854年夏，杨秀清、韦昌辉、石达开等领导人鉴于天京粮食供应紧张的情况，提议在安徽、江西"照旧交粮纳税"。

### 东王杨秀清等奏请晓谕良民照旧交粮纳税本章

小弟杨秀清立在陛下暨小弟韦昌辉、石达开跪在陛下，奏为征办米粮以裕国库课事：缘蒙天父天兄大开天恩，差我主二兄建都天京，兵士日众，宜广积米粮，以充军储而裕国课。弟等细思安徽、江西米粮广有，宜令镇守佐将在彼晓谕良民，照旧交粮纳税。如蒙恩准，弟等即颁行诰谕，令该等遵办，解回天京圣仓堆积。如此缘由，理合肃具本章启奏我主万岁万岁万万岁御照施行。[1]

所谓"照旧交粮纳税"，就是仿照清朝的办法，把地主作为田赋的主要交纳者，征收地丁银和糟粮。这显然与《天朝田亩制度》有关精神相违背，但受现实所迫，洪秀全批准了杨秀清等人的提议，

---

[1] 中国史学会编：《中国近代史资料丛刊：太平天国》第3卷，上海人民出版社1957年版，第203页。

"胞等所议是也，即遣佐将施行"①。由此可见，封建生产关系和阶级关系受到一定冲击，但并没有从根本上改变。

太平天国一开始禁止商贸活动，但在当时落后的生产方式基础上，"以天下富室为库，以天下积谷之家为仓，随处可以取给"只是一种理想状态，"凡物皆天父所有，不需钱买"很难付诸实践，脱离现实的制度安排必不长久。1854年年底，太平天国开始承认私营工商业，"为使财物长期流通供应，仍需要商业，除了私营，尚有公营。公营分两种方式：一为政府直接出售百货，将所掌握的剩余物资，招徕交易，以食盐、布匹、棉花为大宗，售价较常价为廉，或以钱买，或以米豆互易，为一大收入；一为政府给予资金，令商人购办所需之物，愿为某业者，赴圣库领本，发给营业文凭。称为天朝某店，限定利润。商肆所在之区、名曰'买卖街'，多在城外，以防奸细混入城内，天京的商务归'天买办'总管，由总典圣库兼任"②。商业恢复了，城乡的正常生活恢复了，太平理想从天国落到人间，这是太平天国走向成熟的表现。

太平天国拥有自己的货币，形制大小不同。据有关文献记载，太平天国货币分为金币、银币和铜币三种。金币和银币，大都是为赏功、赐赠之用，一般不在市面流通。在商品交换流通中，以铜币为主，币面文前后有"太平天国""圣宝"字样。随着太平军开疆扩土，商业贸易日盛，太平天国铸币方广为流通。太平天国钱币的流通，对于巩固革命政权，发展经济，保障供给，安定民众生活，都起到了积极的推动作用。

总体而言，太平天国经济制度集中地体现了农民阶级反封建的革命性质，《天朝田亩制度》是一个以解决土地问题为中心的比较完整的社会改革方案，发展和超越了以往农民战争中"均贫富""等贵贱"的思想，反映了广大贫苦农民反对地主阶级残酷剥削的要求，以

---

① 中国史学会编：《中国近代史资料丛刊：太平天国》第3卷，上海人民出版社1957年版，第204页。
② 郭廷以：《近代中国史纲》，格致出版社2012年版，第74页。

及对获得土地、追求平等社会的渴望。列宁认为:"'土地权'和'平均土地'的思想,无非是为了完全推翻地主权力和完全消灭地主土地占有制而斗争的农民追求平等的革命愿望的表现而已。"① 在当时的条件下,《天朝田亩制度》的思想是革命性和反动性的统一,"这一文件的空想性质和当时阶级斗争的残酷程度都决定了其用心规划的土地制度只能是一纸空文。它的价值是为近代思想史提供了一种农民的大同模式"②。《天朝田亩制度》提出了平均分配土地方案和"通天下皆一式"社会经济生活方案,本质是农民的绝对平均主义思想,违反人类社会发展规律,因而不可能成为现实。这些不能成为现实的方案,无论多么美好,都是镜中花、水中月,不过是一种农业社会主义、乌托邦社会主义或者早期空想社会主义。③ 正如恩格斯所言:"不成熟的理论,是同不成熟的资本主义生产状况、不成熟的阶级状况相适应的。解决社会问题的办法还隐藏在不发达的经济关系中,所以只能从头脑中产生出来。社会所表现出来的只是弊病,消除这些弊病是思维着的理性的任务。于是,就需要发明一套新的更完善的社会制度,并且通过宣传,可能时通过典型示范,从外面强加于社会。这种新的社会制度是一开始就注定要成为空想的,它越是制定得详尽周密,就越是要陷入纯粹的幻想。"④

## 二 政治方面

太平天国实行政教合一的官僚体制,起义之时初具轮廓,永安期间基本成型。定都天京后,洪秀全陶醉在胜利的喜庆之中,大肆论功行赏,扩充天王府和各王府的机构,增加礼仪、保卫和生活保障等各

---

① 《列宁选集》第2卷,人民出版社1995年版,第286页。
② 陈旭麓:《近代中国社会的新陈代谢》,中国人民大学出版社2012年版,第80页。
③ 李小艳:《近代中国三种空想社会主义思想形态及其影响》,《科学社会主义》2016年第3期。
④ 《马克思恩格斯选集》第3卷,人民出版社2012年版,第780—781页。

类人员。上帝大家族掌握权力中枢，洪秀全自称是亲承天父上帝之封的人间真主，冯云山、杨秀清、韦昌辉、石达开是天父的第三、第四、第五、第六子，萧朝贵因为娶了洪秀全之妹洪宣娇，称为"天婿"或"帝婿"。神圣家族赋予了自己神奇的"权能"，洪秀全是洪日，杨秀清是风师，萧朝贵是雨师，冯云山是云师，韦昌辉是雷师，石达开是电师。秦日纲和胡以晃功劳卓著、地位次之，分别为霜师、雷师。

  太平天国的政府组织分为朝内官、军中官、守土官、乡官，从中央到地方，爵位和职官不分文武，军政兼管。"军师至丞相、检点、指挥、侍卫、将军为朝内官。宫内（天王府）、及东殿（东王府）、北殿（北王府）、翼殿（翼王府）又各有职官，东殿规模之大，过于宫内。女官名号与男官同，但员额大减。总制、监军、军帅以下为军中官。守土官有总制、监军之别，每郡置总制一人，各州县置监军十人，受命于中央，除了治军统军，并上给贡赋，下理民事。军帅至两司马为乡官，按户口多少而设，多为本乡之人，军事之外，宗教、教育、司法、政治、经济均归其负责。"① 太平天国成立六部，根据《周礼》命名——天官、地官、春官、夏官、秋官、冬官，各自下设正丞相、又正丞相、副丞相、又副丞相，共24人（见表4-1）。

表4-1       太平天国始立六部的丞相之职

|  | 天官 | 地官 | 春官 | 夏官 | 秋官 | 冬官 |
| --- | --- | --- | --- | --- | --- | --- |
| 正丞相 | 秦日纲 | 李开芳 | 胡以晃 | 黄玉昆 | 朱锡琨 | 罗大纲 |
| 又正丞相 | 曾水源 | 罗苾芬 | 蒙得恩 | 周胜坤 | 卢贤拔 | 陈宗扬 |
| 副丞相 | 林凤祥 | 陈承瑢 | 吉文元 | 赖汉英 | 黄益芸 | 许宗扬 |
| 又副丞相 | 曾钊扬 | 刘承芳 | 曾锦发 | 曾锦谦 | 钟廷元 | 陈亨容 |

---

① 郭廷以：《近代中国史纲》，格致出版社2012年版，第72—73页。

太平天国实行保举选拔制度，试图建立公正合理的革命政权。《天朝田亩制度》规定："凡天下每岁一举，以补诸官之缺。举得其人，保举者受赏；举非其人，保举者受罚。"① 两司马保举姓名给卒长，卒长保举姓名给旅长，旅帅保举姓名给师帅，师帅保举姓名给军帅，军帅保举姓名给监军，"监军详总制，总制次详将军、侍卫、指挥、检点、丞相，丞相禀军师，军师启天王"②。以三年为期，考核各级官员政绩，择其擢升或贬黜。"凡滥保举人及滥奏贬人者，黜为农。"③ 此外，太平天国公开张贴"招贤榜"，吸引人才。

开孙来言，江宁管小异从贼（系为"太平天国"——引者注）中来，曾见伪示甚多，其《招贤榜》云："江南人才最多，英雄不少，或木匠，或瓦匠，或竹匠，或铜铁匠，或吹鼓手，你有那长，我便用你那长；你若无长，只可出出力的了。"④

今列规条□款，凡民间有才力可任使者，来辕禀明录用：一，通晓天文星象、算学者；一，习知地理山川形势扼塞者；一，熟读孙武书，知兵法阵图者；一，熟悉风土民情利弊者；一，熟悉古今史事政事得失者；一，善书记笔札者；一，民间豪杰能习拳棒、武艺、骑射者；一，绿林好汉能弃邪归正者；一，江湖游士以及方外戏班中能飞行走跳者；一，医士之能内外科者。⑤

---

① 中国史学会编：《中国近代史资料丛刊：太平天国》第1卷，上海人民出版社1957年版，第323页。
② 中国史学会编：《中国近代史资料丛刊：太平天国》第1卷，上海人民出版社1957年版，第323—324页。
③ 中国史学会编：《中国近代史资料丛刊：太平天国》第1卷，上海人民出版社1957年版，第324页。
④ 赵烈文：《落花春雨巢日记》，载罗尔纲、罗文起辑录《太平天国散佚文献勾沉录》，贵州人民出版社1993年版，第63页。
⑤ 沈梓：《避寇日记》，载罗尔纲、罗文起辑录《太平天国散佚文献勾沉录》，贵州人民出版社1993年版，第179页。

上述第一个材料是赵烈文（曾国藩之幕僚）转述的天京招贤榜，第二个材料是太平军将领钟良相在浙江嘉兴桐乡颁布的招贤告示。毛遂自荐，量才取人，太平天国征引到许多怀有绝技的专门人才。

太平天国在辖区开展人口普查，发放门牌，注明家庭状况和入伍人数。太平军占领江苏常熟时，加强地方管理，"不领门牌，不遵法令，驱遣出境"①。《天朝田亩制度》规定："凡天下每一夫有妻子女约三、四口，或五、六、七、八、九口，则出一人为兵。"② 太平天国建立了"寓兵于农"的乡兵制度，农忙时务农，战斗时为兵。按照太平军的编制，太平天国把广大居民组织起来，四两司马设一卒长，五卒长设一旅帅，五旅帅设一师帅，五师帅设一军帅。军帅以下的各级官吏，或由地方推举，或由上级委派，根据百姓的好恶进行提拔和贬黜，称为"乡官"。乡官制度的设立，有利于维护地方秩序、征收赋税、办理军需，对于太平天国的发展具有重要的意义。然而，乡官的成分比较复杂，充任乡官的人，除农民和其他劳动者外，还有地主士绅。"跟清制一样，朝廷命官仅到县一级，县以下的所有职位都由当地提名地方人士充任。因此对太平天国的社会改组如此重要的地方政府基层结构，便由一些往往充其量仅对政权纲领承担有限义务的人去填补。"③ 据记载，在安徽、江西、湖北等省一些府县，都出现了由地主士绅充任各级乡官的现象，"胁田亩多者充伪官"，"举绅衿为军帅、旅帅"，这表明太平天国对地方控制的脆弱性，没有根本改变封建政治体制。

太平天国礼仪称谓甚是烦琐，内部等级制度十分森严，领导集团

---

① 《常熟贺天侯洪布告十款》，载罗尔纲、罗文起辑录《太平天国散佚文献勾沉录》，贵州人民出版社1993年版，第68页。

② 中国史学会编：《中国近代史资料丛刊：太平天国》第1卷，上海人民出版社1957年版，第326页。

③ ［美］费正清、刘广京编：《剑桥中国晚清史》上卷，厉以平译，中国社会科学出版社1985年版，第285页。

日趋奢侈，这加速了农民政权的封建化。洪秀全养尊处优，遇到重大事情，方设朝会。即使杨秀清有事觐见，亦须请旨。所有政事，先由各级官员商议，然后具禀石达开，石达开认为可行，代杨秀清撰写诰谕，送东王府盖印，再送北王府登簿，仍归翼王府汇齐，由佐天侯交官分递。1854年10月，洪秀全任命杨秀清"继治天下，佐理万国之事"，他深居不出，享受生活，创作宗教理论和诗歌。

### 十全大吉诗

三星共照日出天，禾王作主救人善。
尔们认得禾救饥，乃念日头好上天。①

### 试草诗

神爷试草桥水深，如何吃粥就变心！
不见天兄舍命顶，十字架上血漓淋。
不见先锋与前导，立功天国人所钦。②

洪秀全的礼冠上缀双龙双凤，绣字"满天星斗""一统山河"，在两江总督衙门的基础上，大肆修缮扩建天王府，拆毁周围的官宅民房，动用劳力万余人，兴筑半年方成，却在1853年年底毁于火灾，后又在原址重建，周围十余里，墙高数十丈。门扇以黄缎裱糊，门外用黄缎扎成彩棚，每月更换一次。各王府第衙署，无不竞争壮丽。太平天国领导者穷奢极欲，从民间选美。根据《幼天王洪天贵福自述》，洪秀全拥有嫔妃88位。

---

① 洪秀全：《十全大吉诗》，载罗尔纲选注《太平天国诗文选》，中华书局1960年版，第192页。

② 洪秀全：《试草诗》，载罗尔纲选注《太平天国诗文选》，中华书局1960年版，第193页。

太平天国法令严肃，处置残酷，前期主要有杖刑和死刑两种，后来增加了为奴一项。凡触犯天条者，一律处死刑。死刑中有斩首不留、五马分尸、点天灯、剥皮等酷刑。行刑之前，先鸣锣聚众，宣布罪状，然后当众行刑，以此为戒，制造恐怖气氛，令旁观者触目惊心。太平天国等级森严，尊卑有别，"凡东王、北王、翼王及各王驾出，侯、丞相轿出，凡朝内军中大小官员兵士如不回避，冒冲仪仗者，斩首不留。凡东王驾出，如各官兵士回避不及，当跪于道旁，如敢对面行走者斩首不留。凡检点指挥各官轿出，卑小之官兵士，亦照列王规矩，如不回避或不跪道旁者斩首不留"①。这与农民向往的太平社会背道而驰。

### 三　思想文化方面

宗教对于太平天国产生了极大影响，拜上帝教的规条异常严苛。拜上帝者平时早晚祈祷，感谢上帝，若有灾病及生日、满月、嫁娶、作灶、做屋、堆石、动土等事，均要祈祷祭告。太平天国教育完全宗教化，编写宣传书册，包括《三字经》、《幼学诗》、洪秀全的诏书以及《旧约》、《新约》等十余种，这些书册充满了宗教思想，文字通俗，自成一格。两司马每日在教堂教育所属二十五家的童子，讲授拜上帝教经书，敬拜天父上帝。《天朝田亩制度》规定："凡内外诸官及民，每礼拜日听讲圣书，虔诚祭奠，礼拜颂赞天父上主皇上帝焉。每七七四十九礼拜日，师帅、旅帅、卒长更番至其所统属两司马礼拜堂讲圣书，教化民，兼察其遵条命与违条命及勤惰。"② 在遵奉西方礼拜仪式的基础上，拜上帝会融入东方元素，开始使用锣鼓鞭炮、

---

①　中国史学会编：《中国近代史资料丛刊：太平天国》第4卷，上海人民出版社1957年版，第230页。

②　中国史学会编：《中国近代史资料丛刊：太平天国》第1卷，上海人民出版社1957年版，第326页。

供奉糕点瓜果等形式。若有对宗教活动怠慢之人，百姓遭到杖责，官员遭到贬黜。太平天国严禁祭奠祖宗，一旦发现偶像和庙宇时，即予捣毁。僧人道士遭到粗暴对待，被剥去衣服，甚至被杀掉。对于敬拜上帝的基督徒，太平天国的态度是"胡萝卜＋大棒"，宽限时间，劝导基督徒按照拜上帝教的仪式进行礼拜，逾期违令者被罚做工，发配战争前线。

太平天国对孔子和儒家经书的正统权威进行了系统清算，删改四书五经。设立"删书衙"，天官又副丞相曾钊扬统领，删掉四书五经中的"鬼话、妖怪话、妖话、邪话"，例如，《诗经》改为《诗韵》，孔子改为孔某，子曰改为孔某曰，国改为郭，王改为相。"搜得藏书论担挑，行过厕溷随手抛，抛之不及以火烧，烧之不及以水浇。读者斩，收者斩，买者卖者一同斩。"① 为了确保民众免于"妖书经传之蛊惑"，所有诗文典籍一律审核，须经天王"盖玺"颁行。四书四经在删改后发行，唯《周易》禁行。

### 删改诗韵诏

> 天王诏曰：咨尔史臣，万祥更新，诗韵一部，足启文明。今特诏左史右史，将朕发出诗韵一部，遵朕所改，将其中一切鬼话、妖怪话、妖话、邪话、一概删除净尽，只留真话、正话，抄得好好缴进，候朕批阅刊刻，钦此。②

为了从舆论上打击清廷，洪秀全发布诏谕，贬北燕为"妖穴"，贬直隶省为"罪隶省"，将清朝统治者所居场所斥为污秽不洁之地。太平天国不仅改地名，还改人名。在太平军眼里，清朝在位的咸丰皇

---

① 中国史学会编：《中国近代史资料丛刊：太平天国》第4卷，上海人民出版社1957年版，第735页。
② 太平天国历史博物馆编：《太平天国文书汇编》，中华书局1979年版，第39页。

帝是群妖之首,"咸丰"本意"惧得丰盈",但太平军为"咸""丰"加上反犬字旁"犭",见字如面,视为狗性。对于那些含有不干净语义的字,太平天国以新造的字来代替,像"魂""魄"之类含有"鬼"字的字,都不再使用,而是以"人"字来代替"鬼"字,宣扬人性和至善。

不经意间,太平天国动摇了封建社会的思想根基,以宗教形式开启了特殊的"文化革命"。从太平天国的诗文典籍中,既有"天父""天兄"荒唐之言,又有反封建的伟大之处。清方人士都不得不称赞:"贼(系为'太平天国'——笔者注)改《四书》《五经》,删鬼神、祭祀、吉礼等类,不以人废言,此功不在圣人下也,后世必有知言者。"① 在诗文典籍的表达方式上,尽力告别深奥难懂的文言文,试图采用清晰明了的白话文,最后形成了"半文半白"文体,有利于文化的普及;在诗文典籍的表达内容上,表达了太平社会的美好追求,讴歌了人民群众的巨大力量,反映了太平天国的革命事业。正是在这种特殊的"文化革命"中,洪秀全、石达开多有诗文言志,连不识文字的杨秀清也有诗文抒情。

### 果然忠勇

我们弟妹果然忠,胜比常山赵子龙;
起义破关千百万,直到天京最英雄。②

### 果然忠良

一般弟妹果忠良,大战妖魔尽灭亡;

---

① 汪士铎:《乙丙日记》,载罗尔纲、罗文起辑录《太平天国散佚文献勾沉录》,贵州人民出版社1993年版,第14页。
② 杨秀清:《果然忠勇》,载罗尔纲选注《太平天国诗文选》,中华书局1960年版,第194页。

勇猛刚强天国赖，英名万古永传扬。①

**果然坚耐**
争先恐后各称雄，直破铜关百万重；
露宿风餐真耐苦，纲常顶起立奇功。②

太平天国开设科举考试，废除门第、出身等限制。凡太平天国人民，从绅士到布衣，从倡优到隶卒，只要愿意参加考试，一律准予应试，不限资格。清人龚又村写道："见伪示，九月天京会试，准举、贡、生、监、布衣，一齐入场，不拘新举子，亦借求才之意，诱进群儒。"③ 太平天国的科举考试从资格上完全打破了长期以来存在的禁区和壁垒，真正拓宽了人才选拔的范围，体现了在考试面前人人平等的精神，这是太平天国对科举考试所做的根本性变革，在反封建的革命斗争中发挥了重要作用。

科举考试的时间，最初在天王洪秀全及幼天王洪天贵福的寿辰日开考，后来把太平天历每年3月5日、13日分别设定为开考文秀才、武秀才的日子；5月5日、15日分别设定为开考文举人、武举人的日子；9月9日、19日分别设定为开考文进士、武进士的日子。④ 在"文科"考试形式上，用通俗表达取代了文言写作；在"文科"考试内容上，用拜上帝教经书取代了儒家经典著作；"武科"主要测试骑马射箭、骑马放枪。科试高中者，封官授爵。

---

① 杨秀清：《果然忠勇》，载罗尔纲选注《太平天国诗文选》，中华书局1960年版，第194页。
② 杨秀清：《果然坚耐》，载罗尔纲选注《太平天国诗文选》，中华书局1960年版，第194页。
③ 龚又村：《镜穧轩自怡日记》，载罗尔纲、罗文起辑录《太平天国散佚文献勾沉录》，贵州人民出版社1993年版，第171页。
④ 对于科举考试及第者的头衔，太平天国将"秀才"改为"秀士""举人"改为"约士""进士"改为"达士"。

## 第四章　内政外交金戈铁马

　　贼（系为"太平天国"——笔者注）亦设科取士以牢笼文人，取中者奖励甚厚，故寒士多赴之，首科状元为兴国张某，以此兴国人民甘心从贼较他属尤甚。余至黄梅营，偶游买卖街，见售残书者中有抄本伪文十数篇……伪时文颇入妙，批点亦详，似是黄梅人奉为揣摩者，因携归录其数篇，以见文人之陷溺贼众正复不少。其八股题为《真神独一皇上帝》……又一题《皇上帝乃是真皇帝》（文长不录）首艺着眼"独一"字，次艺着眼"乃是"字，皆时文巨手。又有《崇拜皇上帝》题，文尤为精湛雄浑。《不好拜邪神赋》一篇，古雅绝伦，均非率尔操觚者所能办……南来州县从贼者众，固不独文士为然即显宦退休林下，蓄发以为之民者何可胜道，以此见人心思乱，天运未转，未可以时日求治也。①

　　贼（系为"太平天国"——笔者注）各伪王生日，先期进贡院考试，出题如《东王九千秋》《真道岂与世道相同》等语。取伪状元一，伪榜眼一，伪探花一，伪传胪各一，伪翰林百余，伪进士数百。一甲职同伪指挥，二甲职同伪将军，三甲职同伪总制。东贼为东试，天贼为天试，余贼仿此。②

　　上述材料分别见于方玉润《星烈日记汇要》和谢炳《金陵癸甲纪事略》，方、谢二人虽然站在太平天国的对立面，但记述基本属实。洪秀全早在创立拜上帝教之初，就宣传"皇上帝"是唯一的真神，人们只拜上帝，不拜鬼神。太平天国坚持"一神论"的天命观，必

---

① 方玉润：《星烈日记汇要》，载罗尔纲、罗文起辑录《太平天国散佚文献勾沉录》，贵州人民出版社1993年版，第170页。
② 谢炳：《金陵癸甲纪事略》，载罗尔纲、罗文起辑录《太平天国散佚文献勾沉录》，贵州人民出版社1993年版，第170页。

然抛弃被视为偶像的孔子牌位。在太平天国运动，反孔的态度很坚决，这表明地主阶级与农民阶级的尖锐对立，意识形态领域呈现为上帝与孔子、革命文化与传统文化的势不两立。如此空前猛烈地冲击孔孟之道和儒家经书，具有一定的革命意义。然而，"太平天国的反孔，并不因为儒家思想体系是封建制度的精神支柱。站在小农经济基础上，它还不可能产生这样的眼光。它与孔夫子所争夺的，是以上帝为唯一的神圣地位。'唯一'的排他性决定了其他一切权威和偶像都必须取缔。因此，太平天国反孔的喊声和深度是不成比例的"①。

太平天国只是删减了四书五经中鬼神祭祀之类的字句，没有对儒家思想进行实质性批判。"对于传统社会里的农民来说，践踏孔孟并不等于摆脱孔孟。"② 太平天国运动缺乏新的经济基础，以洪秀全为代表的太平天国领导者无法提出新的上层建筑（政治上层建筑和观念上层建筑），不可能真正推翻封建主义和传统思想。太平天国一方面焚毁儒家经典，打破传统秩序；另一方面却承袭了以"三纲五常"为核心的儒家礼教，天命论、等级制在太平天国意识形态内渗透、保留和表现出来。这种自相矛盾的做法反映了农民阶级的局限性，他们既不可能脱离旧的生产关系，又不可能创造新的意识形态。事实上，儒家思想是当时中国社会的主导思想，全盘否定儒家思想未免武断。"洪秀全是产生于这个社会的人，而且是一个向四书五经讨过生活，从科举制度寻过出路的人。还在他接受上帝的洗礼之前，儒学早就为他行过洗礼。所以，当他自觉地反孔的时候，又会不自觉地被孔学牵引。这种情况，在洪秀全成为天国的君王之后更加明显。随着造反者锐气的消退，是统治者惰气的增长。造反可以不要儒学，统治却终究以儒术更为应手。"③ 太平天国在思想文化层面旗帜鲜明反孔，在政

---

① 陈旭麓：《近代中国社会的新陈代谢》，中国人民大学出版社2012年版，第76页。
② 陈旭麓：《近代中国社会的新陈代谢》，中国人民大学出版社2012年版，第75页。
③ 陈旭麓：《近代中国社会的新陈代谢》，中国人民大学出版社2012年版，第77页。

治层面却隐藏着儒家化倾向。

在太平天国后期，激进的思想文化政策有所调整，孔孟之书不必废，但"文化革命"的根本方向没有改变，倡导纪实之文，言之凿凿，改"字典"为"字义"，反对封建复古和浮文巧言。

### 戒浮文巧言谕

照得文以纪实，浮文所在必删；言贵从心，巧言由来当禁。恭维天父天兄大开天恩，亲命我真圣主天王降凡作主，施行正道，存真去伪，一洗颓风。是以前蒙我真圣主降诏：凡前代一切文契书籍不合天情者，概从删除，即"六经"等书亦皆蒙御笔改正。非我真圣主不恤操劳，诚恐其诱惑人心，紊乱真道，故不得不亟于弃伪从真，去浮存实，使人人共知虚文之不足尚，而真理自在人心也。况现当开国之际，一应奏章文谕，尤属政治所关，更当朴实明晓，不得稍有激刺、挑唆反间，故令人惊奇危惧之笔。且具本章，不得用龙德、龙颜及百灵承运、社稷、宗庙等妖魔字样。至祝寿浮辞，如鹤算、龟年、岳降嵩生及三生有幸字样，尤属不伦，且涉妄诞。推原其故，盖由文墨之士，或少年气盛，喜骋雄谈；或新进恃才，欲夸学富。甚至舞文弄笔，一语也而抑扬其词，则低昂遂判；一事也而参差其说，则曲直难分。倘或听之不聪，即将贻误是非浅。可见用浮文者不惟无益于事，而且有害于事也。①

## 四　社会生活方面

太平天国采取一系列社会政策，设立医疗馆，发展公益事业，帮

---

① 洪仁玕等：《戒浮文巧言谕》，载罗尔纲选注《太平天国诗文选》，中华书局1960年版，第55—56页。

助老弱病残、鳏寡孤独；不得吸烟，不得饮酒；禁止吸食鸦片，鸦片视为"妖夷贻害世人之物"，吸食成瘾，病入膏肓，不得生产和贩卖鸦片。吸食鸦片者被枭首，悬挂于城墙之上。

### 劝人戒鸦片烟诏

　　天王诏曰：高天灯草似条箭，时时天父眼针针。不信且看黄以镇，无心天救何新金。吹来吹去吹不饱，如何咁蠢变生妖！戒烟病死胜诛死，脱鬼成人到底高。并钦此。①

### 警醒军民戒鸦片烟诏

　　天王诏旨云：朕诏天下军民人等知之，烟枪即铳枪，自打自受伤，多少英雄汉，弹死在高床。钦此。②

　　《天朝田亩制度》宣布废除买卖婚姻，"凡天下婚姻不论财"，"凡两司马办其二十五家婚娶吉喜等事，总是祭告天父上主皇上帝，一切旧时歪例尽除"③。太平天国设有专司其事的"婚姻官"，破除门当户对、黄道吉凶之说，冲击了封建宗法制度。太平天国不准蓄奴、多妻和嫖娼等淫邪之事，形成了良好的社会风气。"男有男行，女有女行，男习士农工商，女习针指中馈，一夫一妇，理所宜然。倘有习于邪行，官兵民人私行宿娼、不遵条规开娼者，合家剿洗，邻右擒送者有赏，知情故纵者一体治罪，明知故犯者斩首不留。"④《天朝田亩制度》规定男女平等，允许妇女在军政机构中任职。设立"女馆"，招录未婚的年轻女子、丈夫阵亡或外出的妇女，由洪宣娇统一领导；

---

① 太平天国历史博物馆编：《太平天国文书汇编》，中华书局1979年版，第40页。
② 太平天国历史博物馆编：《太平天国文书汇编》，中华书局1979年版，第40页。
③ 中国史学会编：《中国近代史资料丛刊：太平天国》第1卷，上海人民出版社1957年版，第322页。
④ 太平天国历史博物馆编：《太平天国文书汇编》，中华书局1979年版，第90页。

允许女子参加科举考试，伏善祥①是中国历史上第一位也是唯一的女状元，可谓"武有洪宣娇，文有伏善祥"。

　　受到了客家女子习俗的影响，太平天国女子不缠足，严令缠足者放脚，出现了"一日万家缠足放"的空前盛况。清方人士张晓秋在《粤匪纪略》记述："女粤匪皆不裹足，一日出伪令，湖北、安庆、江宁、扬州妇女皆令放脚，女匪获有未放者，斩其足以殉。"② 猛药去沉疴，太平天国女子追求独立，一洗受封建社会束缚而造成的卑怯懦弱性格，在战场上培养了英雄气概，这在中国史上是空前的，在19世纪60年代世界史上是先进的。在天京，女子或骑马，或步行，大方地走在道路上，打破女子不出闺门的旧制度。这种现象如同西方社会的生活情境，散发出一股新鲜的气息，让当时亲历者、英国人呤唎称赞不已：

　　　　太平天国社会制度中最值得称赞的就是妇女地位的改善，她们已经由亚洲国家妇女所处的卑贱地位提高到文明国家妇女所处的地位了。太平天国革除了两千年来妇女所受到的被愚昧和被玩弄的待遇，充分地证明了他们的道德品质的进步性。

　　　　太平军起义后出生的女孩子全都是天足，这给妇女带来了巨大的福利，使她们从而改善了自己的外貌。妇女摆脱了缠足的恶习，男子摆脱了剃发垂辫的奴隶标记，这是太平天国最显著、最富有特色的两大改革，使他们的外貌大为改善，和在鞑靼统治下的中国人的外貌显出了巨大的区别，并表现了巨大的改进。③

---

① 太平天国文献记载"伏善祥"，清方文献记载"傅善祥"。
② 张晓秋：《粤匪纪略》，载罗尔纲、罗文起辑录《太平天国散佚文献勾沉录》，贵州人民出版社1993年版，第63页。
③ ［英］呤唎：《太平天国革命亲历记》，王维周译，上海人民出版社1997年版，第239—240页。

太平天国一系列社会政策，促进了男女平等和女子解放，但有其蹩脚之处。洪秀全、杨秀清不适当地将太平军的内部制度推广于天京，男子除参军者外，依其所长编入诸匠营和百工衙，妇女大致与男子相同，民众过着军事供给制的生活。全城民众"别男行女行"，夫妻不能同宿，家庭生活名存实亡。太平军将领和普通民众都要遵守，若有违犯规定者，杨秀清"代天父传言"，以触犯天条加以论罪。

## 甲申四年正月二十七日

天父又曰："正小，达小，可先调陈宗扬，问他与妻子犯过天条否？"

两人遵旨讯问。宗扬瞒天，不肯实对，致劳天父圣怒，大声问曰："陈宗扬，尔知黄以镇、周锡能二人，他曾瞒得天父过么？尔可据实招来。"

陈宗扬如实供曰："曾犯过四五次。求天父念系夫妻，宽赦死罪。"

天父曰："尔与妻私合，尚可赦宥，尔曾又有心想勾合别个姐妹么？"

陈宗扬仍瞒天奏曰："小子实未存此心。求天父赦罪。"

天父大怒曰："尔还不招定，要朕指出来么？"陈宗扬还不实招。

天父怒极，大声指曰："尔与妻私合，又想瞒人耳目，故夫妻相商，欲将那清白之人拉下染缸，以塞其口，互相为奸，方不至败露。幸亏那女官炼正，是个贞洁之人，未遂奸谋。不然，岂不又被尔陷一人于法网乎？尔自己变妖变怪，已属可恼；尔尚欲坑害别人为之，不知尔是何肺肠？天父指的尔着不着，尔且直招。"

陈宗扬料难再隐，始直认曰："小子果起此心，犹未成事。

## 第四章　内政外交金戈铁马　　105

只求天父开恩，赦宥死罪。"

天父不复与语。便诏带过，调卢贤拔来问。

卢贤拔本心自知难昧，乃直奏曰："小子不肖，致劳我天父降凡。实与妻犯过天条三四次。今自知罪该万死，恳天父开恩赦过。自今以后，当痛洗前愆，立功赎罪，永志不忘。"

天父曰："尔身居侯爵，当志在君民，奈何以身试法？姑念尔原有真心，对天事主。且自知悔罪，直认不辞，自当赦尔死罪，准尔所求也。正小，达小，陈宗扬夫妇屡犯天条，已经获罪，又欲诱秽他人，罪无可赦。当一同斩首示众。至于卢贤拔身居显职，不知自检，竟致夫妇同违天令，尔等当体尔天父之意，治他至重之法可也。尔须禀奏尔四兄，拟定奏旨。"①

陈宗扬时为冬官又正丞相，卢贤拔时为秋官又正丞相、镇国侯，他们因触犯天条"奸淫罪"被诛或受罚，轰动了天京内外。一个半月后，杨秀清认为对卢贤拔处罚过轻，唯恐他人效仿，上演了一幕"杨秀清假借天父责罚杨秀清"的滑稽剧。

### 甲申四年二月十三日

天父因卢贤拔犯条获罪，东王执法稍宽，恐他等效尤，思欲严教东王，无为姑息稍宽也，爰下凡，诏命众女进殿，敬聆圣旨。众女官一闻天父下凡，不胜欢喜，当即跪谢天恩，趋赴天父面前，跪奏曰："今日天父又劳心下凡，教导小子小女。"

天父曰："是也。尔众小齐来敬聆圣旨。"

女官奏曰："请天父教导。"

天父圣旨曰："尔众小女，速拏（系为'拿'——引者注）

---

① 王庆成编注：《天父天兄圣旨》，辽宁人民出版社1986年版，第106—107页。

板子来先。"

众女官奏曰："遵天父圣旨。"

天父怒曰："尔东王为天下万郭（系为'国'——引者注）军师，大权尽归掌握。凡事自应秉乎大公办理，如何全听下僚禀奏，并不反复思之，殊有顺下之罪。即卢贤拔位膺侯爵，法应减等，亦不能办至咁轻，不惟不足以服朝管，尤恐不足以服天下，是连尔东王都有罪矣。自应责罚，以示儆戒。"

于是命女官即杖东王五十板。女官等遵天父圣旨，即杖东王。杖毕，女官又代东王跪谢天父开恩教导，恳求天父赦罪。

天父曰："尔众小要禀奏东王，须知犯着法律，俱是同罪。凡有作奸犯科之案，禀奏前来，如何办法，自应立有定见，不得专听小僚之言，以致陨规枉法。尔小子小女各各要修好炼正，始得成人，方不负朕天父谆谆教导之至意也。"并谕众女官曰："待尔东王醒来，将朕天父圣旨禀奏尔东王知。朕回天矣。"①

尽管杨秀清运用严格定罪和自我惩罚的方式，试图固守"男女分行"，但效果适得其反。男女分馆，夫妻分居，这种清教徒式的禁欲主义违背了人性。太平天国上下弥漫着不满的情绪，甚至有人逃离天京。法不责众，杨秀清顺从人心，"代天父传言"让"小弟、小妹团聚成家"，开男女之禁。1855年年初，太平天国正式下令，允许天京居民恢复家庭生活。

## 甲寅四年八月二十四日

天父开恩，劳心下凡。

东王于梦寐之间，蒙天父降旨云："秀清，尔好辅排尔一班

---

① 王庆成编注：《天父天兄圣旨》，辽宁人民出版社1986年版，第108—110页。

小弟、小妹团聚成家。排得定定叠叠,我天父自有分排也。但还有光的。尔要小心灵变,时时堤防。然亦有朕天父看顾扶持,谅亦无妨。"

吩咐毕,天父又差东王灵魂前往各处,大战妖魔,诛死妖魔无数。间有漏网未尽诛者,尽皆远遁他方。诛灭妖后,东王既醒,天父回天。①

太平天国禁止缠足,客观上冲击了缠足陋俗,但主观动机并不是为了保护女子的肢体不受摧残,而是为了让女子在外作战、在内当差。由于带有强烈的功利色彩,太平天国领导人没有过多考虑民女身心的承受能力,推行该法令的手段简单粗暴。清方人士沈隽曦在《金陵癸甲摭谈补》记述:"贼(系为'太平天国'——笔者注)蛮婆皆大脚,驱妇女出城当差,谓江南女子脚小无用,有丧心献媚者,声传伪令,着其放脚,妇女皆去脚带,赤足而行,寸步维艰,足皆浮肿,行迟又被鞭打,呼号之声,不绝于道。"②

事实上,"一如其他各项制度,事实与理论往往矛盾。妇女并未能真正得到平等与解放,且备受压迫荼毒。其一,女馆以军法部勒,善于女红者,分入绣锦营,余悉令解足,担任劳役,磨折而死者,颇为不少。其二,既严别男女,而各王不惟仍夫妇同居,且盛置姬妾,执事女官以千百计。其三,妇女对于男子,仍须服从,男理外事,女理内事,敬夫与敬天、敬主同等重要,如此方可享荣华富贵,方得上天。不只是夫妇关系,一般伦理观念,与传统亦无出入"③。以洪秀全首的太平天国领导者仍沿袭历代封建皇帝的妃嫔制,甚至宣扬"妻

---

① 王庆成编注:《天父天兄圣旨》,辽宁人民出版社1986年版,第111—112页。
② 沈隽曦:《金陵癸甲摭谈补》,载罗尔纲、罗文起辑录《太平天国散佚文献勾沉录》,贵州人民出版社1993年版,第62页。
③ 郭廷以:《近代中国史纲》,格致出版社2012年版,第75页。

道在三从,勿违尔夫主"之类的封建伦理道德,从根本上没有摆脱封建意识形态的影响。

"当封建制度还没有东西能够取代的时候,太平天国不能不回到封建制度。借助于宗教理想汇集起来的世俗力量,由于理想的褪色而不能不日趋迷失与彷徨。"[1] 洪秀全的"皇上帝"是梦幻泡影,拜上帝教所宣传的观念道理,所进行的思想教育,所许诺的美好愿景,从根本上都不是对人和世界的科学解释,因此绝不可能令人真正地完全地长久地信服。太平天国在控制的地区内,改革经济基础和上层建筑,企图建立美好的社会。然而,农民阶级毕竟不是新的社会生产力的代表者,不能创造新的生产方式,不能建立一个符合历史发展的新的社会。官僚政治中重要职位都有广西"老兄弟"控制,科举制度的宗教因素过度,选拔人才的效果不佳。太平天国制度和政策,在一定程度保证了太平军北伐和西征,却也为日后太平天国领导集团分裂埋下了的伏笔。

## 第二节 外交关系

太平天国定都天京之时,上海外滩停着三艘外国舰船:英国船"赫尔墨斯"号、法国船"加西尼"号、美国船"色斯奎哈那"号。西方各国根据有限的情报,得知太平军敬拜上帝,人数众多,战斗力强,节节取胜。西方各国拒绝清廷的求助,在太平军与清军战斗中保持中立,但对于太平军的态度很复杂,一是警惕,担心太平军进攻上海导致贸易中断;[2] 二是好奇,期望深入了解拜上帝教和太平天国领导者及对外政策。

---

[1] 陈旭麓:《近代中国社会的新陈代谢》,中国人民大学出版社2012年版,第81页。
[2] 上海当时已成为中国最大的通商口岸和商业中心,被外国人称为"万国博览会"和"冒险家乐园"。

## 第四章 内政外交金戈铁马

1853年4月22日，英国公使乔治·文翰（George Bonham）乘坐船"赫尔墨斯"号，从上海前往天京，随行人员有翻译员密迪乐和船长费煦班。此行主要目的是刺探情报，途中遭到太平军炮击，[①]乔治·文翰下令克制，不予回击。"赫尔墨斯"号停靠天京后，乔治·文翰请求会晤太平天国高层领导，但没有得到积极答复。他感觉自己不被尊重，就以天气恶劣的说辞留在了船上。当洪秀全的妻舅赖汉英出现时，乔治·文翰以文书的形式与赖汉英沟通，重申英国在太平军与清军战斗中保持中立，提醒太平天国领导者遵守1842年中英《南京条约》的条款，如果太平军进攻上海，英国会出兵保护在上海的财产。费煦班和密迪乐下船上岸，受到了盛情款待，被允许进入天京城内走动。北王韦昌辉和翼王石达开召见了费煦班和密迪乐，问及他们是否敬拜上帝，密迪乐说英国人已经敬拜上帝八九百年，气氛为之一变。太平军看到两位洋人和他们一样留着长发，很是高兴。太平军多次登上"赫尔墨斯"号，参观蒸汽炉，体验望远镜。费煦班送给太平军中英文版《圣经》，在他眼里，太平军精明坦诚、有礼而幽默。然而，乔治·文翰不以为然，认为太平天国的宗教是"伪造的启示"。十余天后，"赫尔墨斯"号返航，途中再次遭到太平军炮击，乔治·文翰下令开炮还击。

1853年11月30日，法国公使布尔布隆（Bourboulon）乘坐船"加西尼"号，从上海前往天京，随行人员有公使夫人、船长德·普拉斯和翻译员葛必达。此行主要目的是保护太平天国辖区的基督徒，12月6日抵达天京后，布尔布隆深入了解了太平军的日常生活。早晚祝祷两次，不断刊印宗教书册。女子三五成群，有的穿着华丽，有的穿着朴素，从圣库领取衣服、粮食回女营。在葛必达眼里，她们平

---

[①] 清军散布谣言，说"夷人之船"支持清廷，英国人"对反贼同仇敌忾"；太平军故而炮击英国舰船。

静持重、略带忧伤。天京城的孩子们组织有序，生龙活虎。12月10日，布尔布隆和天官正丞相秦日纲会谈，详细询问了太平天国的宗教信仰，请求善待太平天国辖区的基督徒，重申法国在太平军与清军战斗中保持中立，声称法国与清廷1844年签订的《黄埔条约》仍然有效。布尔布隆提及咸丰皇帝时，秦日纲勃然大怒，因为太平军视咸丰为群妖之首，且只有"皇上帝"可以称"皇帝"。布尔布隆尊称咸丰皇帝，被太平军视为清廷之友。12月13日，韦昌辉以亲笔书信的形式，命令布尔布隆到北王府邸接受"口训"。布尔布隆拒不接受，次日离开天京。

美国传教士罗孝全得知洪秀全建立太平天国后，欢欣鼓舞，在广州当地报纸上发表文章介绍洪秀全。"罗孝全说洪秀全原本会以'破坏偶像'而留名，但现在看来他'以先知之能行事'，且似乎在'争取宗教自由'。"① 洪秀全对于罗孝全拒绝为他"洗礼"之事，一度耿耿于怀。1849年洪秀全借萧朝贵之口询问天兄基督，萧朝贵"代天兄传言"要求他"无疑番人"②。

### 己酉年正月二十一日

天兄劳心下凡，时在平山。

天王曰："小弟文天兄，番人罗孝全是真心否？"

天兄曰："是真心也，有牵挂也。"③

罗孝全是洪秀全的宗教启蒙老师，洪秀全一直惦记他。定都天京后，洪秀全委派信徒前往广州，邀请罗孝全来天京传经布道。罗孝全

---

① ［美］史景迁：《太平天国》，朱庆葆等译，广西师范大学出版社2011年版，第248页。

② 王庆成编注：《天父天兄圣旨》，辽宁人民出版社1986年版，第14页。

③ 王庆成编注：《天父天兄圣旨》，辽宁人民出版社1986年版，第14页。

由广州坐船到上海，向美国公使马沙利（Humphrey Marshall）申请去天京，但遭到反对。美国迟迟未能访问天京，一方面马沙利认为美国要在太平军与清军战斗中保持"绝对"中立，严格遵守美国与清廷1844年签订的《望厦条约》，就不能访问天京；另一方面，美国准将马休·培里调动所有远东船只前往日本，以炮舰威逼日本打开国门，史称"黑船事件"。1854年5月22日，美国新任公使麦莲（Robert McLane）乘坐船"萨斯喀那"号，从上海前往天京，随行人员有船长布嘉南和翻译员裨治文。罗孝全申请同行去天京，但遭到拒绝。太平军不熟悉美国星条旗，担心清军尾随洋船偷袭，开炮示警。麦莲以布嘉南的名义给太平军呈递文书，附带美国国旗图案，太平军要求布嘉南详细说明美国舰船来访的目的。

### 札美国水师提督布嘉南谕

> 太平天国钦差大臣周为谕饬事：照得有言当言，有事当行，古之道也。尔等船支入我圣境，当即饬令兵士暂停开炮，恐彼此伤和。但船支泊在大江，意欲为何？未据禀报。今着水师官员前来询问，如有情事，即行禀报可也！
>
> 太平天国甲寅四年四月二十日札①

麦莲和布嘉南对于太平军的要求置之不理，双方一开始接触就心有隔阂。麦莲一行想见东王杨秀清，没有成功；未经太平军许可，擅入禁地，一度被捕。麦莲与地官右正丞相罗苾芬会谈，彼此认为对方语气和礼仪不当。麦莲同太平天国领导人交换了信件，但没有缓解紧张的气氛。麦莲自觉此次访问失败，在互不认同的情况下离开了天京。

---

① 周胜坤：《札美国水师提督布嘉南谕》，载罗尔纲选注《太平天国诗文选》，中华书局1960年版，第53页。

英、法、美三国公使接踵到访，企图摸清太平天国对待西方列强的态度。然而，太平天国对外态度并不明朗，表现出"兄弟＋傲慢＋警惕"的奇特情谊。第一，太平天国基于宗教的立场，对外国人极为热情、友善。在天父面前，天下人都是兄弟姐妹。《东王杨秀清答复英人三十一条并质问英人五十条诰谕》："我主天王是上帝亲子，天兄胞弟，为天下万国太平真主，是天父上主皇上帝所立，暨救世主天兄耶稣所立。我主天王为太平天王大道君主全，主宰天下，援救群生，使天下人循行上帝真道，勿被妖魔鬼害。但尔等夷人素称能知敬拜天父，尔知天父有无所不知、无所不在、无所不能之权能么？并又素称识得敬拜救世主天兄耶稣，尔知天兄有无所不知、无所不能、无所不在之权能么？我主天王奉天行道，凡事秉乎至公，视天下一家，胞与为怀，万国一体，情同手足。"① 太平天国从领导者到老百姓，敬拜上帝，这让外国人特别是传教士充满期待；太平天国从报刊到文书，对上帝的阐释，却让外国人特别是传教士感到困惑、不可理喻，甚至心生怒火。杨秀清就宗教问题向英国人提问如下：

1. 有人识得上帝有几高大否？
2. 有人识得上帝面何样色否？
3. 有人识得上帝腹几大否？
4. 有人识得上帝生何样须否？
5. 有人识得上帝须何样色否？
6. 有人识得上帝须几长否？
7. 有人识得上帝戴何样帽否？
8. 有人识得上帝着何样袍否？
9. 有人识得上帝原配是我们天母，即生天兄耶稣这个老妈否？

---

① 太平天国历史博物馆编：《太平天国文书汇编》，中华书局1979年版，第300页。

10. 有人识得上帝前既生太子耶稣，今复生子否？

11. 有人识得上帝单生独子，还是亦同凡人生有好多子否？

12. 有人识得上帝会题诗否？

13. 有人识得上帝题诗有几快捷否？

14. 有人识得上帝性有几烈否？

15. 有人识得上帝量有几大否？

16. 有人识得耶稣有几高大否？

17. 有人识得耶稣面何样色否？

18. 有人识得耶稣生何样须否？

19. 有人识得耶稣须何样色否？

20. 有人识得耶稣戴何帽、着何袍否？

21. 有人识得耶稣元配是我们天嫂否？

22. 有人识得耶稣生有几子否？

23. 有人识得耶稣长子今年几多岁否？

24. 有人识得耶稣生有几女否？

25. 有人识得耶稣长女今年几多岁否？

26. 有人识得上帝现共有几多个男孙否？

27. 有人识得上帝现有几多个女孙否？

28. 有人识得天上有几多重天否？

29. 有人识得天上重重天都一样高否？

30. 有人识得天上头顶重天是何样否？

31. 天上重重天，该天使固是上帝兵权。请问天下万国，国国拜上帝、拜耶稣等国，该臣民亦尽是上帝兵权否？

32. 天下万国有一国臣民不是上帝兵权，还是人否？抑还是妖魔也？

33. 尔各国拜上帝、拜耶稣咁久，请问拜咁久？尔等朝晚祈求上帝是准进天国欤？还是祈求不准进天国也？

34. 当前耶稣谕门徒曰："天国迩来，尔当悔罪。"是何解欤？

35. 当前耶稣说："吾坏上帝殿，三日复建之。"是何解欤？

36. 当前耶稣被钉十字架，因何又是三日复活，请问是何缘故？

37. 当前耶稣降生犹太国时，天使赞扬空中曰："天上荣归上帝，地下太平，人间恩和矣。"是何解欤？

38. 请问尔等早晚祈求上帝，是求准差圣神风劝慰师降世化心欤？还是不求差圣神风劝慰师降世化心也？

39. 当前耶稣谕门徒曰："异日劝慰师至，有大权临世，非是我今日也。"是何解欤？

40. 圣书有说："尔主担世人之病。"是何解欤？

41. 请问尔等各国齐会天国，是上帝权能默护尔等各国齐到天国欤？还是尔等权能自能到也？

42. 请问尔各国都齐会天国，是何缘故？是上帝默差尔等各国齐会天国，扶尔主、朝尔主、同尊上帝欤？抑还是上帝专差尔等各国齐会天国贸易也？

43. 请问尔等各国是遵上帝圣旨、遵耶稣命令欤？抑还是不遵上帝圣旨、不遵耶稣命令也？

44. 请问尔等各国是遵上帝圣旨、遵耶稣命令方得常生欤？抑还是不遵上帝圣旨、不遵耶稣命令也？

45. 有人识得《旧遗》所说，邪神蛇魔是凡人所称那个妖魔否？

46. 今一齐知得上帝俯听尔等各国所求，赐圣神风化心。今上帝现差圣神风临世，就是东王，尔等知否？

47. 今一齐知得上帝俯准尔等各国所求，大显权能，诛灭妖魔。今现因上帝大开恩典，降凡作主几年，耶稣护卫上帝降凡几年，显无数神迹权能，灭无数妖魔鬼怪，尔等知否？

48. 是真心帮上帝、帮耶稣诛灭妖魔欤？还是帮妖魔叛逆上帝、叛逆耶稣也？

49. 今一齐知得上帝、耶稣现在天国作主，天上重重天，一概兵权都齐会在天国。天下万国众臣民蒙上帝化心,晓得齐会天国朝上主皇上帝,朝救世圣主,朝万国真主,便是上帝兵权。有一国不到天国朝上主皇上帝,朝救世圣主,朝万国真主,便是妖魔,尔等知否?

50. 现今上帝同耶稣降凡作主,诛灭妖魔几年,因何不见尔等各国具些圣物进贡上帝,进贡耶稣,进贡万国真主,还敢大胆强瞒无礼,诡向天国讨取煤炭。尔等各国自想叛逆上帝为何如?叛逆耶稣为何如?叛逆上帝真命万国真主为何如?请问合得天情否?尔亦当自思也!①

第二,太平天国领导者把外国公使视为臣属,坚持按照低贱的礼节来接待他们。《东王杨秀清答复英人三十一条并质问英人五十条诰谕》:"深嘉夷弟住居海外,不远千里而来王,遵领天国制度律例,实为有心。"② 秦日纲会见法国使臣布尔布隆时,不给予平等的座位。罗苾芬要求美国公使麦莲"跪禀具奏","准尔年年进贡、岁岁来朝"。英、法、美三国公使访问天京的经历不同,但一致认为太平天国对外语气和礼仪极其怪异、有失平等。这反映出太平天国领导者思想落后,没有近代国家的观念,缺乏对国际关系应有的认识

第三,太平天国在对外交往中坚持独立自主的立场,拥有反对外国侵略者的意识。对于太平天国的内政外交,外国公使虽然多有不认同之处,但也有所忌惮。太平天国领导者的言谈和太平军的战力,给外国公使留下了精明果敢、野心勃勃的印象。太平天国领导者向外国公使表明了愿意通商的态度,明确了通商的禁区,"平定时不惟英国通商,万国皆通商,天下之内兄弟也。立埠之事,候后方定,害人之物为禁"③。太平天国严格禁止鸦片贸易,维护中国民众的利益,却

---

① 太平天国历史博物馆编:《太平天国文书汇编》,中华书局1979年版,第301—307页。
② 太平天国历史博物馆编:《太平天国文书汇编》,中华书局1979年版,第300页。
③ 太平天国历史博物馆编:《太平天国文书汇编》,中华书局1979年版,第300页。

搅动了西方列强最敏感的神经,最终引发了外国反动势力的干涉。对于西方列强同清政府签订的各种不平等条约,太平天国没有明确表态。对于翻译员密迪乐保证中立不助清军的声明,韦昌辉直言:"尔等如助满人,真是大错;但即令助之,亦是无用,天父帮助我们,没有谁能与天父作对。"[①] 在太平天国运动前期,反对外国侵略者的意识是模糊的,没有把外国侵略者和外国人民区分开来。

## 第三节　金戈铁马

太平天国定都天京后,咸丰帝严令向荣、琦善率部清军紧逼太平军。1853年3月28日,向荣部赶至天京城外板桥,31日绕至城东二十里的沙子冈,4月7日在孝陵卫扎营,建立"江南大营",约有兵勇1.7万人。3月30日琦善部先锋4000人抵达江浦,4月4日攻陷浦口,16日在雷塘集、帽儿墩一带扎营,建立"江北大营",约有兵勇1.8万人。江南、江北大营截击、防堵太平军,伺机夺取南京。太平军此时能战之兵约10万人,对付江南、江北大营易如反掌,但与全国近百万清军相比,仍处于劣势。况且清王朝控制着全国绝大部分人力、物力与财力,太平天国居于天京附近一隅,人力、物力、财力都极其有限。就全国形势而言,太平军仍然处于被"围剿"的状态。

为了把革命推向前进,尽快推翻清朝统治,太平天国领导人决定采取固守天京,同时分兵北伐与西征的战略。洪秀全将全军分为三部分:一是组成北伐军,企图以劲旅疾趋北京;二是组成西征军,拟夺取长江中下游地区;三是重兵留守天京,并在镇江、扬州等地分兵驻守,伺机东征,意在打破江北、江南大营。

---

[①] 转引自罗尔纲《太平天国史》第2卷,中华书局2009年版,第1341页。

## 一 北伐

北伐的目标是直捣北京，兵贵神速，勿贪恋攻城略地。太平军从 1853 年 5 月誓师北伐开始，到 1855 年 5 月北伐军余部覆灭为止，历时两年，途径六省，转战五千里，连克数十城，其过程大致可分长驱北上、驻止待援、最后失败三个阶段。

1853 年 5 月 8 日，天官副丞相林凤祥和地官正丞相李开芳率军自扬州西进。5 月 13 日，会合自天京出发的吉文元、朱锡琨部，由浦口北上，共计 2 万余人。北伐军在乌衣镇一带击败清军一部后，一路长驱北进，连克安徽滁州、临淮关、凤阳、怀远、蒙城。6 月 10 日，北伐军攻克亳州。6 月 13 日，北伐军抵达河南归德（今商丘），大败清军，北伐军进城，缴获火药 2 万余公斤以及大量铁炮。离开归德后，北伐军本想从刘家口北渡黄河，① 取道山东北上。得知清军在黄河渡口严密布防，北伐军唯恐难以过河，选择沿黄河往西走，先后占领宁陵、睢州（今睢县）、杞县、陈留。6 月 18 日，北伐军到达河南省会开封城外。由于当时开封城墙坚固，不易攻破，且距离黄河 20 里，没有船只，北伐军选择往南走，抵达中牟县的朱仙镇，沿途大量吸收"捻军"②，淮北人民群众踊跃参军，捐出物资支持大军北上，可谓声势浩大。6 月 20 日，林凤祥和李开芳等人向天京禀报北伐战况。

小卑职林凤祥、李开芳、吉文元、朱锡琨等回复禀报后护又副军师北王六千岁千千岁殿下：

---

① 历史上黄河下游河道时常变迁，太平军北伐时，黄河南下，流经江淮地区入海。

② 捻军又称捻子、捻党，是太平天国运动时期活跃在北方的农民起义军，"捻"是淮北方言，意思是"一股一伙"。捻军主要成员是农民、手工业者和无业游民，以抗租抗捐、劫富济贫为斗争方式。

为回禀前情剿妖事，卑职等统带兵将于五月初九日至归德府，城外有妖营盘三个，有妖前来接仗，圣兵争先追杀得妖兵四百有余，连时破城，城内妖兵妖官尽杀，约杀有三千之多，得红粉贰万有余斤，铁炮无数，粮料不足，同众商议起程。卑职林凤祥、李开芳二位带五军兵将连夜先往黄河四十里之遥，上下取船，并无船只，有鞑妖对江把守，仍在河边小村扎驻一夜。有卑职吉文元、朱锡琨二位在归德府候齐兵将正行，于初十日午刻，有妖数千在归德城边东门分作三阵，忽然而来对仗。卑职吉文元、朱锡琨各统兵向前，追杀三十里之遥，不见妖踪胜回。满坡死妖如席，约杀得妖贰千有余，所有号衣系山东、甘肃、湖北三处之妖，得马骡五百余匹，得红粉又有贰万余斤，铁炮无计其数，牛车壹百有余架。大沾天父、天兄权能看顾，兵将吉昌。卑职吉文元、朱锡琨连夜布置，于十一日统兵往黄河会齐，斟酌在此无船，难以过江，于十二日一同统兵前去杞县七十里之遥，扎宿一夜。十三日七十里之遥，至睢州扎宿一夜。十四日九十里之遥，至陈留县扎宿一夜。十五日四十五里至河南省城外，深深沟两重，周围并无房屋，离黄河二十里亦无船只。卑职斟酌，四十里至朱仙镇，即时前往扎宿，近黄河七十里，亦点兵前去取船。自临淮至此，尽见坡麦，未见一田，粮料甚难，兵将日日加增，尽见骑马骡者甚多。忖思此时之际，各项俱皆丰足，但欠谷米一事。临淮至此，着人带文回朝数次，未知至否？如此山遥水远，音信难通，兹今在朱仙镇酌议起程，过去黄河成功，方可回禀各王殿下金安，无烦远虑也。转奏天王万岁万岁万万岁。

太平天国癸好叁年五月十六日朱仙镇报[①]

---

[①] 林凤祥等：《报告北伐战况禀》，载罗尔纲选注《太平天国诗文选》，中华书局1960年版，第45—46页。

1853年6月23日，北伐军撤离朱仙镇，连克中牟、郑州、荥阳。6月26日，北伐军到达汜水，获得渡船七八十艘，陆续进渡黄河。7月4日，围追堵截北伐军的江宁将军托明阿、贵州提督善禄率清军赶至汜水，与北伐军激战。部分北伐军没有成功渡过黄河，转而南下，后并入西征军。北渡黄河的北伐军攻克河南温县。7月7日，北伐军包围怀庆（今沁阳），当时城内仅有清军300人，连同团勇壮丁，总计不过数千人。林凤祥、李开芳原以为可以迅速攻克怀庆，没想到屡攻不下，于是在城外建营立寨，一面阻援，一面攻城。清政府委派直隶总督讷尔经额为钦差大臣，会同山东巡抚李德，率领数万清军赶赴怀庆。北伐军围攻怀庆近两个月，未能攻下。9月1日，北伐军主动撤围，往西进发。9月2日，北伐军攻破济源。9月4日，北伐军走太行山小道，进入山西境内，连克垣曲、绛县、曲沃，于9月中旬进至平阳（今临汾）、洪洞一带，然后转而向东，途经屯留、潞城、黎城，再次进入河南，攻破涉县、武安。9月29日，北伐军从河南进入直隶境内，突袭军事重镇——临洺关，讷尔经额部清军溃败。临洺大胜后，北伐军连克沙河、任县、柏乡、赵州（今赵县）、栾城、晋州、深州。10月13日，北伐军进至距离保定60里的张登镇。

北伐军的胜利进军，使清廷满朝惊恐万分，京师震动，朝中大员家眷及官绅商民收拾家当，意欲出逃。咸丰皇帝急忙调兵遣将，加强北京防卫，改派清军将领胜保接替讷尔经额为钦差大臣，命令科尔沁郡王僧格林沁率蒙古骑兵固守涿州。1853年10月13日，胜保部清军抵达保定。北伐军由张登镇折回深州，稍事休整，欲乘虚夺取天津，继而进攻北京。10月22日，北伐军往东走，连破献县、沧州。10月29日，北伐军占领天津西南的静海县城和独流镇，先锋进至杨柳青。11月5日，胜保部清军进驻天津，僧格林沁部清军进驻天津西北的杨村（今武清），天津防御力量瞬间增强。北伐军占领天津的计划落空，分兵固守静海、杨柳青和独流三处，互为犄角。鉴于敌众我寡，林凤祥、李开芳报告天京，要求速派援军。

胜保和僧格林沁率清军合力围攻静海、独流，北伐军虽然顽强抵抗，但冬天来临，形势每况愈下。北伐军忍受着严寒和饥饿，坚持了百余天，弹尽粮绝，最终失守。1854年2月5日，北伐军突围往南走，次日抵达河间的东城镇。清军紧追不舍，将北伐军再次包围。3月7日，北伐军乘大雾再次突围，进至阜城。不久，北伐军又被清军包围。在和清军的战斗中，北伐军将领吉文元受伤牺牲，北伐军处境更加艰难。此时，北伐援军已过黄河，胜保部清军赶往山东堵截，北伐军压力减轻，在阜城坚守两月之久。

1854年2月4日，夏官副丞相曾立昌、冬官副丞相许宗扬率领北伐援军7500人，从安庆出发。3月上旬，北伐援军渡过黄河，进入山东境内，连克金乡、巨野、郓城、阳谷、莘县、冠县。3月31日，北伐援军逼近距离阜城仅100余公里的临清城下。4月12日，北伐援军攻克临清城，但随即被数万清军合围。4月23日，北伐援军放弃临清，向南退到李官庄、清水镇一带。4月27日，北伐援军向南退到冠县。在同清军的战斗中，北伐援军溃散失败。此后，太平天国加封秦日纲为燕王，率领第二次北伐援军，依然没有成功，至安徽舒城战败而折回。

1854年5月5日，北伐军由阜城突围往东走，占领东光县的连镇。清军当天赶到，又将北伐军包围。5月28日，李开芳率600精兵突围，意在接应北伐援军，却被清军包围在山东高唐。此后，北伐军被截断在两地，没有援军，只能依托战壕殊死抵抗。1855年3月7日，清军对林凤祥固守的连镇发动总攻，连镇的北伐军大部阵亡，林凤祥在战斗中身负重伤，被俘，押送北京。3月15日，林凤祥英勇牺牲，后被太平天国追封为"求王"。

李开芳率领北伐军坚守高唐，多次粉碎清军的进攻。1855年3月，僧格林沁选精兵8000余人，抵达高唐城外，围城清军增至2万余人。李开芳得知林凤祥部已覆没，孤军留在北方没有意义，决定突围南返。僧格林沁得知这一情报后，故意网开一面，诱使北伐军突围。3月17日，李开芳突围至茌平县的冯官屯。清军尾随跟至，再次包围北伐军。僧格林沁强迫大批民工，费时一个月，挖出了一条60公里长的水渠，引运河水到冯官屯，太平军粮草火药尽湿。5月31日，清军进攻冯官屯，北伐军粮弹俱尽，陷入绝境。5月28日，李开芳选派勇士130人诈降入清营，准备里应外合最后一搏，不料被僧格林沁识破。5月31日，仅存的北伐军突围失败，李开芳被清军俘获，押送北京。6月11日，李开芳英勇牺牲，后被太平天国追封为"靖王"。至此，北伐军全军覆没。

  北伐军及其援军的失败，是太平天国自金田起义以来遭到的最严重的挫折。北伐失败的原因有以下几点：一是太平天国占领南京不久，即派出2万余人孤军作战，深入清朝心腹，过于轻敌冒险；二是北伐军主要是步兵，不利于平原战，无法抵挡僧格林沁的蒙古骑兵；三是南北方语言有隔阂，北方人性格持重，北伐军渡过黄河后，附和者不多。四是后续援军派出过迟，且中途溃散，北伐军失去了突围南返的希望；五是北伐军中南方人居多，到达天津后已是隆冬，天气寒冷，战斗力下降。但是，北伐军在极端困难的条件下，坚持同数倍于己的清军英勇作战，可歌可泣，表现了大无畏的革命精神，在太平天国史上留下了极其悲壮的一页。北伐军沉重地打击了清朝统治，牵制了大量清兵，对南方太平军和北方捻军的斗争起到了支持作用。

## 二　西征

  太平天国在北伐的同时，分兵西征。西征志在夺取安庆、九江、武昌这三大军事据点，攻占两湖，西取巴蜀，控制长江中下游，以屏蔽天京。太平军从1853年5月誓师西征开始，到1856年4月石达开由江西率军回援天京为止，其过程大致可分胜利进军、被迫退却、转败为胜和乘胜反攻四个阶段。

1853年5月19日，春官正丞相胡以晃和夏官副丞相赖汉英，率领战船千余艘、士兵3万余人，由天京溯长江西征。西征军一开始进展极为顺利，首先占领安徽和州，继而攻克太平、池州。6月10日，西征军开始进攻长江北岸重镇安庆，安徽巡抚李嘉端奏请按察使张印塘、副将富忠等部清军守卫安庆。然而，西征军用兵神速，趁着清军还没有构筑防御体系，攻占安庆。此后，胡以晃坐镇安庆，遥控指挥西征战事。赖汉英连同检点曾天养、指挥林启容率西征军攻入江西。6月13日，西征军攻占彭泽，连克湖口、南康（今星子）、吴城镇。6月24日，西征军先锋抵达南昌城下。江西巡抚张芾率清军6000余人驻守南昌，湖北按察使江忠源率楚勇1300人疾驰增援，与张芾共同据城防守，焚烧城外民房，严阵以待。西征军进抵南昌外围后，稍事准备，即行攻城。7月9日，西征军挖地道埋火药，轰塌城墙，冲入缺口，因江忠源部楚勇在缺口处拼死堵击，未能攻入南昌城。7月28日，西征军再次轰塌城墙，发起冲锋，但又遭清军堵截，仍未攻入南昌城。8—9月，西征军先后攻占了南昌外围的丰城、瑞州（今高安）、饶州（今波阳）、乐平、景德镇等州县。9月24日，西征军兵分两路：一路由国宗石祥祯率领，西取湖北；一路由检点曾天养率领，并入胡以晃部，进攻皖北。9月25日，翼王石达开率兵6000余人到达安庆，接替胡以晃主持西征事宜。

1853年9月29日，石祥祯部西征军占领九江，留林启容率部分兵力驻守，主力继续西进。清军编造巨筏，上置火炮，横列江面，妄图阻止西征军船只西进。10月8日，西征军占领田家镇对岸的要隘半壁山。10月15日，西征军水陆并举，猛攻田家镇清军，半壁山上的大炮居高临下地轰击敌人，攻破田家镇。西征军乘胜连克湖北蕲州、黄州（今黄冈），直奔武汉。10月20日，西征军攻占汉口、汉阳。11月6日，西征军主动撤离汉口、汉阳，由石祥祯、韦志俊等率一部兵力留守黄州、蕲州，主力转向皖北。11月14日，胡以晃、曾天养部西征军占领桐城。11月29日，西征军攻克舒城，斩杀奉命督办安徽团练的清廷工部左侍郎吕贤基，直逼庐州。12月10日，新任安徽巡抚江忠源率兵2700余人进驻庐州，按照防守南昌的办法布置城守。12月12日，西征军进攻庐州，连攻数日。1854年1月14日，西征军攻入城内，与清军展开巷战。次日清晨，守城清军全部被歼灭，知府胡元炜投降，自广西起一直与太平军为敌的清军悍将江忠源投水自杀，后被清廷追赠总督，谥号"忠烈"。太平天国论功行赏，胡以晃获封护国侯，后进封豫王。

咸丰皇帝不满战事，责令清军反击。1854年1月29日，湖广总督吴文镕率兵7000进驻黄州以北二十余里的堵城，妄图攻占黄州。2月初，正值太平天国天历新年，黄州城内举行庆祝活动，吴文镕以为有机可乘，连续三次督兵进攻，但均未得逞。2月12日，黄州城内西征军全部出动，从正面猛攻清军，纵火焚烧清军营寨，清军大败，吴文镕被杀。西征军取得堵城大捷后，乘势沿江发动进攻。2月16日，西征军再次攻占汉口、汉阳。此后，西征军再次兵分南北两路，向鄂北和湖南进军。曾天养率领北路西征军1万余人，北上荆州；石祥祯率领南路西征军军2万余人，南下长沙。

1854年3—4月，北路西征军连克湖北孝感、云梦、安陆、随州、钟祥。5月2日，北路西征军攻破荆门，直趋荆州。荆州城内仅有清军2000人，奉调援鄂的王国才部清兵路过该地，暂时留下协防。北路西征军向荆州进逼时，荆州将军官文派王国才率清兵迎战。5月9日，双方战于龙会桥，北路西征军撤离，于5月18日攻占宜昌。5月27日，北路西征军撤离宜昌，攻克宜都、枝江，准备再攻荆州。6月8日，北路西征军在离府城（今安陆）数十里处遭王国才部清军堵截，不得不南下进入湖南境内，以便与南路西征军会师。

1854年2月27日，南路西征军占领岳州，3月4日占领湘阴，3

月7日占领靖港，3月11日占领宁乡。西征军继续南下，遭遇了曾国藩①及其湘军。1853年1月，时任礼部右侍郎的曾国藩因母亲去世回湖南湘乡"丁忧"②，因太平天国运动，奉命帮同湖南巡抚张亮基督办湖南团练。曾国藩看到八旗兵、绿营兵、地方团练都不是太平军的对手，决心组建一种新型军队——湘军。曾国藩以营为单位招兵，一开始招募了3个营的陆师，每营含360人。湘军后来逐渐扩充到13个营，各营人数扩充到500人。在组建陆师的同时，曾国藩还组建了10个营的水师。为了对抗太平军不怕死的"圣战"精神，湘军以同乡友情和伦常亲情为纽带，选将招兵按照同省同县的地域标准，鼓励亲朋好友一同入伍。湘军饷银自筹，任命自为，基本特点是"儒生领兵""兵为将有"。营官从读书人中挑选，传达命令，指挥作战；兵丁从朴实的农民中挑选，锤炼意志，奋勇杀敌。兵丁效忠营官，营官效忠曾国藩。湘军作为一支私家军队，涌现了骆秉章、胡林翼、左宗棠、曾国荃、刘坤一、李续宾等将领，不仅开创了近代军阀拥兵自重的先例，还表明清王朝已经衰朽到难以维护统一军权的地步。

自西征太平军进攻皖鄂以来，清廷屡次严令曾国藩率湘军抵抗。曾国藩以战船尚未办齐、火炮尚未收到为由，迟不应命。1854年年初，清廷催促曾国藩率湘军出兵抵抗，授权他无须受制北京而便宜行事。2月25日，曾国藩率全部湘军分水陆两路自衡州起程，开赴长沙。期间，曾国藩对太平天国发起舆论反击，攻击太平军"荼毒生灵"，发布《讨粤匪檄》。

---

① 曾国藩（1811—1872），汉族，湖南湘乡人，字伯涵，号涤生，是一位坚持信念、孜孜不倦的士大夫，官至直隶总督、武英殿大学士，加封一等毅勇侯，晚清"中兴四大名臣"之首，谥号"文正"。曾国藩以理学家自居，追求"内圣外王"和"立德立功立言"，但受时局和阶级局限，在1870年处理"天津教案"时，屈服法国人的无理要求，遭到朝野谴责，一时名誉扫地。

② "丁"是遭逢之意，"忧"是居丧之意。朝廷官员在任期间，如若父母去世，辞官回到祖籍，为父母守制27个月，是为"丁忧"。

## 第四章　内政外交金戈铁马

为传檄事。逆贼洪秀全、杨秀清称乱以来，于今五年矣。荼毒生灵数百余万，蹂躏州县五千余里。所过之境，船只无论大小，人民无论贫富，一概抢掠罄尽，寸草不留。其掳入贼中者，剥取衣服，搜刮银钱；银满五两而不献贼者，即行斩首。男子日给米一合，驱之临阵向前，驱之筑城浚壕。妇人日给米一合，驱之登陴守夜，驱之运米挑煤。妇女而不肯解脚者，则立斩其足以示众妇；船户而阴谋逃归者，则倒抬其尸以示众船。粤匪自处于安富尊荣，而视我两湖、三江被胁之人，曾犬豕牛马之不若。此其残忍惨酷，凡有血气者，未有闻之而不痛憾者也！

自唐虞三代以来，历世圣人，扶持名教，敦叙人伦，君臣父子，上下尊卑，秩然如冠履之不可倒置。粤匪窃外夷之绪，崇天主之教，自其伪君伪相，下逮兵卒贱役，皆以兄弟称之。谓惟天可称父，此外凡民之父，皆兄弟也；凡民之母，皆姊妹也。农不能自耕以纳赋，而谓田皆天王之田；商不能自贾以取息，而谓货皆天王之货；士不能诵孔子之经，而别有所谓耶苏（系为"耶稣"——引者注）之说、《新约》之书。举中国数千年礼义人伦、诗书典则，一旦扫地荡尽。此岂独我大清之变，乃开辟以来名教之奇变，我孔子、孟子之所痛哭于九原！凡读书识字者，又乌可袖手安坐，不思一为之所也！

……

本部堂德薄能鲜，独仗"忠信"二字为行军之本。上有日月，下有鬼神；明有浩浩长江之水，幽有前此殉难各忠臣烈士之魂，实鉴吾心，咸听吾言。檄到如律令，无忽！①

---

① 《曾国藩全集》第 14 册，岳麓书社 2011 年版，第 139—141 页。

1854年3月上旬，湘军自长沙奔赴靖港、乔口，阻截南路西征军。湘军作战勇敢，初生牛犊不怕虎，南路西征军难以抗衡，战斗失利。湘军陆续北上，南路西征军放弃岳州等地，自湖南撤回湖北。4月初，南路西征军加强兵力后，由湖北蒲圻方向重新进入湖南。4月7日，南路西征军复克岳州，乘胜占领乔口、靖港等地，逼近长沙。4月21日，南路西征军在靖港击败湘军水师。4月22日，南路西征军击败扼守宁乡的湘军，歼灭营官3人、勇丁500余名。4月24日，南路西征军占领了湘潭，对长沙湘军的后退之路构成严重威胁。4月25日，塔齐布率湘军赶到湘潭城外，猛烈攻城。面对湘军的疯狂进攻，南路西征军进行了顽强的抵抗，但由于孤立无援，渐呈难以抵御之势。4月27日，曾国藩派遣褚汝航率水师五营驰援湘潭，在湘江上与西征军水营展开激战。湘军水师凭借船炮的优势，往返冲击。由民船组建的西征军水营，难以抵挡湘军水师的进攻，伤亡逾千人。南路西征军连战失利，留下少量士兵守卫湘潭，主力向湘江上游转移。4月30日，南路西征军抵达下㵲司，被湘军水师追上，作战失利，欲折回湘潭。5月1日，湘军攻占湘潭，自下㵲司折回的南路西征军见城已失守，北返靖港。湘潭之战，西征军损失惨重，此为西征战场的第一个重要转折点。

1854年4月28日，曾国藩得知湘军在湘潭获胜，亲率水师五营、陆师800人，袭击靖港。湘军战船顺风闯入靖港，南路西征军从岸上猛烈炮击，湘军水勇不支，纷纷弃船上岸。坐镇白沙洲指挥的曾国藩，急率陆师向靖港方向增援，也被南路西征军击败。靖港一战，湘军战舰损失三分之一，枪炮损失四分之一。曾国藩羞愤交加，两次欲投水自杀，皆被随员救起，最后狼狈逃回长沙。南路西征军虽然取得靖港之战的胜利，但无法抵偿湘潭之战所遭受的损失。不久，湘军卷土重来，南路西征军节节后退，由进攻转入防御。5月4日，南路西征军自靖港等地退守岳州，后由林绍璋率部西向，连克湖南龙阳（今汉寿）、常德、桃源。6月中旬，林绍璋率领的南路西征军与曾天养率领的北路西征军在常德会师，乘船越过洞庭湖，回到岳州。6月26日，西征军攻克武昌。在攻城战斗中，年仅18岁的陈玉成率500壮士，奋勇当先，表现卓著，被提拔为殿右三十检点。

  与此同时，湘军经过休整补充后，战斗力得以恢复。1854年7月，曾国藩率湘军2万之众，自长沙北上，水陆并进，对太平军发动进攻。水路以褚汝航部进泊岳州南六十里的鹿角，堵截岳州西征军南进之路。陆路以塔齐布部为中路，由新墙直趋岳州；以胡林翼部为西路，由常德向北推进；以林源恩、江忠淑部为东路，出平江，取道通城、崇阳，直逼武昌。湘军以湖南为大后方，兵员、粮饷的筹集与供应事宜，均由湖南巡抚骆秉章及其幕僚左宗棠负责，基本上无后顾之忧。7月16日，塔齐布部湘军自新墙挺进，曾天养率西征军迎战不利，退守岳州。7月23日，西征军水师在洞庭湖一带遭湘军水师伏击。西征军水陆连败，形势十分不利。7月25日，西征军主动放弃岳州，退守岳州以北二十余里的城陵矶。8月8日，曾国藩派遣陈辉龙部水师自长沙进抵岳州。次日，陈辉龙部贸然进攻西征军，曾天养设计大败湘军，击毙陈辉龙，褚汝航率部救援，亦被西征军击毙。8月11日，曾天养率部由城陵矶登岸，遭遇塔齐布部湘军，曾天养为湘军所伤，落马牺牲。曾天养阵亡后，韦志俊率领西征军与湘军相持十余日，败多胜少。8月25日，西征军撤往武汉三镇（武昌、汉阳、汉口）。9月15日，湘军水师抵达武昌西南六十余里的金口。10月6日，湘军陆师抵达武昌南六十里的纸坊。曾国藩决定先以水师控制江面，隔断武昌与汉阳之间的联系，以陆师塔齐布部由纸坊进攻洪山，以罗泽南部由金口进攻武昌花园，以魁玉、杨昌泗部进攻汉阳。10月12日，曾国藩下令湘军向武汉发起总攻。次日，湘军水师直下武昌塘角等地，罗泽南部破坏武昌鲇鱼套附近的太平军营垒六座，魁玉、杨昌泗部捣毁太平军晴川阁木栅及龟山木垒，武汉三镇暴露在湘军的直接威胁之下。10月14日，西征军守将石凤魁、黄再兴决定放弃武汉。武汉地处天京上游，南控湘赣，北扼荆襄，它的失守，对西征战场的影响很大。湘军占领武汉后，继而攻克田家镇、半壁山，声名大噪。咸丰皇帝对此大感欣慰，授予曾国藩兵部侍郎头衔，这标志着清廷兵权开始从满人向汉人转移。

湘军乘胜挺进江西。1854年12月8日，彭玉麟率领湘军水师先锋进至九江江面。1855年1月2日，罗大纲率领西征军渡江，退守湖口。湖口位于鄱阳湖入长江口之东岸，依山傍水，形势险要。湖口之西对岸为梅家洲，再往西五十里，即为古城九江。与此同时，曾国藩由田家镇抵达九江城外，石达开、胡以晃自安庆抵达湖口，湘军和西征军的主帅都出现在赣北前线。石达开鉴于湘军气势正盛，水师更占优势，决定扼守要点，伺机歼敌。具体部署是：石达开坐镇湖口，罗大纲部守卫梅家洲，林启容部守卫九江。湘军为了集中力量进攻九江，加紧从长江北岸向南岸转移兵力。1月6日，塔齐布部从长江上游琵琶亭渡江，次日驻扎在九江南门外。1月8日，新任湖北按察使胡林翼率部赶至九江城外。次日，罗泽南部从长江下游白水港渡江。曾国藩又调来王国才部为预备队，为围攻九江做了严密部署。九江北枕长江，东北有老鹳塘、白水港，西南有甘棠湖，西有龙开河，湖汊纵横，东南多山，地势险要，易守难攻。1月14日，塔齐布、胡林翼率部重点进攻九江西门，三战皆败，死伤甚众。1月18日，曾国藩下令发起全面进攻，塔齐布部进攻西门，胡林翼部进攻南门，罗泽南部进攻东门，王国才部进攻九华门。西征军沉着应战，猛烈炮击。湘军冒死进攻，但仰攻不利，终未得逞。曾国藩轻取九江的计划宣告失败，开始另寻他路。曾国藩留下塔齐布部继续围攻九江，派遣胡林翼、罗泽南部进驻梅家洲南八里的盔山，企图先取梅家洲，占领九江外围的军事要点。梅家洲守将罗大纲命人高筑围墙，以逸待劳。1月23日，湘军向梅家洲发起进攻。西征军凭借工事奋勇抗击，毙敌数百人，击退了湘军。

由于湘军进攻九江和梅家洲不利，曾国藩决定改攻湖口，企图凭借水师优势，先击败鄱阳湖内的西征军水营，再攻九江。西征军水军与两岸路军互为犄角，严密封锁湖口，多次击退湘军水师的进犯。1855年1月29日，湘军水师营官萧捷三率轻舟百余艘，载精兵2000人，冲入鄱阳湖。石达开、罗大纲将计就计，令部下用大船载以沙石，凿沉水中，堵塞航道，仅在靠西岸处留一隘口。待湘军水师回驶湖口时，西征军已用船只搭起浮桥二道，联结垒卡，阻断出路。湘军水师遂被分割为二：轻舟陷于鄱阳湖内，笨重大船留于长江上。西征军水军乘此有利时机，晚上以小船数十只，围攻泊于长江内的湘军大船。西征军陆军数千人施放火箭，配合进攻。湘军大船因无小船护卫，难以抵御，结果被烧毁数十艘，其余败退。为了进一步打击湘军水师，林启容、罗大纲率轻舟百余艘，追击湘军水师，缴获了曾国藩的座船。曾国藩事先乘小船逃走，复欲投水寻死，被部将罗泽南劝止。湘军水师辎重丧失，曾国藩率残兵败将逃往南昌。西征军扭转了被动态势，打破了曾国藩"肃清江面，直捣金陵"的企图，湖口大捷成为西征战场的第二个转折点。

在有利的形势下，石达开率西征军发起反攻。1855年2月16日，秦日纲、陈玉成率部占领广济，连克蕲州、黄州。2月23日，西征军占领汉阳。2月25日，西征军占领兴国，连克通山、崇阳、咸宁。3月下旬，罗大纲率部占领江西饶州，与皖南西征军范汝杰部会合，进占徽州（今歙县）。此时，曾国藩的湘军被分割于五处：水师一部开赴武昌整修，水师一部泊在鄱阳湖；陆师一部驻守九江外围，陆师一部驻守湖口外围；陆师一部前往南昌。由于兵力分散，湘军被迫由进攻转入防御。4月3日，秦日纲、陈玉成部西征军再次攻克武昌。之后，西征军进入鄂北，连克安陆、云梦。6月10日，新任湖北巡抚胡林翼部反攻武昌，王国才部反攻汉阳。经过数月交战，西征军取胜。当西征军在湖北战场上捷报频传之际,活动于安徽、江西边境的西征军范汝杰部,连占安徽婺源、江西弋阳、兴安(今横峰)、上饶、玉山。7月18日,驻扎在南昌的罗泽南部湘军奉命援救武汉。

　　石达开见湘军全力救援武汉,江西兵力空虚,决定采用"围魏救赵"之计,进军曾国藩的南昌大营,以减轻湖北西征军的压力。1855年12月9日,石达开率军进入江西新昌(今宜丰),连占上高、瑞州、新喻(今新余)、峡江、樟树镇(今清江),逼近南昌。12月下旬,石达开率部进攻南昌周围各府县,先后占领新淦(今新干)、奉新、分宜、宜春、吉水、永丰等数十座城镇,西征战场上出现了一派大好形势。1856年春,南昌岌岌可危,曾国藩孤立无援,多次从梦中惊醒。正值西征军胜利反攻的大好时机,洪秀全、杨秀清从西征战场抽调大量兵力,石达开率部3万人回援天京,在湖北、江西战场停止了对敌人的进攻,从而给了曾国藩绝路逢生的机会。太平军的西征作战,至此告一段落。

　　太平军历时三年的西征,经过浴血奋战,在长江中下游取得了重大成就,占领了安徽、江西、湖北、江苏的部分地区。这不仅在军事上使天京有了可靠的屏障,而且在经济上保证了天京的粮食供应,为艰苦的革命斗争创造了一定的条件。然而,西征战线太长,西征军兵力过于分散,没有大量地歼灭敌人,湘军得以恢复发展,日后成为太平军的强敌。

## 三　东征

　　太平军的精锐部队分别调往北伐、西征战场,留守天京的兵力大为减弱,以致经常受到江北、江南大营清军的威胁。北伐军全军覆没,天京当局决定从西征前线抽调大军东征,意在打破江北、江南大营。整个作战过程大致分为打通天京与镇江的联系、攻破江北大营、攻破江南大营三个阶段。

1853年5月，清军就开始重兵围困太平天国的咽喉要地扬州和镇江，由于敌众我寡，太平军放弃扬州，专守镇江。1854年秋，琦善病死于扬州军中，清廷以江宁将军托明阿继任钦差大臣。1855年4月，江苏巡抚吉尔杭阿率清军进攻镇江。镇江驻有太平军近万人，守将为检点吴如孝，城内米粮、火药缺乏，形势十分严重。西征太平军调兵回援后，首先东援镇江。一部清兵驻于下蜀街，一部清军驻于高资，企图阻截援军。1856年2月1日，秦日纲、陈玉成、李秀成等率太平军，与清军连日接战，不分胜负。为了打破僵局，陈玉成率少数精兵于夜间乘小船，顺长江到达镇江，与吴如孝部太平军汇合。4月1日，秦日纲率太平军由仓头一带向东直进，清军迎战。李秀成率太平军从背后突袭清军。清军腹背受敌，惨败而逃。

1856年4月2日，吉尔杭阿派人向江北大营通报了太平军将渡江北上的情报，但未引起托明阿等的重视。当晚，秦日纲、陈玉成、李秀成等率大军渡江，到达瓜洲。4月3日，太平军对清军发起猛烈进攻，连破虹桥、朴树湾等清军营盘。清军望风披靡，争相逃命，溃散大半，托明阿逃奔三汊河。次日，太平军一鼓作气，在三汊河再次大败清军，连破敌营一百二十余座，托明阿逃往扬州东北的邵伯镇。4月5日，太平军乘扬州城防空虚，兵不血刃，复克扬州，一举摧毁了清军江北大营。

1856年6月1日，太平军大败清军，击毙吉尔杭阿。6月13日，秦日纲、陈玉成、李秀成率部返回天京东北的燕子矶，准备进入天京，但杨秀清严令三人攻破清军江南大营后方准入城。6月17日，秦日纲、陈玉成、李秀成率部自燕子矶进攻仙鹤门，向荣派清兵防堵，双方接战，胜负难分。与此同时，石达开率太平军先后占领安徽宁国府（今宣城）、芜湖、秣陵关，向荣派遣总兵张国梁率部前往迎战。石达开采取声东击西的战法，分兵南北两支。6月13日，北支太平军攻占溧水。6月18日，南支太平军赶到仙鹤门，先锋抵达紫金山东面的黄马群，切断了江南大营赴仙鹤门的必由之路。6月20日，各路太平军向仙鹤门发起总攻，连续攻占清军营寨二十余座，进而攻破清军江南大营。6月22日，向荣率残兵逃往丹阳，愤懑而死①。太平军瓦解了清军江北、江南大营，大大改善了天京的处境。

此次东征集中了太平军的主力，虽然取得了很大胜利，但从战争全局来看，时机的选择并不十分恰当。在西征军由节节退却转入胜利反攻的时候，洪秀全骤然将主力抽出，使湖北、江西战场的攻势戛然而止。纵观太平军的军事行动，北伐失败，精锐之师全军覆没；西征胜多败少，但没有歼灭敌人的有生力量，湘军不久卷土重来；东征取得全胜，但实际效果一般，清军不久重建江北、江南大营。军事战略上的失策犹可挽回，但太平天国领导集团的内讧却是致命之害。

---

① 另有"自缢"一说，参见《忠王李秀成自述》，载罗尔纲选注《太平天国诗文选》，中华书局1960年版，第125页。

## 第五章　天京内讧折兵损将

拜上帝教要求人们清心寡欲，相亲相爱，死后升入天堂，但无人晓得天堂的妙处，即使天王洪秀全、"代天父传言"东王杨秀清也不例外，他们纵情于物质享受，醉心于权力争斗。为了推翻清朝，"开创新朝"，洪秀全、杨秀清都在革命斗争中立下了丰功伟绩，显示了自己光辉的风采。然而，定都天京后，花柳繁华之地和温柔富贵之乡助长了太平天国领导层的尊荣享乐意识。随着革命形势的发展，太平天国领导层之间矛盾激化，酿成了天京内讧，即"天京事变"，洪秀全、杨秀清由光辉的顶峰迅速跌落至悲凉的低谷，动摇了太平军的革命信仰，给太平天国带来了极其严重的后果。

### 第一节　权力结构矛盾

在太平天国运动中，领导集团内部既有团结又有矛盾，最大的矛盾是教权和皇权之争。如前所述，在冯云山被捕和洪秀全离开广西期间，拜上帝教众一时失去重心，有人退缩，有人动摇。面对这种危机局面，杨秀清"代天父传言"，萧朝贵"代天兄传言"，澄清了许多混乱的思想，坚定了教众的信念，避免了拜上帝会的瓦解。迫于形势的需要，洪秀全公开承认了杨秀清"代天父传言"、萧朝贵"代天兄传言"的权利，杨、萧二人在宗教地位上取得了凌驾于洪秀全之上的权威。洪秀全把韦昌辉、石达开拉入上帝大家庭,在永安分封东、西、南、北、翼五王。"政权要继续存在下去,就需要有一种在共同事业中形成的兄弟情谊,以煞住诸王之间的不和。但是兄弟情谊不久都被东王杨秀清的无情野心所毁。1853年在定都天京时,他那已经巨大的权势由于冯云山和萧朝贵都在战斗中死去而更形膨胀。"① 冯云山是洪秀全的坚定支持者和坚决维护者,他的离世对洪秀全的核心地位是一次巨大冲击。萧朝贵"代天兄传言"和杨秀清"代天父传言"相得益彰,互相制衡,萧朝贵战死后,太平天国的权力逐渐汇集于杨秀清手中,形成了太平天国中期权力结构(见图5-1)。

从金田起义到定都天京期间,太平军频繁作战,杨秀清表现了出色的军事才能,为了更好地发挥他的作用,洪秀全将"一切军务皆委之,任其裁决"。杨秀清成为仅次于洪秀全的首领,洪秀全基本没有干涉和破坏杨秀清的行动。凡是杨秀清有军务议定奏上,洪秀全无不准许。如果说洪秀全是太平天国的理论家,那么杨秀清则是太平天国的实践者,是太平军的真正指挥者。正是因为杨秀清的乾纲独断,太平军在清军的重重围堵下一次又一次化险为夷。在永安处理周锡能案时,杨秀清借宗教的威慑力量,为军民重新树立了信心。如果没有杨秀清的行政才干和集权本领,太平天国运动不可能取得如此大的成就。定都天京后,洪秀全"务求享作皇帝的福,对于政事则不放在心上。宫廷的建筑,宫女的征选,金银的聚敛,官制宫制的规定,这些事情是太平天王所最注意的"。② 杨秀清掌握着太平天国一切军政大权,东殿尚书侯谦芳等人参与谋划,太平天国凡事必须禀告东王府,杨秀清批准后才可以行之。杨秀清不断加强自己的地位,拥有了"劝慰师""圣神风""禾乃师""赎病主"等一系列神圣的宗教头衔。

---

① [美]费正清、刘广京编:《剑桥中国晚清史》上卷,厉以平译,中国社会科学出版社1985年版,第286页。

② 蒋廷黻:《中国近代史》,武汉出版社2012年版,第47页。

## 第五章 天京内讧折兵损将

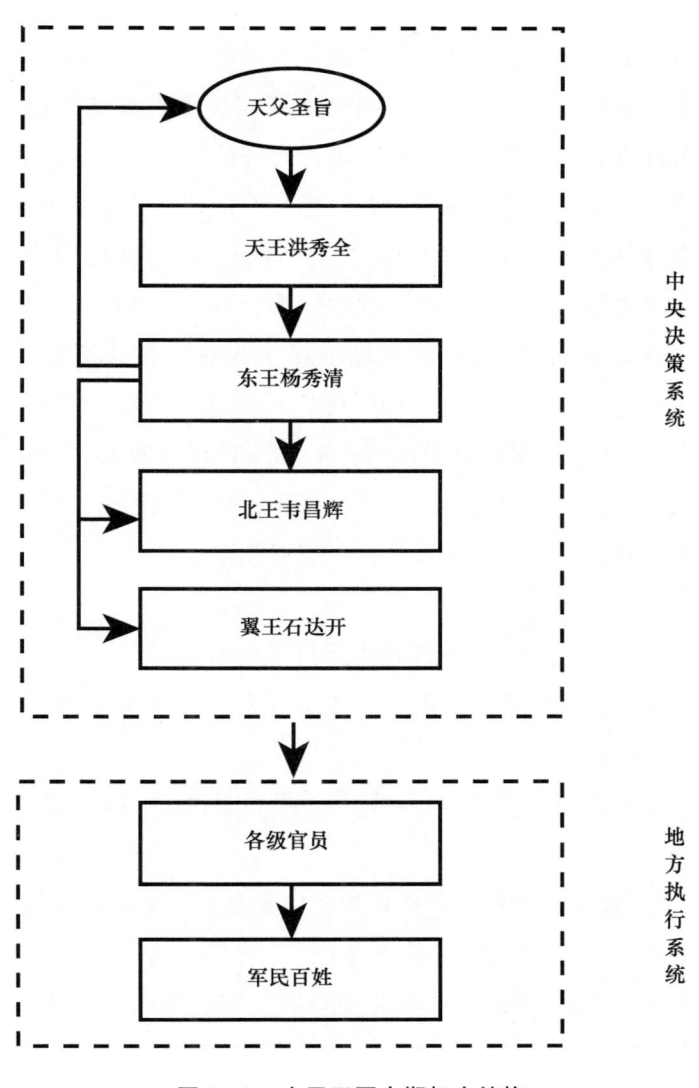

```
中央决策系统:
  天父圣旨
    ↓
  天王洪秀全
    ↓
  东王杨秀清
    ↓
  北王韦昌辉
    ↓
  翼王石达开

地方执行系统:
  各级官员
    ↓
  军民百姓
```

图 5-1 太平天国中期权力结构

杨秀清大权在握，高高在上，对韦昌辉、石达开、秦日纲等人颐指气使、盛气凌人。"东王自己威风张扬，不知自忌，一朝之大，是首一人。"① 韦昌辉的部下张子朋因争夺船只，殴打水营士兵，杨秀清得知后，下令杖责张子朋、韦昌辉。韦昌辉的哥哥与杨秀清的妾兄争夺房屋，杨秀清大怒，欲杀韦昌辉的哥哥，故意发交韦昌辉议罪，以试探韦昌辉。韦昌辉为求自保，迫于杨秀清的压力，提议将自己的哥哥五马分尸。杨秀清猜忌石达开，担心石达开在安徽独大，屡次调动军队以分其兵权。石达开的岳父、夏官正丞相黄玉昆因秉公执法，不从杨秀清之意，被杖刑三百。地位仅次于石达开的燕王（后改称或降职为"顶天燕"）秦日纲在西征战场上失利，杨秀清将其关押在牢，革职查办，"纲无桥过，奴其三载"②。《忠王李秀成自述》写道："韦昌辉与石达开、秦日纲是大齐一心在家计议起首共事之人，后东王威逼太过，此三人积怨于心，口顺而心怒。"③ 北王、翼王及高级将领尚且如此，一般中下级官员就可想而知了。

## 甲寅四年正月二十七日

天父圣旨谕曰："正小，达小，先锁起黄玉昆来。"两人奏曰："遵旨。"

天父又曰："锁起陈承瑢、蒙得恩来。"两人遵旨，锁好覆旨。

天父又曰："再锁起卢贤拔、陈宗扬来，手脚均须拷好。"两人奏曰："小子遵旨。求天父宽心。"

天父又曰："命杨长妹将谢满妹、胡九妹锁起，手脚缚好。"女传亦奏曰："请求天父宽心。小女谨遵圣旨。"④

---

① 《忠王李秀成自述》，载罗尔纲选注《太平天国诗文选》，中华书局1960年版，第116页。

② 王庆成编注：《天父天兄圣旨》，辽宁人民出版社1986年版，第112页。

③ 《忠王李秀成自述》，载罗尔纲选注《太平天国诗文选》，中华书局1960年版，第116页。

④ 王庆成编注：《天父天兄圣旨》，辽宁人民出版社1986年版，第104—105页。

## 第五章　天京内讧折兵损将

### 己荣五年六月二十八日夜

天父因东王金体违和，东府理事官黄仕珍等怠慢东王，罪不容赦。爰劳心下凡，降圣旨曰："锁起仆射黄仕珍、参护萧志胜来，并锁李寿春、曾水源起来。"

众小子遵天父圣旨。锁毕，伊四人即跪在天父面前听天父圣旨。

天父曰："尔仆射，尔今日食何饭？理何事？东王今日金体不安，皆因代世赎病，乃拿尔等世人，脱鬼转天，以致如此辛劳，如此操劳。尔为仆射者，职司服事，职司奔走。乃尔东王命尔去传王宗，亲带灵丹到府，尔胆敢不去，重重贻误，实属罪该万死。"

其时，仆射黄仕珍自知死罪有余，无言可答。天父即命押仆射黄仕珍出府前，斩首示众。①

### 己荣五年八月十七日

天父因秦日纲革职之后，尚知愧厉，亦既除却奴名，即可复还原职。惟林启荣、朱文逛、曾添浩、骆潮杰等，以及有私自过营之汪庚扬、胆敢留宿之张有珍，其罪均难赦宥。爰于是早降托梦诏于东王。圣旨恩复秦日纲原职。黜林启荣、朱文光、曾添浩、骆潮杰四名为奴。

又圣旨曰："弓长暨汪者，非徒也，无草这，奴其也。"

诏毕，天父回天矣。②

---

① 王庆成编注：《天父天兄圣旨》，辽宁人民出版社1986年版，第114—115页。
② 王庆成编注：《天父天兄圣旨》，辽宁人民出版社1986年版，第121页。

杨秀清"代天父传言",掌握生杀予夺之权。《天父圣旨》记述了很多太平军将士被诛、受罚或"为奴"的事例,其中曾水源一案曲折乖离,显示了杨秀清的任意妄为和处罚严厉。杨秀清一夜两次"代天父传言",翻旧账,查新账,定死罪。

### 己荣五年六月二十八日夜

天父曰:"曾水源,尔前年曾犯过欺禾不禀之罪,尔知么?"

曾水源奏曰:"小子无用,肚肠浅嫩,触怒东王。知过了,罪该万死。前蒙天父大开天恩,赦小子死罪矣。"

天父曰:"尔既知得前时之错,于今两次矣。"

……

天父回天矣。

未几,天父又复下凡。即降圣旨,传带三犯到天父面前。

三犯既到,天父审问曰:"曾水源,尔在府门,尔见女官如何仓卒,尔知么?女官又如何说话,尔曾听闻否?一一奏明。"

曾水源奏曰:"小子其时实见女官极为仓卒。只因小子瞒昧至极,见女官如此仓卒,心飞胆怯,因是束手无策。"

天父曰:"女官曾讲过:'东王若升天,尔们为官的都难了。'此句话尔听闻么?"

曾水源奏曰:"此句话,小子曾听闻女官讲过矣。"

天父曰:"尔听闻此话,尔尚置若罔闻,尔罪无可辞矣。"[1]

通过上述对话可知,曾水源有两款罪名。一是曾水源的弟弟逃跑,曾水源"欺禾不禀之罪","禾"就是禾乃,即杨秀清。此为曾水源前年所犯之罪,杨秀清早已赦免其死罪,黜为奴。二是杨秀清生

---

[1] 王庆成编注:《天父天兄圣旨》,辽宁人民出版社1986年版,第115—116页。

病时,有女官说出"东王若升天,尔们为官的都难了"一番话,曾水源"置若罔闻"。旧账和新账一起算,"即行押出斩首示众"。① 即使两款罪名相加,曾水源也罪不至死,是为冤案。② 曾水源是金田起义的元勋,曾任天官又正丞相,后升至天官正丞相。杨秀清即席处决曾水源,都未知会和请示洪秀全,自然会招致众怒。杨秀清不把洪秀全放在眼里,多次假借"天父下凡",对洪秀全及其妻赖氏招之即来。

### 己荣五年七月十九日夜三更时候

天父复又下凡。

韦正翼王登令典天炮官,放无数圣炮。又发令典天锣、天鼓官,金锣金鼓齐鸣。众小子皆跪在地上,恭迎天父圣驾。其时,夜静更深,朝门已闭。

天王在朝闻得,知是东王登朝,天父下凡,因命女官速开朝门,恭迎天父。又闻传奏进殿。其时,天王心甚急迫,骤欲到天父面前,跪聆圣旨。奈因天朝朝门紧闭数重,实难骤开。

天父大发义怒,诏曰:"咁久还不开朝门?真是该打!"

其时,天王刚到,见天父大怒,跪奏曰:"求天父恩赦小子迟延之罪。"

天父曰:"全,你既知错,可以宽恕。"

天父曰:"朕圣旨教导尔等众小。尔侍卫及东殿尚书众小等,急将朕天父圣驾迎进金龙殿,恭听朕天父教导。"

于是众小谨慎遵圣旨,将东王金舆迎至金龙殿前。

……

---

① 王庆成编注:《天父天兄圣旨》,辽宁人民出版社1986年版,第116页。
② 杨秀清死后,洪仁玕主持朝政,重修曾水源墓。罗尔纲认为这表明太平天国对曾水源冤案的平反。

天父诏正宫娘娘至前

天父诏曰:"赖媳,到天父面前来。"

天父称赞曰:"赖媳,算尔晓得时时虔敬天父,晓得敬夫主。其余众媳,当教则教,当打则打,不可枉打。如有奸草者,当奏则奏,放胆奏,亦不可枉奏。"

天父又吩咐曰:"全宫及清等内殿一切事宜,即俱要选老成淑女为娘娘、王娘掌理内务,以为内助。尔们思之,朕回天矣。"①

杨秀清兴师动众,发号施令,一是宣布"对出言触怒尔东王"的黄期升等人革职,仍理原事;二是宣诏正宫娘娘赖氏,告知整顿后宫之道。这样的说教既不十万火急,又不事关重大,杨秀清却选在三更半夜,把人从床上叫起来,此举无疑把洪秀全等众人玩弄于股掌之上。一个月后,杨秀清再次"代天父传言",直接干涉洪秀全家事,小题大做,批评和教育洪秀全。

### 己荣五年八月二十六日

至半街,天父下凡。

斯时,众官不敢乘马,各徒步恭迎金舆。

至天朝门,天王出朝门,跪接天父。

天王问曰:"天父劳心下凡来?"

天父曰:"是也。"

天父诏曰:"朕有诏吩咐尔。"

舆进。以是众臣扶天王转朝内。众官抬金舆,入至金龙殿,放下金舆。众官扶天父出金舆,登金龙殿。

---

① 王庆成编注:《天父天兄圣旨》,辽宁人民出版社1986年版,第119—120页。

天父诏曰:"不用等殿,在舆内即可矣。"

天父在舆内诏曰:"秀全,尔前诏有错,尔知么?"

天王跪奏曰:"小子肚肠嫩,求天父教导。"

天父诏曰:"昔尔在高天,奉事父母甚孝敬。昔尔既知之矣。今朕差尔治天下,以孝道为先。宫内事不必拘执。媳来候母,孝敬之道也。尔诏'天朝严肃地,速来速回',何必如是过执乎?礼不可忽,孝尤为先。不观第五天条乎?凡事尔若想不到,宜与尔清弟商酌为可。又如帽顶一事,亦是小事,如此亦可亦,不必过执也。"①

拜上帝教是洪秀全所创,他对"代天父传言"的奥妙一清二楚。洪秀全有时候明知受辱,仍表现或伪装出一种毕恭毕敬的虔诚姿态,这是何等的忍耐力!虽然"天父下凡"被杨秀清糟蹋到庸俗的地步,已经失去了它本来的意义和作用,但洪秀全出于大局的考虑,仍然遵从杨秀清口中发出的"天父"之言,"宜享天福,是事皆不过问,权柄应诿于军师便宜行事"②,"僻处深宫,从不出户,人罕识其面"③。然而,集军政大权于一身的杨秀清没有正确认识到洪秀全对他的信任和谦让,而是把"天父下凡"玩得登峰造极,把自己的优越地位及洪秀全的宽容看成篡位夺权的有利条件,处心积虑地要把洪秀全取而代之。

首先,贪天功为己有。太平军将士浴血奋战,取得了军事、政治的胜利成果。杨秀清为了凸显自己,在东王府科举考试时,竟把"四海之内有东王"作为考题;指使部属写出"参拜天父永为我父,护

---

① 王庆成编注:《天父天兄圣旨》,辽宁人民出版社1986年版,第122页。
② 中国史学会主编:《中国近代史资料丛刊:太平天国》第4卷,神州国光社1952年版,第611页。
③ 中国史学会主编:《中国近代史资料丛刊:太平天国》第3卷,神州国光社1952年版,第45页。

卫东王早做人王"的对联，贴在衙门的大门上。其次，严格控制洪秀全。在拜上帝教中，代天父传言是极其严肃的活动，杨秀清最初代天父传言时比较慎重。在定都天京后，杨秀清将代天父下凡的活动庸俗化，经常针对洪秀全。即使责罚女官、教育幼主这类事情，杨秀清也要代天父传言，加以干涉。杨秀清代天父传言时，洪秀全要跪在他脚下，接受"天父"对他的说教和指责。最后，严密监视洪秀全。洪秀全在天王府规定："外言永不准入，内言永不准出。今凡后宫，臣下宜谨慎，总称娘娘。后宫姓名位次永不准臣称及谈及，臣上有称及谈及后宫名次者，斩不赦也。后宫面永不准臣下见，臣下宜低头垂眼，臣下有敢起眼窥看后宫面者斩不赦也。后宫声永不准臣下传，臣下女官有敢传后宫言语出外者斩不赦也。臣下话永不准传入，臣下话有敢传入者传递人斩不赦，某臣下斩不赦也。"① 规定如此严格，但杨秀清却能及时掌握诸如洪秀全杖责女官、用"靴头击踢"后宫之类的详情细节，甚至当面告诉洪秀全对罪人的处理"恐其中有些不明不白之冤"②。

　　太平天国是政教合一的政体，在政治上，天王洪秀全称"万岁"，东王杨秀清称"九千岁"，杨秀清与洪秀全有君臣之分；在宗教上，洪秀全是上帝的次子，杨秀清是天父的代言人，这就使得杨秀清俨然是太平天国的最高权威。太平天国最高领导权的二元化奇特现象，同中国封建专制主义的"天无二日，民无二主"，截然对立。这种二元结构在太平天国起义时期和定都南京的过程中起到了积极的主导性作用，但随着革命事业的推进，潜在的矛盾会爆发出来。从历史的经验来看，二元结构最终将无一例外地向一元结构回归，主要有三种方

---

① 中国史学会主编：《中国近代史资料丛刊：太平天国》第1卷，神州国光社1952年版，第69页。

② 中国史学会主编：《中国近代史资料丛刊：太平天国》第1卷，神州国光社1952年版，第34页。

式：一是"和平辅佐过渡"式，周公辅佐成王，诸葛亮辅佐刘禅，权臣在完成辅佐任务后主动让位，这要求僭主有对君主的绝对忠诚；二是"血腥宫廷政变"式，崇祯帝铲除魏忠贤，康熙帝铲除鳌拜，铲除君主身边的僭主，这要求臣民普遍地忠于君主、憎恨僭主；三是"僭主改朝换代"式，盛行于魏晋南北朝时期，曹丕废汉立魏，司马炎废魏立晋，刘裕废晋立宋，萧道成废宋立齐，萧衍废齐立梁。

在"天京内讧"前，太平天国的权力结构表现为杨秀清的僭主政治，杨秀清家族成员和东王府心腹人员掌握军政大权，并监视洪秀全一举一动。然而，杨秀清僭主政治体系存在漏洞，杨秀清过于迷信自己的权威，在具体施政中缺乏必要的弹性，无形中增加了政治风险。此外，杨秀清虽然严密监控洪秀全，但他难以阻止韦昌辉、石达开的秘密谋划，"北王与翼王二人密议独杀东一人"①，清朝情报机构也做出了"杨贼与昌辉互相猜忌，似不久必有并吞之事"②的预测。拜上帝教教规和太平天国王权的冲突潜伏着危机，杨秀清权力欲望极度膨胀，与洪秀全、韦昌辉和石达开的矛盾日益激化。风起于青萍之末，这是天京内讧的预兆。

## 第二节 东王身首异处

1856年太平军打破清军江北、江南大营后，天京暂时安全了。太平天国控制的其他地区战火不断，封建统治势力虽然受到很大打击，但远没有被彻底摧毁，清廷所在的北京稳如泰山，曾国藩的湘军伺机反扑。这就要求太平天国的领导集团紧密团结，齐心协力，认真

---

① 《忠王李秀成自述》，载罗尔纲选注《太平天国诗文选》，中华书局1960年版，第116页。

② 中国史学会主编：《中国近代史资料丛刊：太平天国》第3卷，神州国光社1952年版，第48页。

分析形势，总结经验教训，重新部署力量，以争取更大的胜利。然而，杨秀清陶醉于"丰功伟绩"，野心膨胀，对洪秀全、韦昌辉等人的态度愈加恶化。杨秀清的自负是他的政治生命迅速终结的催化剂，作茧自缚，引发了太平天国大家庭的分裂危机。

在《天父圣旨》中，杨秀清最后三次"代天父传言"，大多数内容是对他人的责罚。丙辰六年（1856年）三月初五日，杨秀清"代天父传言"，下令杖打韦昌辉40棍，"尔韦正过者何？伊虽尽子道，乃天情之理有些不明。不明者何？朕下凡，有时免响金锣鼓乐圣炮，伊则未出令传齐子女，宣明道理，报本酬恩。此伊不明，有些错也"①。韦昌辉的地位仅次于杨秀清，在杨秀清面前表现得十分恭敬，竟然还会遭到杖打。丙辰六年六月初九日，杨秀清"代天父传言"，处分了6个人，其中洪秀全的次兄洪仁达被"锁押东牢"②。杨秀清基本上掌握了太平天国的行政管理权和军事指挥权，在太平天国的地位堪比洪秀全。杨秀清本应知趣，适可而止，但他欲壑难填，上演了最后一次"代天父传言"。

## 丙辰六年七月初九日早

  天父劳心下凡。

  诏曰："秦日纲帮妖，陈承瑢帮妖，放烧烧朕城了矣，未有救矣。"

  午时，天王御驾至九重天府（系为"东王府"——引者注）。

  天父复劳心下凡，降圣旨云："朝内诸臣不得力，未齐敬拜帝真神。"

---

① 王庆成编注：《天父天兄圣旨》，辽宁人民出版社1986年版，第127—128页。
② 王庆成编注：《天父天兄圣旨》，辽宁人民出版社1986年版，第128页。

诏毕，天父回天。①

此次"代天父传言"虽寥寥数语，却富有深意。顶天燕秦日纲、佐天侯陈承瑢是太平天国的高级将领，后者还被杨秀清引为心腹，为何"帮妖""放烧烧朕城"呢？第一种解释，这是宗教的语言，不得而知；第二种解释，这是杨秀清打压秦日纲、陈承瑢二人的手段。②杨秀清借天父之口说"朝内诸臣不得力，未齐敬拜帝真神"，不知这句话是否意味着有相当多的人对杨秀清"敢怒敢言"，但这句话无疑把相当多的人推向了杨秀清的对立面。此外，"天王御驾至九重天府"发生了什么事呢？《天父圣旨》没有记述天父和天王有何对话，但这是该时日天王去东王府的唯一官方记述。倘若把该时日与《金陵杂记》和《金陵省难纪略》联系起来，可以推测出"逼封万岁"之事。

按照杨秀清的思路，洪秀全尽管不具体处理军国大事，却保留着"旨准"的最后决定权，占有着"天王万岁"独一无二的尊号；杨秀清即使集军政大权于一身，在确定"宫殿服饰""铨选"官吏等重大问题上还必须奏请天王"旨准"；在尊号上，他只是九千岁，永远不能和洪秀全并立。杨秀清深知天父是假的，洪秀全是真的，只有洪秀全的"万岁"才有实际意义，于是上演了一出"逼封万岁"的场景。

咸丰六年秋，东贼杨秀清欲夺洪秀全伪位，先将洪党分调出城，遂私刻太平天国真命主杨秀清伪戳。于七月间假托天父下凡，传洪逆之子，不至。洪自往焉。入东巢，杨踞坐不起，云天父在此，洪逆即跪。杨逆假天父语问洪逆云：尔打江山数载，多

---

① 王庆成编注：《天父天兄圣旨》，辽宁人民出版社1986年版，第128页。
② 第三种解释，这是洪秀全篡改或者杜撰的内容。现存的《天父圣旨》是在杨秀清、韦昌辉、秦日纲、陈承瑢被杀后汇编而成。

亏何人？答云：四弟。杨云：尔既知之当何以报？答以愿即加封。随出向众党云：嗣后均宜称东王为万岁，其二子亦称万岁。①

一日，诡为天父下凡，召洪贼至，谓曰："尔与东王均为我子，东王有咁大功劳，何止称九千岁？"洪贼曰："东王打江山，亦当是万岁。"又曰："东世子岂止是千岁？"洪贼曰："东王既万岁，世子亦便是万岁，且世代皆万岁。"东贼伪为天父喜而曰："我回天矣。"②

上述材料见于《金陵杂记》和《金陵省难纪略》，分别为涤浮道人和张汝南所著，二人当时生活在天京，虽然站在太平天国的对立面，但记述之事极为可信。《忠王李秀成自述》写道："因东王天王实信，权托太重过度，要逼天王封其万岁。那时权柄皆在东王一人手上，不得不封，逼天王亲到东王府封其万岁。"③杨秀清的野心昭然若揭，意在夺取最高统治宝座。韦昌辉对此"不服"，请求洪秀全诛杀杨秀清，洪秀全犹豫不决。

洪秀全是在金田起义前就被人们共同拥戴的领袖，建都南京后仍享有很高的威望。就当时的历史条件和客观情况而言，洪秀全没有做破坏太平天国团结的事情。为了维护太平天国领导者的内部团结，尤其是为了保持他与杨秀清的亲密关系，洪秀全已经做出最大努力，却没有收获最好结果，这不得不归咎于封建主义思想束缚。在长期的封建社会中，地主阶级和农民阶级都认为皇帝的地位、权力至高至大，只有当上皇帝才能获得最大的权和利，才能凌驾于社会之上。皇帝宝

---

① 中国史学会主编：《中国近代史资料丛刊：太平天国》第4卷，神州国光社1952年版，第640页。

② 中国史学会主编：《中国近代史资料丛刊：太平天国》第4卷，神州国光社1952年版，第703页。

③ 《忠王李秀成自述》，载罗尔纲选注《太平天国诗文选》，中华书局1960年版，第116页。

座不仅是地主贵族的奋斗目标,而且是农民领袖的理想追求。在中国的历史上,为了争夺王位,父子反目,兄弟相残。太平天国设有天王,没有皇帝,但天王等同于皇帝,这吸引着杨秀清,他必倾全力以取之,"其意欲仿古之奸权,万一事成则杀之自取"①。对于杨秀清篡权的阴谋,洪秀全竭力保卫万岁宝座,一方面在天王府外"所筑土城上密布枪炮",加强防御力量;另一方面仗着"天王"称号的威力,任凭风浪起,静观事态的发展。洪秀全因不堪杨秀清变本加厉凌辱自己,欲诛杀杨秀清,但需等待时机。首义五王,只余东、北、翼三王,洪秀全欲解决羽翼丰满的杨秀清,以三敌一,方有胜算。在诛杀杨秀清的事情上,洪秀全、韦昌辉、石达开心心相印,三者"密议"②,迈出了"诛杨"行动的关键一步。

  杨秀清以西征战场紧急为由,命令韦昌辉和石达开赴前线督军,韦昌辉前往江西,石达开奔赴湖北。杨秀清见时机成熟,准备上演一幕杀害洪秀全及其近卫侍从的好戏。1856年7月,陈承瑢向洪秀全告密,说杨秀清有弑君篡位之企图。洪秀全惊慌不已,立即密诏在江西督师的韦昌辉、在湖北督师的石达开和在江苏督师的秦日纲归诛杨秀清。9月1日,韦昌辉率3000精兵火速赶回天京,当夜在城外与秦日纲会合,陈承瑢开城门接应。次日凌晨,韦昌辉、秦日纲、陈承瑢率众军突袭东王府,成功诛杀杨秀清,欢呼之声喧腾上下。当杨秀清被诛杀的消息传开后,四面八方的民众齐声发出的欢呼之声响彻云霄,在许多地区连续不断的回荡。

  韦昌辉率部大肆逮捕东王府将士及其家属,意在斩草除根。对此,洪秀全坚决反对,提出天父有好生之德,要求宽恕东王府的臣

---

  ① 中国史学会主编:《中国近代史资料丛刊:太平天国》第3卷,神州国光社1952年版,第46页。
  ② 参见刘晨《从密议、密函到明诏:天京事变爆发的复杂酝酿》,《史林》2017年第3期。

民。韦昌辉认为洪秀全沽名钓誉，担心东王府死党复仇，不顾洪秀全的反对，执意屠杀东王府"文武大小男女"，甚至连婴儿都未能幸免。面对血腥屠杀，东王余部奋起自卫，鱼死网破，2万多人死于非命，尸体顺着秦淮河水漂往城外。杨秀清的义弟杨辅清因为在江西带兵，躲过一劫。罗尔纲指出："同这样大规模地消灭太平天国革命骨干，是清朝统治者在战场上无法做得到的，而今竟由昌辉的一双血手来达到了。"① 读史至此，往往使人扼腕叹息。

## 第三节 北王五马分尸

韦昌辉出身于富裕之家，有钱无势，经常受到豪强地主的欺压和官府的勒索。为了改变韦家的处境，韦昌辉贡献全部家产，加入了拜上帝教，成为拜上帝会的领导核心。韦昌辉善于察言观色，在谋求权力的路上隐忍腹黑。一方面，韦昌辉伪装对洪秀全的钟爱，使洪秀全认为他是"爱兄之心诚"，取得天王的信任；另一面，韦昌辉对杨秀清施以谄媚，使东王"威风张扬，不知自忌"，解除了对他的戒备。面对杨秀清的篡权行为，韦昌辉抓住机会，杀死杨秀清，企图总揽太平天国的军政大权。

1856年9月中旬，同授密诏的石达开从湖北前线赶回天京。在这之前，"翼与北王密议，杀东一人，杀其兄弟三人，除此以外，俱不得多杀"②。石达开目睹天京的惨相，怒不可遏，斥责韦昌辉妄杀无辜，倘若敌人知道此事，乘机进犯，必有危险。石达开表现出了农民阶级领袖的气度，请求洪秀全制止韦昌辉的残暴行径，"计及免杀之

---

① 罗尔纲：《太平天国史》第3卷，中华书局2009年版，第1809页。
② 《忠王李秀成自述》，载罗尔纲选注《太平天国诗文选》，中华书局1960年版，第116页。

事,不意北王顿起他心,又要将翼王杀害"①。

石达开见机不好,趁着夜色逃离天京。随后,韦昌辉率众屠杀了石达开留在天京的一家老小和王府部属,并派秦日纲部追赶石达开。韦昌辉假传圣旨,下令捉拿石达开。石达开文武兼备,性格温和,在太平军中甚有威信。石达开到达安庆后,起兵讨伐韦昌辉,以肃清君侧。石达开上奏洪秀全,要求诛杀韦昌辉,"如不得其头,即班师回朝攻灭天京"。

韦昌辉灭绝人性的大屠杀,使天京惨无天日,激起军民的义愤。1856年10月初,石达开大兵压境,韦昌辉孤立无援,情急之下,举兵围攻天王府,妄图加害洪秀全,夺取太平天国最高统治权。10月5日,洪秀全团结朝臣,为杨秀清平反②,下诏诛杀韦昌辉。天京内外军民,经过两日交战,剿灭叛军,逮捕韦昌辉。人人撕咬韦昌辉之肉以泄恨,洪秀全下令褫夺韦昌辉所有封号,斥之"北奸",将他五马分尸,挂在天京城内各处示众。洪秀全把韦昌辉的首级专程送给石达开,"翼王亲看,果然不差"③。人心大快,举国欢胜。11月1日,参与屠杀东王府的秦日纲、陈承瑢被处死,部下多死于非命。

"在这个屠场上,贪欲和偏执狂使太平军运动原来理想的任何残迹都已澌灭无余。"④ 关于韦昌辉,学术界争议很大。罗尔纲认为他是隐藏在太平天国革命队伍里面的阶级异分子,有些言过其实。准确地说,他是犯有自相残杀错误的农民阶级领导者。以天京内讧为界,

---

① 《忠王李秀成自述》,载罗尔纲选注《太平天国诗文选》,中华书局1960年版,第116页。

② 东王被杀的日子是太平天国丙辰六年七月二十七日,太平天国规定这一天为东升节以纪念东王。太平天国保留了杨秀清一切封号,洪秀全在内外文书中,一如既往,充分肯定和高度赞扬杨秀清。

③ 《忠王李秀成自述》,载罗尔纲选注《太平天国诗文选》,中华书局1960年版,第116页。

④ [美]费正清、刘广京编:《剑桥中国晚清史》上卷,厉以平译,中国社会科学出版社1985年版,第287页。

分前后两个阶段来评价韦昌辉。天京内讧前，韦昌辉在革命生涯中有功；天京内讧中，韦昌辉要负相当责任。综合来看，韦昌辉对于太平天国功不抵罪。

## 第四节　翼王负气出走

1856年11月28日，石达开回到天京辅政，"众人欢说"①。洪秀全顺应民意，封石达开为"电师通军主将义王"。石达开智勇双全，精于谋略，善于用兵。李秀成称石达开为太平天国第一人才，曾国藩直言"以石为最谲"。为了稳定时局，石达开谋划长远，攻守兼施。他指令太平军，一方面坚守九江以下长江水路，坚守江西；另一方面在大别山区发动进攻，连克野城、六安、正阳关、霍邱。1857年夏，太平军把战线推至湖北的黄梅、广济、蕲州一带，大有重夺武昌之势。

太平天国的形势向好，石达开威望越来越高。洪秀全心中不悦，担心石达开成为第二个杨秀清，威胁到自己的统治地位。于是，洪秀全封自己长兄洪仁发为安王，次兄洪仁达为福王，借以牵制石达开。《忠王李秀成自述》写道："主用二人，朝中之人甚不欢悦。此人又无才情，又无算计，一味固执，认实天情，与我天王一般之意见不差，押制翼王，是以翼王与安、福王三人结怨。"② 李秀成为此进谏洪秀全："恳我主择才而用，定制恤民，申严法令，肃正朝纲，明正赏罚，依古制而惠四方，求主礼而恤下，宽刑以待万方，轻世人粮税，仍重用于翼王，不用于安、福王。"③ 但洪秀全不听劝谏，执意

---

①《忠王李秀成自述》，载罗尔纲选注《太平天国诗文选》，中华书局1960年版，第116页。

②《忠王李秀成自述》，载罗尔纲选注《太平天国诗文选》，中华书局1960年版，第117页。

③《忠王李秀成自述》，载罗尔纲选注《太平天国诗文选》，中华书局1960年版，第121页。

妄为。

1857年6月，石达开一气之下，率十余万太平军精锐部队远征，誓不回去。得知此事，洪秀全心中大慌，撤去洪仁发、洪仁达的爵位，派人送去"义王"金牌，却被石达开拒绝。石达开理应从大局出发，返回天京，与洪秀全同心协力，共挽危局；即使暂不回朝，亦可协助陈玉成解天京上游之危。但是，石达开难以信任洪秀全，全然不顾，率部由铜陵渡江后，回到安庆，途中发布文告：

> 为沥剖血陈，谆谕众军民。自愧无才智，天恩愧荷深。唯矢忠真志，区区一片心，上可对皇天，下可质世人。去岁遭祸乱，狼狈回天京，自谓此愚衷，定蒙圣鉴明；乃事有不然，诏旨降频仍，重重生疑忌，一笔难尽陈。疑多将图害，百喙难分清。唯是用奋勉，出师再表真。力酬上帝德，勉报主恩仁。唯期成功后，予志复归林。为此行谆谕，众军民，依然守本分，各自立功名，或随本主将，亦一样立勋，一统太平日，各邀天恩荣。①

在文告结尾，石达开仍署"太平天国丁巳七年"字样，但不过是藕断丝连、破镜重圆。石达开对于洪秀全，既非叛逆，又非忠顺，不君不臣，不复相见。1857年10月5日，石达开部太平军从安庆出发，经过建德进入江西，开始了他的不归之路。石达开在景德镇会集各部，分路南进，经乐平、万年。10月21日，石达开率部占领安仁。11月10日，石达开欲联合杨辅清部太平军，未果。在临江、吉安，石达开部出师不利。1858年春，石达开进军浙江，连克江山、衢州、常山、开化、遂昌、处州（今丽水）、缙云、永康、武义、云和等州县，控制了浙江西南大片地区。7月14日，石达开率部翻越仙霞岭，

---

① 太平天国历史博物馆编：《太平天国文书汇编》，中华书局1979年版，第93—94页。

南趋福建。8月中旬，石达开与杨辅清部太平军在福建浦城会师。不久，杨辅清部太平军返回江西，取道皖南回援天京。石达开部太平军继续南进，相继占领建阳、邵武、汀州（今长汀）。10月18日，石达开率部进入江西，占领瑞金。

1859年1月，石达开部太平军攻克江西的南安、崇义。虽然石达开部太平军征战看似顺利，但孤军作战是兵家之大忌。作为太平天国的著名战将，石达开没有友军的密切配合，成了流寇式的草莽英雄。2月初，石达开率部进入湖南境内。3月，石达开占领桂阳（今汝城），乘胜连克兴宁（今资兴）、宜章、郴州、桂阳、嘉禾，意在取道湘西进军四川。在进攻衡州（今衡阳市）时，石达开部太平军遭到湘军的防堵，途经宁远北上。4月6日，石达开率部围攻永州府（今零陵），连战失利，被迫撤围，兵分两路直奔湘南重镇宝庆（今邵阳）。1859年5月，石达开率军进攻宝庆，被湘军阻截而遭到重大挫败。由于缺少稳定的后方，石达开部太平军气势下降，战斗力大不如前，纵然10万之众，但胜少败多。

1859年夏，石达开率部绕道回到广西，先后占领兴安、义宁（今灵川西）、永福等地，沿途扩充，兵力增至20万人。10月15日，石达开率部占领庆远，在此停留八个月之多。

### 白龙洞题壁诗

  太平天国庚申拾年师驻庆远，时于季春，予以政暇，偕诸大员巡视芳郊。山川竞秀，草木争妍。登兹古洞，诗列琳琅，韵著风雅，旋见粉墙刘云青句，寓意高超，出词英俊，颇有斥佛息邪之概，予甚嘉之。爰命将其诗句勒石，以为世迷信仙佛者警。予与诸员亦就原韵立赋数章，俱刊诸石，以志游览云。

  挺身登峻岭，举目照遥空。
  毁佛崇天帝，移民复古风。

## 第五章 天京内讧折兵损将

临军称将勇，玩洞羡诗雄。

剑气冲星斗，文光射日虹。①

庆远一带是人口稀少的贫瘠山区，太平军久驻于此，军需给养不足，军心涣散。1860年1月，傅忠信、谭体元率部分太平军出走，离桂返粤。1860年3月，石达开部太平军进攻百色失利，损失惨重。大败之后，石达开遭遇到太平军信任危机，部分将士要求离开。同年秋，彭大顺、童容海、朱衣点、吉庆元率数万大军东归天京，严重削弱了石达开部太平军的力量。面对众叛亲离，良将精兵尽去，石达开无可奈何，一度产生隐退之心。

为了开创新的局面，石达开严肃军纪，提振士气，重新打出远征四川的旗号。1861年秋，石达开率部离开广西，北上湖南，伺机进入四川。10月下旬，石达开率部占领绥宁，连克靖州、会同、沅州（今芷江）、泸溪、永绥（今花垣）。1862年春，石达开率部攻克来凤、石柱、涪州（今涪陵）。6月初，太平军占领四川长宁。清廷责令四川总督骆秉章部严密堵剿，增派湖广总督官文部、湖北巡抚严树森部、湖南巡抚毛鸿宾部，企图将石达开一举歼灭于湘鄂川黔边界。各部清军赶到，石达开被迫退入云南境内。

1863年春，石达开兵分三路进攻四川，一路由赖裕新率1万人直奔宁远（今西昌），一路由李福猷率3万人由贵州绕入四川，一路由石达开领部从昭通府的米粮坝抢渡金沙江。赖裕新出师不利，在越巂厅中州坝战死。李福猷遇阻，自贵州折返。5月14日，石达开率部来到紫打地（今安顺场），前有大渡河，左有松林河，右临老鸦漩。太平军准备渡河时，石达开有一位"王娘"生下一子，他下令部队

---

① 石达开：《白龙洞题壁诗》，载罗尔纲选注《太平天国诗文选》，中华书局1960年版，第196页。

在河边休整庆祝。次日早晨，大渡河上游山洪暴发，河水暴涨，难以渡过。不久，骆秉章率清军赶至，把太平军团团包围。太平军进退不得，石达开率部冒死突围。大渡河水，一时尽赤。清军与当地土司兵人多势众，石达开部太平军越杀越少，最终剩下的数千人被围在老鸦漩，弹尽粮绝，英雄末路。

石达开大义凛然，决心牺牲自己的性命保全余部，他携部下曾仕和、黄再忠、韦普成和幼子石定忠赴清军大营。在清军大营，骆秉章以为石达开前来投降，但石达开绝口不言降字，表示但求一死，保全余部。骆秉章答应石达开，太平军缴械不杀，量材擢用。1863年6月27日，清军把石达开押至成都审判，石达开临危不惧，英勇无畏，后被凌迟处死，年仅32岁。清军背信弃义，屠杀了已经缴械的太平军余部，石达开部太平军至此全军覆没。① 石达开智勇双全，却没有认清反动力量的凶残面目；石达开害了自己，也害了太平军。石达开文韬武略，却走上了分裂革命力量的路线；石达开没有成就自己，也没有成就太平天国。

太平军首义五王，不复存在。南王、西王先后在蓑衣渡口和长沙城外战死。清军用兵数年，耗财千万，屡施奸计，终不能伤害东王、北王和翼王。由于天京内讧，洪秀全"帮助"清军了结了此三王。天京内讧瓦解了太平天国的领导核心，削弱了革命力量，动摇了军民信仰，给太平天国带来了极其严重的后果。一方面，作为天父代言人的杨秀清被杀，忠诚的信仰变得可笑，狂热的情感变得冷淡。最初用来发动太平天国革命和维护军民团结的宗教理论宣告破产，用以鼓舞人们为之奋斗的精神武器已然崩溃。天京内讧前，太平天国内部由于有共同的信仰，士气旺盛，战斗力强；天京内讧后，原来的信仰在

---

① 数十年以后，中国工农红军长征来到安顺场，蒋介石扬言"大渡河是太平天国石达开大军覆灭之地"。红军克服重重困难，在当地群众的帮助下，成功抢渡大渡河，在中国革命史上写下了光辉的篇章。于是，安顺场以"翼王悲剧地，红军胜利场"而闻名于世。

天国子民的心目中黯然失色,出现了"政涣人散,外合内离"的局面。民间开始传唱歌谣:天父杀天兄,江山打不通;长毛非正统,依旧让咸丰。另一方面,东王北王丧命,翼王负气出走,从根本上改变了太平军与清军的原有力量对比和态势。天京内讧使清军赢得喘息之机,得以重新纠集武装力量发起对太平天国的攻击。内讧前,东线太平军准备攻取苏州、常熟,西线太平军正在南昌、武昌与湘军激战。内讧后,东线太平军屡战屡败,扬州、镇江相继失守,西线太平军在江西、湖北的城池多为湘军夺取,安徽的庐州和宁国先后失守。这种急转直下的军事形势,使太平军陷于左支右绌、难以应付的境地。《忠王李秀成自述》写道:"杨辅清已在福建,韦志俊避逼林泉,林绍璋因在湘潭失军革职闲居,林启容被困于九江,黄文金在湖口有清军制困,张潮爵、陈得才孤守皖省无兵,陈玉成那时虽旺而官亦小,斯时其在小孤山、华阳镇一带。那时国内纷张乱政,独有蒙得恩、李春发二人不能为事,有安、福王押制不能,此八年(系为"1858年"——引者注)之间也。"①

"天京事变"是导致太平天国失败的一个重要原因,亦是太平天国由盛而衰的转折点。悲剧是将有价值的东西毁灭给人看,每览太平天国运动史,不禁感到痛心。政治家梁启超指出:所谓太平天国,所谓四海兄弟,所谓平和博爱,所谓平等自由,皆不过外面之假名。革命家恽代英指出:太平天国是领袖的结合,不是主义的结合,只是"感情"的结合,而"感情"是靠不住的。史学家陈致平指出:洪秀全等人,起自草莽,既缺乏政治学术,又不能罗致政治人才辅弼,而始终建立不起一个健全合理的政治组织。还有人指出:与平常人交往,共享乐易,共患难难;与天子交往,共患难易,共享乐难。不同

---

① 《忠王李秀成自述》,载罗尔纲选注《太平天国诗文选》,中华书局1960年版,第126页。

的观点，有其道理也有失偏颇。

毫无疑问，太平天国领导人对于天京内讧有着不可推卸的责任。洪秀全深居王府，不理政事，沉迷宗教，大权旁落，领导无方；杨秀清飞扬跋扈，野心太大，逼封万岁，意在篡位，咎由自取；韦昌辉阴柔奸险，居心叵测，血洗天京，实属叛乱，罪有应得；石达开才堪此大任，但遭猜疑，不顾大局，分裂出走，危害革命。事实上，太平天国运动出现和发展，以洪秀全为首的首义诸王，都有重大的贡献，但是把这种贡献归功于任何个人身上，都是不符合唯物史观和历史事实；天京内讧出现和发展，洪秀全、杨秀清、韦昌辉、石达开都有各自的责任，但是把这种责任归咎于任何个人身上，都不能揭示问题的根源。天京内讧是大平天国政权逐渐封建化和伴随这种封建化而来的太平天国领导人思想逐渐蜕化的必然结果，正如恩格斯所言："历史是这样创造的：最终的结果总是从许多单个的意志的相互冲突中产生出来的，而其中每一个意志，又是由于许多特殊的生活条件，才成为它所成为的那样。这样就有无数互相交错的力量，有无数个力的平行四边形，由此就产生出一个合力，即历史结果，而这个结果又可以看作一个作为整体的、不自觉地和不自主地起着作用的力量的产物。"①

历史的发展是必然性和偶然性的统一，天京内讧表面上是无数的单个愿望和单个行动的结果，"在表面上是偶然性在起作用的地方，这种偶然性始终是受内部的隐藏着的规律支配的，而问题只是在于发现这些规律"②。天京内讧出现和发展，除了个人的主观原因之外，还有深刻的社会原因和阶级原因。天京内讧展示了封建迷信、绝对君权、争权夺利、分崩离析的画面，揭示了缺乏无产阶级及其政党领导的农民阶级，即使掀起翻天覆地的狂风巨浪，也不能荡涤自身的污泥

---

① 《马克思恩格斯选集》第4卷，人民出版社2012年版，第605页。
② 《马克思恩格斯选集》第4卷，人民出版社2012年版，第254页。

浊水，难以避免自相残杀的悲剧，更谈不上对本阶级的彻底解放。

太平天国内讧让清廷上下为之欢呼雀跃，咸丰皇帝号召三军"乘其内乱，次第削平"。太平天国虽处于十分严酷的形势之下，但还没有发展到迅速崩溃的地步。第一，当时全国仍处在革命高潮之中，各族人民反清斗争的空前高涨，客观上支援了太平天国运动。1853年，上海小刀会首领刘丽川率众起义，占领了宝山、南汇、川沙、青浦等地，建号"大明"，后上书洪秀全，奉行太平天国法令。1854年，广西南宁天地会首领胡有禄、朱洪英率起义军，占领灌阳，建号"升平天国"。1853—1858年，福建同安小刀会首领黄位率众起义，连克漳州、厦门等地，建立政权，以"天德"为年号。1854—1861年，广东佛山天地会首领陈开、李文茂率众起义，攻克浔州，建号"大成国"。1854—1863年，广东三水天地会首领率众起义，建立了以怀集为中心的根据地。1855年，安徽亳州捻军首领张洛行率众起义，自称"大汉明王"，后接受太平天国封号。1856年，江西南康天地会首领廖际湘、江西建昌边钱会首领林双桂率众起义，后加入太平军。此外，张秀眉在贵州台拱率苗族民众起义，姜应芳在贵州天柱率侗族民众起义，潘新简在贵州九阡率水族民众起义，杜文秀在云南大理率回族民众起义，李文学在云南哀牢山率彝族民众起义，反对地主豪绅，对抗清军。

第二，英国与法国趁太平天国运动之际，为了在中国攫取更多的殖民特权，以亚罗号事件①和马神甫事件②为借口，悍然发动第二次

---

① "亚罗号"是一艘走私的中国船，曾在香港注册，但已过期。1856年10月，广州水师登船逮捕了几名海盗和涉嫌船员。英国驻广州领事巴夏礼在英国驻华公使包令的指示下，抗议中国兵勇侮辱船上的英国国旗，要求释放被捕者并公开道歉。两广总督叶名琛先是严词驳斥，后下令释放了被捕者，但拒绝道歉。10月23日，英驻华海军借此扩大事端，悍然向广州发动进攻，第二次鸦片战争爆发。

② 法国基督教神甫马赖非法潜入中国广西西林县，披着宗教外衣，进行侵略活动。1856年，西林知县张鸣凤根据村民控呈，调查据实后，将马赖逮捕归案，依法处决。为了换取英国支持法国在越南的"自由活动"，取得基督教在中国"自由传教"的保证，法国政府委派葛罗为全权公使，1857年联合英国出兵侵华。

鸦片战争。1856年12月，英军进犯广州。次年，英法联军攻陷广州。1858年5月，英法舰队在美、俄两国支持下袭击大沽口，进犯天津。清政府虽然实行妥协求和政策，但不得不分兵应战，相应减轻了太平军的压力。清政府派桂良为钦差大臣，与英法美俄四国代表议和，分别签订《天津条约》，允许外国公使进驻北京，增开南京、汉口、九江等九个通商口岸，外国兵船可以在通商口岸停泊，外国商船可以在长江各口岸往来。1859年6月，英法美三国公使率舰队到达天津大沽口外，清政府要求三国公使从北塘登陆，由清军保护到北京换约，但英法两国无礼拒绝，战火复燃。1860年8月，英法联军进占天津。10月18日，英法联军进占北京，在城郊烧杀抢掠，抢劫焚毁圆明园。清政府派奕䜣为全权大臣，与英法两国代表议和，分别签订《北京条约》，开天津为商埠，割九龙司地方一区给英国。俄国趁火打劫，胁迫清政府签订《瑷珲条约》和《北京条约》，割走了中国140多万平方公里的土地。在第二次鸦片战争期间，咸丰皇帝仓皇逃往热河（今承德），于1861年8月22日（咸丰十一年七月十五日）病逝，终其一朝，未能覆灭太平天国。

第三，石达开率太平军远征，吸引了相当数量的清军，在一定程度上减轻了天京的压力。1858年5月，石达开率部由江西东入浙江时，清廷误以为石达开部太平军包抄苏常而回援天京，命令曾国藩率湘军奔赴浙江。石达开部太平军转战福建、江西、湖南、广西、贵州、云南、四川等地，牵制和削弱了相当数量的清军。

第四，年轻将领陈玉成、李秀成率太平军英勇抗敌，稳住了太平天国的局势。1857年1月，陈玉成部占领无为、巢县，转攻庐江。2月下旬，李秀成部固守桐城，陈玉成部与之协同，夹攻桐城外围之敌。《忠王李秀成自述》中说："那时在桐城，命便持文前往宁国，求救于陈玉成。当即准请,当即来解桐城之围,移军来救桐城之困。"① 3月初,李秀成率太平军占领六安,北上与张洛行的捻军会师。《忠王李秀成自述》写道:"国中无人,经朝臣查选,查得十八指挥陈玉成、二十指挥李秀成、赞天安蒙得恩、侍天福李世贤这班人出来助国。此时翼王在安省远去,幸我招张乐行(系为"张洛行"——引者注)、龚得树这班人马,声称百万之众。"② 此后,捻军接受太平天国的领导,改换太平天国旗帜,张洛行受封为"征北主将",率捻军进攻淮河中游的清军。陈玉成部转战湖北,阻止湘军进犯;李秀成部挥师南下,肃清天京外围清军。

## 忠王李书致

征北主将张洛行弟青及:

缘兄与弟迢迢相隔,未克聚首一堂,共晤兵机,诚令兄有渭北江天之感。但兄客岁奉旨南征,在芜屯扎,其时韩绣峰弟由北抵芜,云称弟困凤阳,请兄分兵往救。兄因京围在急,而力难兼顾,故未统师前来。

迨后骇闻江北圣营失利,即于今春兴师进剿,幸赖天威主福,自攻克清弋、广德、四安、武康、杭州各省郡,复行顺扫临安、孝丰,而仍回广德,与各大队进取建平、溧阳、东坝、高淳、句容、溧水等县。后即分途进剿,乃于三月二十七日将京外长城妖穴扫荡一空,而九洑洲妖艇,亦于其时相率潜遁,南北两岸通行,京围立解。窃思京都地临大江南北,原有金城汤池之固,然必铲平南方妖穴,方可永莫磐石之安。故今拟定指日率师

---

① 《忠王李秀成自述》,载罗尔纲选注《太平天国诗文选》,中华书局1960年版,第119页。
② 《忠王李秀成自述》,载罗尔纲选注《太平天国诗文选》,中华书局1960年版,第120页。

下扫苏、杭、常、镇，翼图开疆拓土，而寰宇肃清。

　　第兄与弟天各一方，未稔北路军情近来若何？虽前曾闻贵队收复清江，军威大震，而究中心摇摇，悬念不置。是以特命平西主将吴定彩、前军主将吴如孝两弟统师前来往援，以修旧好，惟望弟须念该主将北道生疏，祁即时赐南针，俾得有所遵循，庶不致贻阃外之羞耳。谨此布达，余不多叙。并候戎佳，不一。

　　太平天国庚申十年四月初三日①

---

① 李秀成：《致征北主将张洛行书》，载罗尔纲选注《太平天国诗文选》，中华书局1960年版，第65—66页。

# 第六章　革新内政回光返照

天京内讧后，太平天国不但折兵损将，元气大伤，而且失去了一度集于中央的权威，扬州、镇江等天京外围的重要城市被清军占领。清朝钦差大臣德兴阿率军重建江北大营，以浦口、江浦之间的陡冈、安定桥、小店（今永宁镇）一带为重点，分驻于西至江浦石碛桥（今桥林）、高旺，东至瓜洲、三汊河，北至来安、施官集的广大地区内，绵延二百余里。清朝钦差大臣和春率军重建江南大营，设大营于沧波、高桥两门之间。相比太平军的军事危机，太平天国的离心离德更为致命。为了应对日益严峻的军事形势和迅速蔓延的信仰危机，洪秀全亟须重建权力中枢，改革内政，收拾旧日山河。

## 第一节　重建权力中枢

太平天国的教权与皇权合二为一，天王洪秀全掌握宗教大权，东王和西王的继承人幼东王和幼西王没有代天父、天兄传言的特权；天王府成为皇权所在地，各部门分理朝政，对洪秀全负责。虽然洪秀全颠覆了杨秀清的僭主政治，但他不具备治国理政之才。韦昌辉和秦日纲被杀，胡以晃病逝，"那时朝中无将，国内无人，翼王将天朝之兵尽行带去"①。石达开的出走不仅是太平天国军政实力的损失,更是对洪秀全权威的否定。"人心改变,政事不一,各有一心。"② 鉴于杨秀清专权的先例,洪秀全已经不再信任由一位有实力的大臣主持朝政。洪秀全试图建立一个平衡的协调框架,一个可以由自己操纵的决策集体,以代替杨秀清的僭主政治。

洪秀全任命"开国功勋"蒙得恩、陈玉成、李秀成分别为"正掌率""又正掌率""副掌率"。蒙得恩(1806—1861),广西平南人,早年参加拜上帝会,后来跟随太平天国参加了金田起义,善于逢迎,深得洪秀全宠信,"永不出京门"③。陈玉成(1837—1862),广西藤县人,自幼父母双亡,跟随叔父陈承瑢参加了金田起义,后随军西征,骁勇善战,富有谋略。天京内讧后,陈玉成成为太平军最杰出的将领。李秀成(1823—1864),广西藤县人,金田起义后参加太平军。《忠王李秀成自述》写道:"自幼生在广西梧州府藤县宁风乡五十七都长恭里新旺村人氏。父李世高,独生李秀成、弟李明成二人。家母陆氏。在家孤寒无食,种地耕山,帮工就食,守分安贫。自幼时,八、九、十岁之间,随舅父读书,家贫不能多读,帮工各塾,具一周知。来在天朝,蒙师教训,可悉天文。"④ 陈玉成和李秀成幼年便已相识,参加太平军后,二人关系更加亲密。《忠王李秀成自述》中说:"陈玉成在家与其至好,上下屋之不远,旧日深交,来在天朝,更宜深友。"⑤ 天京内讧后,陈玉成和李秀成领导太平军,密切配合,

---

① 《忠王李秀成自述》,载罗尔纲选注《太平天国诗文选》,中华书局1960年版,第126页。

② 《忠王李秀成自述》,载罗尔纲选注《太平天国诗文选》,中华书局1960年版,第120页。

③ 《忠王李秀成自述》,载罗尔纲选注《太平天国诗文选》,中华书局1960年版,第120页。

④ 《忠王李秀成自述》,载罗尔纲选注《太平天国诗文选》,中华书局1960年版,第117页。

⑤ 《忠王李秀成自述》,载罗尔纲选注《太平天国诗文选》,中华书局1960年版,第119页。

骁勇善战，成为太平天国后期的卓越将领。李秀成利用主政的机会举荐堂弟李世贤，把李秀成率领的部分兵马交给李世贤指挥，驻扎在皖南黄池、湾沚一带。李秀成和李世贤的兵马南北呼应，共同维护天京外围城防。

1858年7月，洪秀全恢复了早期"五军主将"制度，加封蒙得恩为中军主将，陈玉成为前军主将，李秀成为后军主将，李世贤为左军主将，韦志俊①为右军主将，初步形成了太平天国后期的权力结构。"五军主将"制度充分照顾了太平天国的各方利益，不仅使中央决策系统与军事任务相嫁接，还给了地方实力派一定权力，对于团结松散力量与振奋人心士气十分有益。不久，杨辅清率部从福建返回江西，取道皖南回援天京，洪秀全大为高兴。杨辅清接替蒙得恩为中军主将，跻身权力中枢。在天京内讧后的两年时间里，新的权力中枢暂时稳定了天京政局和军事形势，太平天国"稍可自立"。然而，蒙得恩的平庸和李秀成的张扬，让洪秀全心生忧虑。

1858年11月，英国侵华军总司令额尔金率舰队沿长江从上海向上流航行，途径南京江面，太平军炮击额尔金舰队，额尔金下令英舰报复，猛烈发炮，摧毁了太平军的炮台。太平军统帅见识到英舰如此厉害，以误会而道歉，请求英舰协助去摧毁清军水师。额尔金率英舰到达武汉，拜会了清廷官员。英舰东返途径南京，洪秀全向额尔金发布诏书，以不规范的七言律诗的形式，简述了拜上帝教和太平天国基本情况、洪秀全为天父之子和天兄之弟的身份以及各种圣旨和梦境应验之事。

---

① 韦志俊资历老，在太平军西征战场上多有成功。天京内讧后，韦志俊作为韦昌辉的弟弟，不免受到连累，遭到太平军部分将领的敌视。1859年9月，韦志俊率部叛变，投降清军。

天父上帝真上帝,天兄耶稣真天兄,爷哥带朕坐天国,扫灭邪神赐光荣,西洋番弟听朕诏,同顶爷哥灭臭虫。万事爷哥朕作主,弟们踊跃建万功。朕前游行粤东省,礼拜堂诏罗孝全,那时朕诏上过天,天父、天兄托大权,于今孝全曾到否?到则上朝共朕言。朕乃上帝第二子,哥暨东王同胞连。同敬天父同一家,地下太平早既言。天国迩来今既来,西洋番弟把心开。朕前上天见爷排,万国扶朕在天台。爷排定定今来到,替力出力该又该,替爷替哥杀妖魔,报爷生养战胜回。朕立幼主继耶稣,双承哥联坐天都,幼主一半耶稣子,一半朕子迓天麻,代代幼主上帝子,双承哥朕一统书。西洋番弟朝上主,朕意爷哥使然乎!①

洪秀全为何主动联系额尔金,称其为"番弟"?一方面,洪秀全认为额尔金是1848年萧朝贵"代天兄传言"提到的"番郭亦有一个军师","姓蔡"②。洪秀全在写给额尔金的诏书中,"额尔金的中文姓迁就诗的格律,写成'籁'而非'蔡'"③。另一方面,洪秀全采用宗教的话语,利用上帝的情结,希望拉拢额尔金,帮助太平军"灭臭虫""杀妖魔",罗尔纲称之为"分化外国侵略者"。不过,洪秀全的心愿和努力没有得到回应,额尔金认为洪秀全写给他的诏书是"奇怪的文件",散发着某种狂热和宗教神学。对于"于今孝全曾到否"的问题,额尔金不知如何回答——丈二和尚摸不着头脑。额尔金没有答复洪秀全,也没有进入天京,他派英舰随员登岸拜会太平天国官员,申明英国舰队会往返于长江一带,要求太平天国勿予拦阻。太平天国官员没有表示异议,之前傲慢的态度有了很大改变。"这些态度的变

---

① 洪秀全:《赐西洋番弟诏》,载罗尔纲选注《太平天国诗文选》,中华书局1960年版,第26页。
② 王庆成编注:《天父天兄圣旨》,辽宁人民出版社1986年版,第5页。
③ [美]史景迁:《太平天国》,朱庆葆等译,广西师范大学出版社2011年版,第338页。

化，是由于他们与外国接触渐多———大批大批的将士曾络绎不绝地登上外国军舰参观，开始知道外国并非'蕞尔小邦'；同时又引'番弟'为同道的缘故。"①

番弟走了，族弟来了，洪秀全又惊又喜。1859年4月，洪仁玕来到天京。作为洪秀全的族弟，洪仁玕早年加入拜上帝教。金田起义爆发后，官兵到广东花县搜捕拜上帝会员和洪秀全的族人，洪仁玕决定前往广西投奔洪秀全。《干王洪仁玕自述》写道："到浔州府，寓于古城侯姓之家四十余日，不能追随我主天王，不遇而回。"② 洪仁玕有家不能回，为了躲避官兵搜捕，逃到香港，跟随外国传教士，并正式受洗入教。洪仁玕虽然身在香港，但心中念念不忘革命事业。他曾经多次离港，寻找太平军，未能成功。在得知太平天国定都天京后，洪仁玕惊喜万分。1854年，洪仁玕像罗孝全一样先到上海，但无法穿过清军防线，洋人也不愿意送他到天京。洪仁玕求助上海小刀会，但小刀会不相信他是洪秀全的族弟。洪仁玕进入一家外国学堂里学习"天文历数"，由于前往天京的希望渺茫，他在当年冬天选择离开。洪仁玕从上海乘坐"火轮船"，只用了4天就到了香港，诗情大发：

船帆如箭斗狂涛，风力相随志更豪。<br>
海作疆场波列阵，浪翻星月影麾旄。<br>
雄驱岛屿飞千里，怒战貔貅走六鳌。<br>
四日凯旋欣奏绩，军声十万尚嘈嘈。③

洪仁玕托物言志，情景交融，深刻表达了百折不挠的意识、惊心

---

① 王庆成：《太平天国同外国的关系和对外国的认识》，《文史知识》1988年第12期。
② 《干王洪仁玕自述》，载罗尔纲选注《太平天国诗文选》，中华书局1960年版，第168页。
③ 《干王洪仁玕自述》，载罗尔纲选注《太平天国诗文选》，中华书局1960年版，第168—169页。

动魄的气势、革命必胜的信心。此后，洪仁玕在香港居住四年有余，结识了容闳，与瑞典传教士韩山文、英国传教士米怜和理雅各、美国传教士罗孝全和裨治文建立了密切关系。韩山文（Theodore Hamberg）精通客家话，通过洪仁玕的口述，了解到洪秀全的家境身世、拜上帝教的创立和发展，出版了第一本描述太平天国的英文著作——The Visions of Hung-Siu-Tschuen and Oringin of the Kwang si insurecion（中译名为《太平天国起义记》）。洪仁玕深入学习基督教、天文学和医学，"他除神学以外，还探讨了西方的科学和政治经济学，这些研究不仅使他成为太平军人物中受教育最广泛的人，也使他成了中国最早介绍西方文化的人士之一"①。在香港，洪仁玕广泛接触西方文化，目睹资本主义社会"好"与"坏"，有规划完善的道路、路灯和港口，有提供便利的银行、邮局和教堂，有处理纠纷的警长、探长和法庭，也有非法的鸦片贸易、诈骗绑架、帮会仇杀。

1858年夏，洪仁玕安置好家人，在韩山文的资助下，决定再次冒险前往天京。洪仁玕一路风尘仆仆，经历千辛万苦，与杨辅清部太平军失之交臂；充当医生，给黄梅知县的侄子治病；假扮商人，绕过清朝官兵的防线，花费了一年的时间才达到天京。《干王洪仁玕自述》写道："洋人助路费百金，由广东省到南雄，过梅岭，到饶州蔡康业营。八月与天朝辅王在景德镇打仗败，弃行李一空。由饶到湖北黄梅县，知县覃瀚元请予医其侄头风之症，得有谢金。在龙坪办货物下江南，于三月十三日到天京，蒙我主恩封福爵。"② 洪仁玕的到来，让洪秀全喜出望外。洪仁玕的资本主义思想给了洪秀全新的希望，洪秀全决心建立一个一劳永逸、实现自己意志的垂直权力结构，弥补了

---

① ［美］费正清、刘广京编：《剑桥中国晚清史》上卷，厉以平译，中国社会科学出版社1985年版，第288页。
② 《干王洪仁玕自述》，载罗尔纲选注《太平天国诗文选》，中华书局1960年版，第169页。

蒙得恩的平庸，抑制李秀成的张扬。"洪秀全对洪仁玕怀有两个希望：第一，他希望洪仁玕以独立的权威领导天京朝廷的工作。他被乃弟向他描述的海外见闻所陶醉，因而认为这位族弟有能力为他实现控制中央决策中枢的愿望；第二，他希望洪仁玕有军事奇才，精于谋略，能使李秀成等信服，并心甘情愿地接受他，同时也是天王的调遣，特别是他希望乃弟可以遏制李秀成对朝局的影响。"[①] 洪秀全非常信任洪仁玕，把大权交给这个同姓兄弟，使他真正担负起领导太平天国军事、政治全局的责任。洪仁玕寸功未立，资历不高，却在短短一个月内加封主将，获封"开朝精忠军师顶天扶朝纲干王"。这种火箭式提升，看似突然，实在情理之中。军师的权力凌驾于宫廷文官与实力派将领之上，这体现了洪秀全试图强化君权的决心。然而，此举破坏了"五军主将"权力结构，分化了天京文官与地方实力派的默契合作关系，太平天国决策系统逐渐形成了中央决策系统与地方决策系统的分野，是为太平天国后期权力结构（见图6-1）。

中央决策系统主要处理朝廷政务，形成了洪秀全深为倚重的中央文官集团。中央文官集团或是洪秀全的亲族，或是洪秀全信任的大臣，他们的政治生命取决于洪秀全的好恶，对洪秀全的服从是他们安身立命的前提。中央文官集团包括两个子集团：洪氏亲贵集团与宫廷显贵集团。洪氏亲贵集团人数众多，但是在天京宫廷政治斗争中起作用的人主要是长兄洪仁发、次兄洪仁达、族弟洪仁玕和幼西王萧有和。长兄、次兄尽管"无才情"，却对洪秀全绝对忠诚。萧有和是萧朝贵和洪宣娇之子，贵为"天父天外孙天兄天王天甥"。对于长兄和次兄，洪秀全虽然一度因为石达开和李秀成的抵制而暂时免去他们的职位，但是始终寻找适当时机提拔他们。宫廷显贵集团是由杨秀清时

---

[①] 王明前：《太平天国的权力结构和农村政治》，中国社会科学出版社2012年版，第191页。

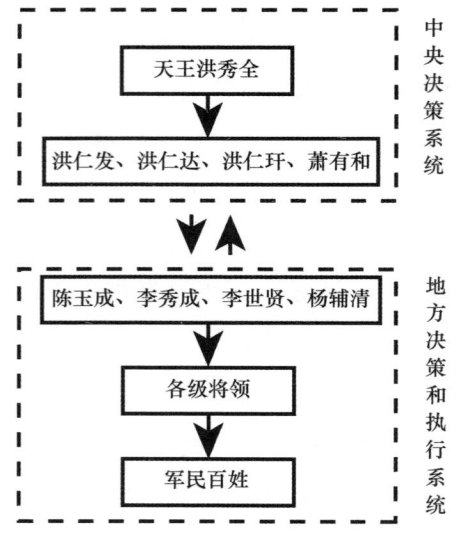

```
          ┌─────────────────────┐
          │    天王洪秀全        │      中
          └──────────┬──────────┘      央
                     ▼                 决
          ┌─────────────────────┐      策
          │洪仁发、洪仁达、洪仁玕、│      系
          │萧有和                │      统
          └──────────┬──────────┘
                    ▲▼
          ┌─────────────────────┐      地
          │陈玉成、李秀成、李世贤、│      方
          │杨辅清                │      决
          └──────────┬──────────┘      策
                     ▼                 和
          ┌─────────────────────┐      执
          │    各级将领          │      行
          └──────────┬──────────┘      系
                     ▼                 统
          ┌─────────────────────┐
          │    军民百姓          │
          └─────────────────────┘
```

图6-1　太平天国后期权力结构

期的"朝内官"演化而来，代表人物是蒙得恩和林绍璋，他们获授王爵较早，深得洪秀全信任。洪仁玕担任军师后，蒙得恩成为洪仁玕的副手。①

地方决策系统主要负责带兵打仗，形成了"将在外君命有所不受"的地方武官集团。地方武官集团代表人物是陈玉成、李秀成、李世贤、杨辅清，他们掌握了军队，就是掌握了权力。在实际的权力运作中，中央文官集团和地方武官集团有斗争有合作，关系错综复杂。有些中央文官希望与地方武官合作，扩张自己的权力，如洪仁玕结盟陈玉成；有些中央文官本身就是地方武官在朝中的盟友，如林绍璋暗助李秀成。洪秀全没有嫡系武装力量，考虑到安全问题，不得不稳定地方武官在朝廷权力中枢的位置，以便对其所辖地区进行有效管理。

---

① 参见王明前《太平天国后期中央宫廷贵族与地方军事贵族的政治分野》，《江淮论坛》2005年第2期。

对于地方武官集团而言,是否有较固定的地盘或作战区域十分关键。为了保护和固定地盘或作战区域,地方武官集团十分重视忠于自己的军队,经常克扣上缴天京的财富,据为己有。"这些军事贵族虽然已成为相对独立的诸侯或军阀,但对洪秀全的态度基本上还是忠诚的,当然忠诚的程度因人而异。"①

## 第二节 颁行改革方案

在洪秀全大力支持下,洪仁玕总理太平天国军政要务,针对政涣人散的严重局面,决心通过改革挽救危局。1859年冬,洪仁玕提出了革新内政的系统方案——《资政新篇》,经洪秀全删改批准后,作为官方的文书正式颁行。

《资政新篇》鲜明提出"审势""立法""变通"的思想,详细阐述了英、美、法等西方国家的历史和现状,"英吉利,即俗称红毛邦,开邦一千年来未易他姓,于今称为最强之邦,由法善也"②。"花旗邦即米利坚,……邦长五年一任,限以俸禄,任满则养尊处优,各省再举。有事各省总目公议,……以多人举者为贤能也。以多议者为公也。"③"佛兰西邦亦是信上帝、耶稣基督之邦,但其教多务异迹奇行,而少有别,故其邦今似半强半美之邦。但各邦技艺多始于此,至今别邦虽精,而佛邦亦不在下。"④《资政新篇》还对俄罗斯、日本等其他国家的政治和经济作了扼要的论述,"俄罗斯邦……百余年

---

① 王明前:《太平天国后期中央宫廷贵族与地方军事贵族的政治分野》,《江淮论坛》2005年第2期。
② 中国史学会编:《中国近代史资料丛刊:太平天国》第2卷,上海人民出版社1957年版,第528页。
③ 中国史学会编:《中国近代史资料丛刊:太平天国》第2卷,上海人民出版社1957年版,第529页。
④ 中国史学会编:《中国近代史资料丛刊:太平天国》第2卷,上海人民出版社1957年版,第530页。

前,……屡为英、佛、瑞、罗、日耳曼等国所迫,故遣其长子伪装凡民,到佛兰西邦学习邦法,火船技艺,数年回邦,……大兴政教,百余年来,声威日著,今亦为北方冠冕之邦也"①。"日本邦近与花旗邦通商,得有各项技艺,以为法则,将来亦必出于巧焉。"② 这种预见是有洞察力的。《资政新篇》称赞西方先进国家和正在兴起的国家"技艺精巧,邦法宏深",中国在世界上沦为被欺凌的弱国,必须认清世界大势,知耻后勇,以俄罗斯、日本榜样,"因时制宜",取法西方各国的"纲常大典"。洪仁玕提出向西方资本主义国家学习,借以建立"太平江山一统万万年"的"新天新地新世界"。

《资政新篇》分为四部分:一是"用人察失类",禁止朋党之弊,反对"结盟联党之事","朝廷封官设将,乃以护国卫民、除奸保良者也。倘有结盟联党之事,是下有自固之术,私有倚恃之端,外为假公济私之举,内藏弱本强末之弊。为兵者行此,而为将之军法难行;为臣者行此,而为君之权谋下夺,良民虽欲深倚于君,无奈为所隔绝,是不可以不察也"③。"且观今世之江山,竟是谁家之天下?无如我中花之人,忘其身之为花,甘居鞑妖之下,不务实学,专事浮文,良可慨矣。请试言之:文士之短简长篇,无非空言假话;下僚之禀帖面陈,俱是谀谄赞誉,商贾指东说西,皆为奸贪诡谲!农民勤俭诚朴,目为愚妇愚夫,诸如杂教九流,将无作有;凡属妖头鬼卒,喉舌模糊。到处尽成荆棘,无往不是陷坑。倘得真心实力,众志成城,何难亲见太平景象,而成为千古英雄,复见新天新地新世界也夫。"④

---

① 中国史学会编:《中国近代史资料丛刊:太平天国》第 2 卷,上海人民出版社 1957 年版,第 531 页。
② 中国史学会编:《中国近代史资料丛刊:太平天国》第 2 卷,上海人民出版社 1957 年版,第 532 页。
③ 中国史学会编:《中国近代史资料丛刊:太平天国》第 2 卷,上海人民出版社 1957 年版,第 524 页。
④ 中国史学会编:《中国近代史资料丛刊:太平天国》第 2 卷,上海人民出版社 1957 年版,第 525 页。

二是"风风类",革除腐朽习俗,提倡福音真道,"夫所谓'以风风之'者,谓革之而民不愿,兴之而民不从,其事多属人心朦昧,习俗所蔽,难以急移者,不得已以风风之,自上化之也"①。"倘民有美举,如医院、礼拜堂、学馆、四民院、四疾院等,主则亲临以隆其事,以奖其成,若无此举,则诏谕宣行,是厚风俗之法也。如毁谤语妒等弊,皆由风俗未厚,见识未广,制法未精,是以人心虞拟不平而鸣矣。"② 对于西方文明,洪仁玕有独到的见解,他把西方文明分为"上宝""中宝""下宝"三个层次,"中地素以骄奢之习为宝,或诗画美艳,金玉精奇,非一无可取,第是宝之下者也。夫所谓上宝者,以天父上帝、天兄基督、圣神爷之风三位一体为宝。一敬信间,声色不形,肃然有律,诚以此能格其邪心,宝其灵魂,化其愚蒙,宝其才德也。中宝者,以有用之物为宝,如火船、火车、钟镖、电火表、寒暑表、风雨表、日晷表、千里镜、量天尺、连环枪、天球、地球等物,皆有探造化之巧,足以广闻见之精,此正正堂堂之技,非妇儿掩饰之文,永古可行者也"③。由此可见,在洪仁玕的西方文明体系中,基督教是"上宝",科学技术是"中宝",骄奢之物是"下宝"。洪仁玕主张学习西方,首先学习基督教。

三是"法法类",实行新的社会经济政策,仿效西方国家,这是《资政新篇》的主要部分。"所谓'以法法之'者,其事大关世道人心,如纲常伦纪、教养大典,则宜立法以为准焉。是下有所趋,庶不陷于僻矣。然其不陷于僻而登于道者,必又教法兼行。如设书信馆,以通各省郡县市镇公文;设新闻馆,以收民心公议,及各省郡县货价

---

① 中国史学会编:《中国近代史资料丛刊:太平天国》第 2 卷,上海人民出版社 1957 年版,第 525 页。
② 中国史学会编:《中国近代史资料丛刊:太平天国》第 2 卷,上海人民出版社 1957 年版,第 525 页。
③ 中国史学会编:《中国近代史资料丛刊:太平天国》第 2 卷,上海人民出版社 1957 年版,第 526 页。

低昂，事势常变。上览之，得以资治术；士览之，得以识变通；商农览之，得以通有无。昭法律，别善恶，励廉耻，表忠孝，皆借此以行其教也。教行则法著，法著则知恩，于以民相劝戒，才德日生，风俗日厚矣。此立法善而施法广，积时久而持法严，代有贤智以相维持，民自固结而不可解，天下永垂不朽矣。"①洪仁玕列举了二十八条仿效西方资本主义制度的建议，主要有以下三个方面。首先，经济方面：发展交通。造火车、轮船，修筑省、郡、县、市镇、乡村大道，整理街道，疏浚河道，以兴车马和舟楫之利；国家设立邮亭，办理邮政；发展近代工矿生产，开采金、银、铜、铁、锡等矿及制盐等，主张"兴宝藏""兴器皿技艺"；兴修水利；主张保护私有财产，鼓励私人投资，奖励技术发明；开办银行和保险事业。其次，政治方面：加强中央领导权，"自大至小，由上而下，权归于一"；②普设乡官乡兵；各省设置地位独立的"新闻官"，专收中外报纸呈缴，以备天王阅览；建立省、郡、县钱谷库和市镇公司；严禁贪污；禁止私门请谒，杜绝卖官鬻爵之弊；重视群众意见，使"民心公议"，"由众下而达于上位"，做到"上下情通，中无壅塞弄弊者"③。最后，社会方面：成立士民公会，以拯困扶危和办理教育等事，并设新闻馆，报道时事物价；开设医院；兴办跛盲聋哑院、鳏寡孤独院和育婴堂；查禁庙宇寺观和演戏修斋建醮，"革阴阳八煞之谬"，"焚去一切惑民之说"④，反对传统迷信；禁止游手好闲，不务正业；禁止饮酒及"一切生熟黄烟鸦片"；禁止溺婴、买卖人口与使用奴婢，"准富者请人

---

① 中国史学会编：《中国近代史资料丛刊：太平天国》第2卷，上海人民出版社1957年版，第527—528页。

② 中国史学会编：《中国近代史资料丛刊：太平天国》第2卷，上海人民出版社1957年版，第532页。

③ 中国史学会编：《中国近代史资料丛刊：太平天国》第2卷，上海人民出版社1957年版，第532页。

④ 中国史学会编：《中国近代史资料丛刊：太平天国》第2卷，上海人民出版社1957年版，第536页。

雇工"①；屋宇应"坚固高广"，"不得雕镂刻巧，并类王宫朝殿。宜就方正，勿得执信风水，不依众向，致街衢不直"②。

四是"刑刑类"，采用新的刑法制度，"善待轻犯，宜给以饮食号衣，使修街渠道路"③，轻罪的犯人关押在其他县区，重罪的犯人关押在其他省份，期满释放回原地。恩威并济，加强思想道德教育，宣传天父的恩德，慎用死刑，废除酷刑。大罪当死者用大架吊死，以儆效尤，"先彰其罪状并日期，则观者可以股僳自儆，又少符勿杀之圣诫焉"④。"诸凡国法治人身恶之既形者，制其滋蔓之多。必先教以天条，而后齐以国法，固非不教而杀矣，亦必有耻且格尔。"⑤

此皆为邦大略，小弟于此类凡涉时势二字，极深思索，故于古所无者兴之，恶者禁之，是者损益之。大率法外辅之以法而入于德，刑外化之以德而省于刑也。因又揣知圣心图治大急，得策则行，小弟诚恐前后致有不符之迹，故恭录己所窥见之治法，为前古罕有者，汇成小卷，以资圣治，以广圣闻。恳自今而后，可断则断，不宜断者付小弟掌率六部等议定再献，不致自负其咎，皆所以重尊严之圣体也。或更立一无情面之谏议在侧，以辅圣聪不逮。诸凡可否，有宜于后，不宜于今者，恳留为圣鉴，准以时

---

① 中国史学会编：《中国近代史资料丛刊：太平天国》第 2 卷，上海人民出版社 1957 年版，第 536 页。

② 中国史学会编：《中国近代史资料丛刊：太平天国》第 2 卷，上海人民出版社 1957 年版，第 537 页。

③ 中国史学会编：《中国近代史资料丛刊：太平天国》第 2 卷，上海人民出版社 1957 年版，第 537 页。

④ 中国史学会编：《中国近代史资料丛刊：太平天国》第 2 卷，上海人民出版社 1957 年版，第 538 页。

⑤ 中国史学会编：《中国近代史资料丛刊：太平天国》第 2 卷，上海人民出版社 1957 年版，第 538 页。

势二字推行,则顶起天父、天兄纲常,太平一统江山万万年矣。①

《资政新篇》是先进中国人最早提出的在中国发展资本主义的系统方案,比日本"明治维新"早十年,比"戊戌变法"早四十年。在同一时期,俄国处于封建农奴制社会,德国和意大利处在四分五裂的局面,美国南北战争即将爆发。在《资政新篇》中,洪仁玕主张舆论监督和直接选举政府官员,提出了初步的民主思想;强调"治国必先立政",把法制提高到国家兴衰存亡的高度。

然而,洪仁玕缺乏杨秀清那般权威,既受制于洪秀全,又无力调遣兵将。洪仁玕提出在各地建立信息通信系统,洪秀全担心"妖魔乘机反间",加以反对。太平天国高级官员并不重视《资政新篇》,战功卓著的李秀成丝毫看不起洪仁玕。加之当时社会动荡,在残酷的战争环境下,《资政新篇》提出的很多建议无法真正实行。更重要的是,《资政新篇》没有提到土地问题,脱离了农民阶级的根本需要。"它并非太平天国题中应有之义,而是游离于农民斗争之外的东西。这就决定了它不会在天国的群众中激起用上帝教造小天堂那样的反响,也不会转化为物质力量,只不过为19世纪中国的社会思想留下了一份珍贵的资料。把农民群众同资本主义联系起来需要很多环节,而中国尚未有这些环节。"② 1860年太平军占领苏州后,洪仁玕编纂《天朝则例》,凡是16岁以上的男子,每丁耕田十亩,纳赋三石六斗六升,钱三百六十六文,这种"按丁授田"的主张仍然坚持了《天朝田亩制度》所规定的土地政策。

---

① 中国史学会编:《中国近代史资料丛刊:太平天国》第2卷,上海人民出版社1957年版,第538—539页。
② 陈旭麓:《近代中国社会的新陈代谢》,中国人民大学出版社2012年版,第83页。

## 第三节　收拾旧日山河

天京虽安，但战火依旧，清军江北、江南大营犹如泰山压顶，各路太平军拼死抗敌，苦苦支撑。《忠王李秀成自述》写道："流涕不尽"，"实无良策"①。面对被动战局，太平军将帅团结在一起。"凡是天朝将官概行传齐，择日约齐到安省枞阳会计。各处将臣俱而依约而来……那时陈玉成由罗田、麻城败转，不约而到枞阳会议矣，各誓一心，订约会战。"② 1858年8月，陈玉成、李秀成、李世贤、吴如孝等太平军将领召开安徽枞阳会议，商议战局，制定了较为正确的作战方针：先由陈玉成、李世贤等率部攻克庐州，后由吴如孝率部在庐州一带牵制清军，陈玉成部会同李秀成部全力进攻江北大营。

1858年8月11日，陈玉成、李世贤、吴如孝三部联合行动，由舒城三河镇向庐州逼近。8月23日，太平军兵分西南两路抵达庐州城下。清军猝不及防，惊溃而逃，太平军占领庐州。庐州丢失，清廷大为震动，咸丰帝发布上谕：钦差大臣胜保督办安徽军务，湖广总督官文率兵围剿庐州，江北大营统帅德兴阿分兵"协剿"庐州。太平军将士贯彻枞阳会议的部署，吴如孝部进占店埠镇（今肥东），逼近定远，牵制胜保部清军。在清军援兵赶到之前，陈玉成部直趋滁州，抵达乌衣一带，会师李秀成部。李秀成、陈玉成两部太平军会师后，达数万人。9月26日，德兴阿派出清军进攻乌衣，太平军奋起迎战，大败清军。9月27日，太平军乘胜进攻小店，一举击败来自清军江

---

① 《忠王李秀成自述》，载罗尔纲选注《太平天国诗文选》，中华书局1960年版，第129页。

② 《忠王李秀成自述》，载罗尔纲选注《太平天国诗文选》，中华书局1960年版，第129—130页。

南大营的冯子材①部。太平军冲破清军陡冈军营,直下浦口,焚烧清军营垒。清军阵势大乱,纷纷夺路而逃。9月29日,太平军占领江浦,歼灭清军1万余人,再破江北大营,恢复了天京与江北的联系,保障了天京的物资供应。

在陈玉成、李秀成率太平军进攻江北大营时,江宁将军都兴阿率清军、新任浙江布政使李续宾率湘军进犯安徽,占领黄梅、太湖。随后,都兴阿派遣副都统多隆阿和总兵鲍超部进逼安庆,李续宾率部直奔庐州。1858年9月23日,李续宾部占领潜山。10月13日,李续宾部占领桐城。10月24日,李续宾部占领舒城,直指三河镇。三河镇位于界河(今丰乐河)南岸,东濒巢湖,是庐州西南的重要屏障,当时太平军的守将是吴定规,守军不足千人。11月3日,李续宾部抵达三河镇外围,湘军约6000人。11月7日,李续宾兵分三路猛攻三河镇。太平军顽强抵抗,湘军攻城不克。此时,陈玉成率部赶至,驻扎于金牛镇一带。11月14日,李秀成率部赶至,驻扎于白石山一带。总体来说,集结在三河镇周围的太平军达10余万人,与李续宾部湘军相比占绝对优势。李续宾欲率部撤退,奈何大军已被包围。面对太平军援军的强大气势,李续宾召集部众,全力突围。湘军一路血战,反复冲锋数十次,却未能突入重围,李续宾战死,随军的曾国藩之弟曾国华毙命,全军覆没。咸丰帝闻之涕泪,加恩体恤;曾国藩哀痛不已,减食数日。胡林翼哀叹:三河之败后,元气尽伤,四年纠合之精锐,覆于一旦!湘军在三河镇惨败,原因在于孤军深入,犯险冒进。李续宾部入皖之后,连陷四城,已成疲惫之师,且处处分兵驻守。相反,太平军决策果断,兵力集中。当湘军进抵三河镇时,陈玉成果断决定围歼,并奏请李秀成部协同作战,形成了兵力对比上的绝

---

① 冯子材(1818—1903)随向荣镇压太平军,从广西追至江南。天京城破后,冯子材先后出任广西提督、贵州提督、云南提督,保境安民。在中法战争中,冯子材以近七十岁高龄,带亲子冲锋陷阵,击退法军,是中华民族英雄,谥号"勇毅"。

对优势。太平军取得三河镇大捷，全歼湘军精锐，粉碎了湘军东犯的企图，鼓舞了士气，稳定了西线战局。太平军乘胜南进，夺回舒城、桐城，围困安庆的湘军闻讯后撤。

从枞阳会议到击破江北大营，再到三河镇大捷，陈玉成彰显了勇猛顽强的作战风格、擅长会战的卓越才能，李秀成显露了多谋善断的指挥才干，积累了协同用兵的战斗经验。陈、李二人默契配合，珠联璧合，加强了太平天国领导人的团结，给日益式微的太平军注入了新的活力，实现了"1＋1＞2"的效果。1859年，洪秀全封陈玉成"英王"，李秀成为"忠王"，蒙得恩为"赞王"，李世贤为"侍王"，杨辅清为"辅王"，林绍璋为"章王"，太平军人心齐聚。

清军江北大营被攻破后，仪征、天长、扬州、六合等地被太平军占领。清廷震怒，将德兴阿革职，撤江北大营建制，江北军务由江南大营统军和春加以辖理。为了击破江南大营，解决天京被围的局面，李秀成奏请洪秀全出兵，但洪秀全担心李秀成拥兵自重，李秀成反复陈情，终获恩准。1860年1月底，李秀成留下部将黄子隆、陈赞明镇守浦口，亲率大军前往芜湖。2月中旬，李秀成率大军到达南陵，途径青弋江镇和马头镇，绕过宁国。2月下旬，太平军攻占广德，李秀成留下部将陈坤书、陈炳文守城，亲率谭绍光、陆顺德、吴定彩等部轻装疾进浙江。为了掩护李秀成主力的进军路线，李世贤率部由安徽南陵穿过泾县，进占旌德、太平，东入浙江。2月29日，李秀成部与李世贤部会师于安吉。3月4日，李秀成、李世贤大军击败清军，进占长兴。之后，李世贤率部佯攻湖州，以牵制清军；李秀成率领6000精兵，穿过武康，日夜兼程直奔杭州。3月11日，李秀成部进抵杭州城外。其后，太平军连续攻城三天三夜。3月19日，太平军攻破清波门城垣，击毙浙江巡抚罗遵殿。

在太平军攻打杭州时，江南大营统帅和春、张国梁派出清军援救杭州，江南大营空虚，这恰恰中了李秀成"调虎离山"之计。《忠王李秀成自述》写道:"扯动和、张两帅江南之兵,我好复兵而救天京之围,非有立心去打杭州。打入城内,连战数日,满营未破,然后和、张两帅果派江南救兵来救杭州,令张玉良统带到杭郡武林门,两家会话,知是江南和、张之兵分势,中我之计。"① 1860年3月23日,清军赶至杭州城外,太平军摇旗呐喊,吓阻清军。次日,李秀成率太平军悄然撤出杭州,疾驰北返。4月4日,李秀成部抵达广德。4月8日,李秀成、李世贤、杨辅清等太平军将领在安徽建平(今郎溪)召开了高级军事会议,商议解围天京的作战方针。会议之后,太平兵分东西两路。西路太平军从安徽宁国东面的洪林桥一带出发,先后占领江苏高淳,连克溧水、秣陵关。随后,西路太平军兵分两支:一支由杨辅清、黄文金率领,直奔雨花台;一支由刘官芳、陈坤书率领,进逼高桥门。东路太平军分左右两翼:左翼由李秀成率领,大败帮办江南大营军务、江南提督张国梁部,攻克淳化镇(今南京江宁区);右翼太平军由李世贤率领,占领溧阳,连克宜兴、常州、句容。与此同时,陈玉成、吴如孝率太平军由全椒南下,驻扎在达板桥、善桥一带。

1860年4月底,各路太平军抵达天京外围,发起对江南大营的总攻。5月4日,陈玉成部进攻天京西南的清军营垒外墙,天京城内太平军同时出击。陈玉成部突破清军防线,连克江南大营西半部的50余座营垒。各路太平军齐心杀敌,清军营垒四处火起,和春率残部乘船逃往镇江。太平军缴获了大量枪炮、火药、白银,再破江南大营。在这场战役中,战略战术非常高超,太平军各路统帅指挥得当,李秀成大放异彩,策划和完成了最巧妙、最关键的环节。

1860年5月11日,洪秀全与太平军诸将商议下一步的进兵之策。洪仁玕和李秀成主张先取苏常,陈玉成主张救援安徽,李世贤主张南

---

① 《忠王李秀成自述》,载罗尔纲选注《太平天国诗文选》,中华书局1960年版,第136页。

进闽浙。洪仁玕和李秀成分析了国土疆域，"自天京而论，西距川、陕，北距长城，南距云、贵、两粤，俱有五六千里之遥。惟东距苏、杭、上海，不及千里之远。厚薄之势既殊，而乘胜下取，其功易成。一俟下路既得，即取百万买置火轮二十个，沿长江上取。另发兵一支，由南进江西，发兵一支，由北进蕲、黄，合取湖北。则长江两岸俱为我有，则根本可久大矣"①。洪秀全采纳了洪仁玕、李秀成的建议，限期"肃清回奏"，太平军开启了轰轰烈烈的东征。李秀成部会同李世贤部、杨辅清部联合东征；陈玉成部守卫扬州，牵制江北清军；刘官芳部折回皖南，守护天京西侧。

1860年5月15日，李秀成、李世贤、杨辅清率太平军进占句容。5月19日，太平军占领丹阳，杀敌数千人，击毙湖北提督王浚，张国梁溺水身亡，和春逃往常州。5月26日，太平军占领常州，和春自杀身死，张玉良率残兵退守无锡。5月30日，太平军占领无锡，张玉良败退苏州。6月2日，太平军抵达苏州城下。在人民群众的配合下，太平军轻取苏州，击毙江苏巡抚徐有壬，收降清军约五六万人，缴获大批枪炮。《忠王李秀成自述》写道："自我收得苏城，兵得五、六万众，未杀一人，清朝文武候补大员无数，满将多员，俱未伤害，各欲回家，无盘川者，我给其资，派舟送往。"② 之后，太平军兵分三路：李秀成部连克昆山、太仓、嘉定、青浦、松江；李世贤部攻取吴江、嘉兴；杨辅清部攻克长兴。太平军以苏州为省会，成立了苏福省，下辖常熟、昆山、太仓、青浦、松江、吴江、无锡、溧阳、宜兴等地。

太平军节节取胜，势如破竹，李秀成自以为上海已是囊中之物，判断依据有两个方面，一是外国公使宣称在太平军和清军之战中保持

---

① 《干王洪仁玕自述》，载罗尔纲选注《太平天国诗文选》，中华书局1960年版，第177页。

② 《忠王李秀成自述》，载罗尔纲选注《太平天国诗文选》，中华书局1960年版，第140页。

中立，二是太平天国表达了对外通商的意愿（鸦片、烟草和酒精除外）。李秀成致函外国公使，表示太平天国愿与各国友好，"结为兄弟之国"；上海是苏州的门户，唇齿相依，"不能不前往收复"；上海是外国通商之地，建议齐聚面商国事。洪仁玕向外国公使发照会，建议会晤商量收复上海之事，但杳无音信。太平天国的申述和建议合情合理，李秀成对收复上海满怀信心，但事实却非如此，英国、美国和法国在上海设立"租界"，不受中国当局治理，俨然成了"国中之国"，西方列强竭力把上海控制在自己手中。在太平军攻占常州、苏州后，西方列强就密切关注事态的发展。上海道吴煦致函法国侵略军司令，请求法军在嘉定、太仓、昆山一带驻防。美国人华尔出面组织"洋枪队"①，洋枪队协助清军作战，公然与太平军为敌。《忠王李秀成自述》写道："洋鬼出兵迎战，两阵交锋，自辰至午，鬼军大败，杀死鬼兵六、七百人，得其洋枪二千余条，得其大炮十余条，得洋庄一百余口，得其舟只数百余条，当解青浦之困，顺流破得松江，直引兵去攻上海。"②

1860年8月中旬，太平军抵达上海徐家汇时，西方在华教士、商人多数赞成中立，但西方外交官、军人极力主张干涉，撕下伪善的面具，决心以武力阻挠太平军进入上海。面对西方列强无理不义之举，李秀成依然决定进攻上海。李秀成再次致函外国公使：外国人不受侵犯，最好留在屋里躲避战火；外国教堂、学校、商店、住所悬挂黄旗，可免干扰。李秀成的善意没有得到善报，外国军队猛烈向太平军发炮。于是乎，一个奇怪的现象出现了，英法联军一边在天津与清军

---

① 1860年6月，在买办出身的苏松粮道杨坊等人的资助下，美国人华尔在上海招募外国亡命徒和失业水手组织"洋枪队"，协助清军抗击太平军；1862年春，华尔和上海地方官绅交往密切，加入中国国籍，清廷把"洋枪队"改名为"常胜军"；1862年秋，华尔战死后，常胜军先由美国人白齐文代领，后由英国人戈登统领；1864年，常胜军解散。

② 《忠王李秀成自述》，载罗尔纲选注《太平天国诗文选》，中华书局1960年版，第140—141页。

## 第六章 革新内政回光返照 181

作战，一边在上海协同清军抗击太平军。英法联军这种看似矛盾的作战，逻辑是清楚的，反映了西方的根本利益，在天津与清军作战是为了扩大更多的利益，在上海协同清军抗击太平军是为了维护既得的利益。8月18日，太平军在上海城门，遭到英法联军射击，未予还击，选择后撤。8月19日，太平军再次抵近上海城门，又遭英军射击，未予还击，选择后撤。8月20日，太平军由上海西门外转向英租界，仍遭英军射击，避战而败。西方各国背信弃义，李秀成一开始感到困惑，后来苦痛失望，最终无可奈何。李秀成面部被英国战舰的大炮击伤，但他要求太平军保持克制，攻城无望，被迫撤离上海。英国人呤唎①（Augustus Frederick Lindley）同情和支持太平军，他在《太平天国革命亲历记》中记述了李秀成败退上海后的谈话。

"英国人为什么要仇视我们？我们曾经丝毫伤害过他们么？我们不是一直都在坚守信义和友谊么？"

"你们外国人难道没有看到"，"咸丰诸满妖知道你们和我们是同宗教同家庭的，就阴谋拉拢你们，以便在我们之间制造纠纷、误会和分离，他们为了达到这个目的就捏造谎言，假装友好，暂时让你们做许多买卖，来愚弄你们。"②

---

① 1859年夏，呤唎作为一名英国海军下级军官来到香港，对清朝统治者的印象不好，想了解清朝的对立面——太平天国；1860年春，呤唎辞去他在英国海军的职务，在一艘小轮船上谋得大副的职务，了解到太平天国的信息；1860年呤唎进入太平天国辖区，近距离观察到太平天国领导人和军民形象，加深了对太平天国崇高革命事业的认识，加入太平军，教授士兵炮术，率炮队在江西、安徽一带作战，在上海、镇江一带采购军火、粮食；1863年，呤唎驻守九洑洲炮台，身负重伤，妻子玛丽和战友埃尔都中弹牺牲；1864年春，呤唎在上海的行踪被李鸿章布置的密探获悉，为了摆脱追踪，夏天返回英国；1864年，呤唎出版 Ti Ping Tien Kwoh: The History of the Ti-Ping Revolution, Including a Narrative of the Author's Personal Adventures（中译名《太平天国革命亲历记》）；1873年3月，呤唎病逝于伦敦；1981年，呤唎墓碑修缮，刻有"中国之友，压迫者之敌""献给呤唎，中国人民的朋友"的字样。

② [英]呤唎：《太平天国革命亲历记》，王维周译，上海人民出版社1997年版，第57页。

综合来看，太平军取得了东征战场的重大胜利，占领了除上海之外的长江三角洲，成立了苏福省，发展生产和贸易，使之成为供给天京财粮的重要基地。然而，太平军在没有集中兵力和充分部署的情况下，单纯寄希望于西方列强的中立，进攻上海，过于贸然，失败而归，这反映了太平天国领导者缺乏对外国侵略者本质的认识。

# 第七章　大势已去天国末路

由于陈玉成和李秀成的掌兵，革命的形势略有起色。然而，陈、李二人接管的不是冯云山运筹中如日初生的拜上帝会，也不是杨秀清治理下欣欣向荣的太平天国，清军作战愈加狡猾老练，西方列强日益露出狰狞面目。面对中外反动势力的联合镇压，太平天国朝纲紊乱，太平天王神智昏聩，太平诸将"画地为牢"，互不信任，严重削弱了凝聚力和战斗力，太平战场处境每况愈下。

## 第一节　纲纪废弛

洪秀全醉心宗教事务，愈发荒唐，在半睡半醒之间，创作宗教诗歌。他在梦中与天父、天兄神交，把梦境看作现实的反映和未来的先知，甚至把自己的梦境与母亲、儿子的梦境混合起来。洪秀全在诏书中诰谕臣民，他在天庭与东王、西王谈论战事，天父、天兄保佑太平军取胜。洪秀全告诉众人，他尘世的母亲在梦里看到了东王、西王、南王一起诛杀妖魔。在洪秀全的安排下，洪天贵福从小就接受了宗教思想，浸渍在狂热气氛中，写出了《太阳颂》："日头王，照万方。"[①] 洪天贵福在梦里跟着洪秀全上天庭，还斩杀了两条白蛇。洪秀全把太平军取胜和天京解围归功于"天情"，正如《忠王李秀成自述》所言"朝无佐政之将，主又

---

[①] 洪天贵福：《太阳颂》，载罗尔纲选注《太平天国诗文选》，中华书局1960年版，第203页。

不问国事，一味靠天"①，"不问军情，一味靠天而已，别无多诏教臣"②，"我主不问政事，俱是教臣认实天情，自有升平之局"③。

洪秀全以宗教的思维来处理内外事务，幻想"普天下大同世一家"。1860年10月，应洪秀全之邀请，美国传教士罗孝全历经千辛万苦，终于抵达天京。洪秀全见到罗孝全的欣喜之情，犹如两年前见到洪仁玕那般，对罗孝全加恩封赏。天京的教徒可以自由聆听罗孝全布道，人数之众，人心之诚，让罗孝全感到震撼和钦佩。洪秀全任命罗孝全为外交大臣，负责对外事务；采纳罗孝全的建议，下令在天京城内外广建教堂，吸引基督徒前来。罗孝全认为这是传播基督福音的大好时机，写信邀请他的朋友前来。次年春，英国传教士艾约瑟（Joseph Edkins）抵达天京。罗孝全和艾约瑟从基督教的立场理解上帝，试图改变洪秀全的观念，但收效甚微（见图7-1）。

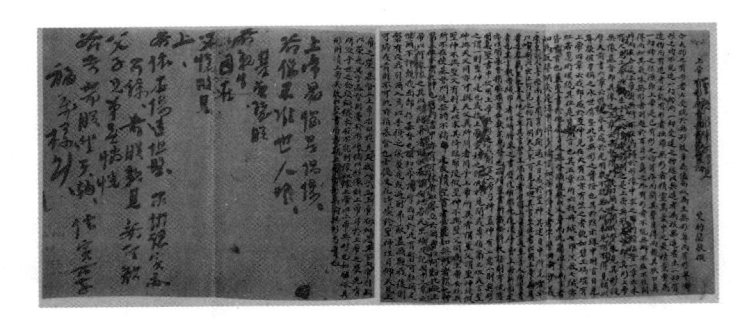

**图7-1 洪秀全回应艾约瑟的手迹**

注：艾约瑟提出耶稣乃上帝独子，触犯了洪秀全的忌讳。艾约瑟提出"上帝无形论"，遭到了洪秀全的反驳。

资料来源：原件藏于英国图书馆，转引自［美］史景迁《太平天国》，广西师范大学出版社2011年版。

---

① 《忠王李秀成自述》，载罗尔纲选注《太平天国诗文选》，中华书局1960年版，第134页。
② 《忠王李秀成自述》，载罗尔纲选注《太平天国诗文选》，中华书局1960年版，第134页。
③ 《忠王李秀成自述》，载罗尔纲选注《太平天国诗文选》，中华书局1960年版，第138页。

上帝最恼是偶像，爷像不准世人望。
基督暨朕爷亲生，因在父怀故见上。
爷依本像造坦盘，尔们认实亦可谅。
前朕亲见爷圣颜，父子兄弟无悄恍。
爷哥带朕坐天朝，信实可享福万样。①

洪秀全与罗孝全、艾约瑟关于上帝的理解有着天壤之别。洪秀全接受了"三位一体"说，但认为三位一体不是圣父、圣子、圣灵，而是上帝的三个儿子——基督、洪秀全、杨秀清（圣神风）。在罗孝全看来，洪秀全以巨大热情宣扬上帝的观点，在上帝眼里大体是讨厌的。罗孝全认为洪秀全在宗教事务上疯了，怀疑他处理事情是否有健全的理智，断言政府缺乏有效的组织。

《忠王李秀成自述》写道："主上信任不专，因东、北、翼三王弄怕，故未肯信外臣，专信同姓之重。"② 洪秀全消极地吸取了天京内讧的教训，宠信洪氏族人和姻亲之人，徇情偏私，赏罚不明，猜忌贤臣。李秀成多次奏请洪秀全"择才而用，定制恤民，申严法令，肃正朝纲，明正赏罚"③，轻收百姓钱粮，结果是"主更不从奏，越奏越怒"④。《忠王李秀成自述》写道："我天王第一重用幼西王萧有和，第二重用王长兄洪仁发、王次兄洪仁达，第三重用干王洪仁玕，第四

---

① 洪秀全回应艾约瑟的手迹，原件藏于英国图书馆，转引自［美］史景迁《太平天国》，朱庆葆等译，广西师范大学出版社2011年版。
② 《忠王李秀成自述》，载罗尔纲选注《太平天国诗文选》，中华书局1960年版，第120页。
③ 《忠王李秀成自述》，载罗尔纲选注《太平天国诗文选》，中华书局1960年版，第121页。
④ 《忠王李秀成自述》，载罗尔纲选注《太平天国诗文选》，中华书局1960年版，第151页。

重用其驸马钟姓、黄姓,第五重用英王陈玉成,第六重用方是秀成也。"① 在洪秀全的袒护下,洪仁发、洪仁达没有才干,却身居高位,胡作非为。《忠王李秀成自述》写道:"我在京,洪姓不敢逼人,不敢十分强欺城中百姓,不敢欺逼官兵。我不在京城,其满城逢屋查过,有米银等物,任其取用,不敢与争,日日按户查寻,男女不得安然。"②

  政治风气污浊,李秀成为便于行事,不得不"舍散金钱","厚待"将官。李秀成的部下李昭寿投降清军后,写信劝李秀成降清,李秀成回信痛恨自己"目不识人",痛骂李昭寿"恩将仇报",教育他幡然醒悟。洪秀全得知二李之间书信往来,不明所以,担心李秀成叛变。洪秀全封李秀成为"忠王",亲自在黄缎子上书写"万古忠义",赐予李秀成,一是因为李秀成带兵打仗,劳苦功高;二是因为洪秀全猜忌李秀成,以此提醒他。《忠王李秀成自述》写道:"那时李昭寿有信往来,被天王知道,恐我有变,封我忠王,乐我之心,防我之变,我实不知内中提防我也。"③ "我为忠王者,实李昭寿来文之诱,而乐心封之,防我有他心。"④ 李秀成统帅的兵将越多,洪秀全的猜忌之心越大。李秀成率军出征时,经常把家人留在天京。即使如此,洪秀全对李秀成也不放心。《忠王李秀成自述》写道:"(洪秀全)命其亲使捧诏前来,面责云我之不忠,云我有图之意。"⑤ 李秀成动

---

  ① 《忠王李秀成自述》,载罗尔纲选注《太平天国诗文选》,中华书局1960年版,第135页。

  ② 《忠王李秀成自述》,载罗尔纲选注《太平天国诗文选》,中华书局1960年版,第160页。

  ③ 《忠王李秀成自述》,载罗尔纲选注《太平天国诗文选》,中华书局1960年版,第134页。

  ④ 《忠王李秀成自述》,载罗尔纲选注《太平天国诗文选》,中华书局1960年版,第161页。

  ⑤ 《忠王李秀成自述》,载罗尔纲选注《太平天国诗文选》,中华书局1960年版,第154页。

辄得咎,曾因犯颜直谏,惹恼了洪秀全,一度被罢官,经过满朝文武的据理力争,才得以恢复职务。洪秀全最后告诫李秀成:"政事不与你相干,王次兄勇王执掌,幼西王出令,有不遵西王令者,合朝诛之。"①

在太平天国晚期,中央文官集团与地方武官集团矛盾尖锐,上下离心。李秀成不满洪氏亲贵把持朝政,暗地结交林绍璋,极力扶植李世贤,注重培植自己的势力。洪氏亲贵为了打压李秀成,在地方分化他的兵将。1861年,李秀成西征时把苏州、嘉兴军民事务交给陈坤书管理,陈坤书借机脱离了李秀成的控制,任意妄为,甚至侵扰苏州百姓,拆毁民房。1862年,李秀成回到江苏,百姓纷纷前来申冤。《忠王李秀成自述》写道:"那时陈坤书自愧对我不住,我由杭州回到嘉兴,渠在苏州业带自队逃上常州,将常州自霸,使钱买作护王。此人是我部将,因其乱苏州百姓,恐我治其罪,故买此王而拒我也。"② 李秀成认为这是洪秀全的计谋,"自收浙省已(以)来,以及英王之队归我之用,黄文金、刘官芳后归我辖,天王见我兵多将众,忌我私心,内有佞臣之弄,封陈坤书为王,分制我势"③。陈坤书部独立后,李秀成重新调整苏福、浙江两省的领导者,提拔谭绍光坐镇苏州管理苏福省,提拔陈炳文坐镇杭州管理浙江。不久,谭绍光、陈炳文和坐镇绍兴的陆顺德晋封王爵。在洪氏亲贵与李氏兄弟明争暗斗的背景下,太平军中小地方军事贵族迅速发展壮大,且愈发专横。虽然中小地方军事贵族的实力和地位远不及李秀成,但获封王爵后,他们不必听命于李秀成。

---

① 《忠王李秀成自述》,载罗尔纲选注《太平天国诗文选》,中华书局1960年版,第156页。

② 《忠王李秀成自述》,载罗尔纲选注《太平天国诗文选》,中华书局1960年版,第151页。

③ 《忠王李秀成自述》,载罗尔纲选注《太平天国诗文选》,中华书局1960年版,第151页。

洪秀全滥设官爵，封王两千多人，黄文金为"堵王"，陈得才为"扶王"，赖文光为"遵王"，梁成富为"启王"，蓝成春为"祜王"，陈仕荣为"导王"，林大居为"敬王"，秦日南为"畏王"，谭绍光为"慕王"，吴汝孝为"顾王"，刘官芳为"襄王"，陆顺德为"来王"，陈坤书为"护王"，陈炳文为"听王"，陈仕荣为"导王"，郜永宽为"纳王"，周文嘉为"宁王"，刘庆汉为"尊王"，张乐行为"沃王"，任化邦为"鲁王"，牛宏升为"荆王"，李蕴泰为"魏王"，张宗禹为"梁王"……官爵封赏成为儿戏，甚至出现了汪海洋、汪安钧同为"康王"的情况，信服力大打折扣，不仅没有增强太平军的实力，反而自毁长城，加剧了太平军将帅之间矛盾。《忠王李秀成自述》写道："日封日多，然封这有功之人，又思那个前劳之不服，故而尽乱封之，不问何人，有人保者俱准。司任保官之部，得私肥己，故而保之。有些有银钱者，欲为作乐者，用钱到部，而又保之。无功偷闲之人，各有封王，外带兵之将，日夜勤劳之人，观之不忿，力少从戎，人心不服，战守各不争雄，有才能而主不用，庸愚而作国之栋梁。主见失算，封出许多之王。言如箭发难收，又无法解，然后封王俱为列王者，因此之来由也。然后列王封多，又无可改，王加头上三点……人心更不服，多有他图，人心由此两举而散无涯也。"①

随着封王渐多，太平军变得四分五裂，互不统属。在苏南、浙江地区，中小军事贵族林立，奉行着恃强凌弱的法则，甚至彼此交恶。每次出征，他们都不愿离开自己的地盘，到了战场之后，又不听从指挥，有时尚未开战，即行自退。在安庆解围中，林绍璋部到达后，就自由行动，不听陈玉成统一调度，不仅无助，反而扰乱军心。为了革除这一弊病，太平天国领导者通过协调，实现了某种程度的默契，取

---

① 《忠王李秀成自述》，载罗尔纲选注《太平天国诗文选》，中华书局1960年版，第161—162页。

得了一些政治局面的改善和军事斗争的胜利，但最终无法实现太平军真正的团结。中小地方军事贵族割据称雄，拥兵自立，纪律恶劣，渐失民心。"长期以来，太平天国的领袖们对建军问题没有引起足够的重视，军队的素质非但没有提高，反而有所下降。前期基本丧失的水师，始终未获重建。后期有些洋枪洋炮，也未能加以集中编组训练，使之成为一支有战斗力的部队。再加太平军经常处于紧张频繁的战斗中，减员很多，有战斗经验的'老兄弟'日渐减少，新的成分不断增多，又得不到及时的休整训练，军队的战斗力日渐下降。"① 太平军士兵日益狂妄而放肆，即使号称治军严明的李秀成，亦不能约束部下。曾经到过天京的容闳回忆说："其所招抚，皆无业游民，为社会中最无知识之人。以此加入太平军，非独不能增加实力，且是为太平军之重累，而使其兵力转弱。盖此等无赖之尤，既无军人纪律，复无宗教信仰。即使齐之以刑，不足禁其抢掠杀人之过恶"，"迨占据扬州、苏州、杭州等城，财产富而多美色，而太平军之道德乃每况而愈下。盖繁华富丽，固足以销磨壮志，而促其灭亡也。"②

太平天国钱币管理废弛，私铸钱币出现于苏皖浙部分地区。钱币泛滥严重损害太平天国财政收支的平衡，不利于太平天国辖区商业和金融的稳定。太平军在战斗中常遇到的问题是军需不足，尤其是粮食不足，太平军实行残酷的征粮收税政策。浙江为太平天国晚期的主要辖区，兵戈连年不休，人们流离失所，田亩大多荒芜。由于没有土地税收，太平军为了军费开支，盘剥过往的商贾，导致商品货物价格倍增，人们怨声载道。太平军设置关卡，强行抓捕壮丁充军，放火烧房。相比之前百姓甘心出征，现在听闻太平军将至，男女弃业逃逸。曾国藩窃喜：贼（太平军）行无民之境，犹鱼行无水之地；居不耕

---

① 张一文：《太平天国后期战争的战略问题》，《中国社会科学》1981年第3期。
② 容闳：《西学东渐记》，岳麓书社1985年版，第98—99页。

之乡，犹鸟居无土之山，实处必穷之道，岂有久理？

历史有惊人的相似之处，太平天国起义本是"官逼民反"的结果，但在太平天国后期，人们的生活不断恶化，民变卷土重来。"民变的抗争矛头大多指向太平天国的经济政略。广泛而频繁地引发激变四野的民众反抗，也是政治权力控制地方社会不当的直接反映。太平天国严禁集体暴动的原则是一以贯之的，在应对民变的实践上则具有以剿为主、不注重善后、过分干涉租佃事务、区分事件类型和性质等特点。民变多元复杂的社会效应对太平天国统治产生影响。首先，'高效'镇压的背后，反映了民变耗费政府财力、牵扯行政精力和分散太平军兵力的实质；其次，民心渐失，后期太平天国'人心冷淡'的现实，不仅是在军中、朝内，在民间亦是如此。更重要的是，统治区风起云涌的民变在某种程度上宣告了太平天国在社会控制层面的失败，预示着'天国'陨落的命运。"①

## 第二节　土崩瓦解

太平天国的军民信仰动摇，人心涣散。然而，太平军的敌人清军，特别是湘军、淮军，在曾国藩、李鸿章的率领下，作战勇猛，颇有章法，分东西两路围剿太平军，步步为营。此外，清政府同西方列强签订《天津条约》《北京条约》，暂时满足了西方列强的欲望，西方列强逐渐改变对华政策，开始扶持清政府。辛酉政变②后，清廷形成了以慈禧太后与总理衙门大臣奕䜣为核心、亲近外国势力的统治集

---

① 刘晨：《太平天国统治区的民变与政府应对研究》，《近代史研究》2019 年第 2 期。
② 1861 年咸丰皇帝病死后，遗照以年仅 6 岁的儿子载淳继位，以怡亲王载垣、郑亲王端华、户部尚书肃顺、御前大臣景寿及军机大臣穆荫、匡源、杜翰、焦佑瀛为赞襄政务大臣（又称顾命八大臣），总摄朝政。载淳继位后，改元"祺祥"。载淳的生母慈禧太后联合慈安太后、恭亲王奕䜣发动宫廷政变，打倒了顾命八大臣势力，两宫太后"垂帘听政"。这场宫廷政变因发生在农历辛酉年，史称"辛酉政变"，又称"祺祥政变""北京政变"。

团。在中外反动势力的联合绞杀下，太平军全盘瓦解。

## 一 西线战场

清廷把"发捻交乘"视为心腹之害，把俄国视为肘腋之忧，把英国视为肢体之患。为了对付太平军这个头号敌人，清廷有意求助外国军队，曾国藩等大臣有不同意见，担心外国军队在中国坐大。清廷虽然没有公开发布"借师助剿"的指令，但有些地方政府却私下这么做了，利用外国商船运兵运粮，利用外国枪炮武装清军。清廷对外依靠外国势力，对内重用曾国藩的湘军。1860年6月，清廷任命曾国藩署理两江总督，8月加封钦差大臣衔，11月授予苏浙赣皖四省军务的最高指挥权，四省的巡抚、提督以下文武官员归曾国藩节制。"这是内战的一个转折点，就许多方面说也是中国近代史上的一个转折点。正是满族君主政体与汉族上层分子中的领袖人物融为一体的这个强大的保守联盟，才使王朝得以苟延到二十世纪，并对整个共和时期中国政治生活的机制发生了深远的影响。"① 两军交战，一战兵马，二战粮草。曾国藩统辖苏浙赣皖四省的人财物，湘军愈加强大。

相较于强大的中外反动势力，太平军捉襟见肘，在东线二破江南大营后，西线的安徽战场形势急剧恶化。在太平军东征苏常之机，曾国藩指挥湘军精锐进犯安庆。在曾国藩看来，"安庆一军，目前关系淮南之全局，将来即为克复金陵之张本"②。1860年7月，曾国藩率湘军近万人扎营皖南祁门，他的九弟曾国荃率湘军数万人抵达安庆北面的集贤关，修建壕沟，围困安庆。安庆濒临长江，是天京上游的重要门户，是西线战场的最后屏障，太平军已在此重兵把守九年。安庆的得失，对太平天国战争的全局关系极大。

---

① [美]费正清、刘广京编：《剑桥中国晚清史》上卷，厉以平译，中国社会科学出版社1985年版，第290页。

② 《曾国藩全集》第2册，岳麓书社2011年版，第501页。

1860年9月，洪秀全、洪仁玕、陈玉成、李秀成等太平天国领导人为了解安庆之围，决定采用"围魏救赵"之计，具体部署：（一）陈玉成部从长江北岸西进，经皖北入鄂东；（二）李秀成部从长江南岸西进，经皖南、江西，进入鄂东南；（三）李秀成部、陈玉成部采用钳形攻势，相约会师武汉，以次年4月为期，占领湘军后方基地，迫使湘军回救湘鄂，安庆之围不攻自破；（四）杨辅清部、黄文金部沿长江南岸入赣北，李世贤部经徽州入赣东，牵制皖南和江西湘军，伺机歼敌。计策甚妙，但实施效果更重要。

1860年9月底，陈玉成部进入皖北，联合捻军。11月26日，陈玉成部进至桐城西南挂车河一带，试图救援安庆，无功而返。李秀成把苏浙地区作为自己的势力范围，对于西进作战方针态度消极，行动缓慢。1861年2月，李秀成部由浙入赣，向西挺进。3月22日，陈玉成部到达黄州，连克湖北蕲州、黄安（今红安）、德安（今安陆）、孝感、黄陂、随州、云梦、应城、麻城等地。4月下旬，李秀成部在江西作战，帮助李世贤部开拓"势力范围"。李秀成部未能如期入鄂，陈玉成部久等不到。此时，英国参赞巴夏礼打着"保障外商贸易"的幌子，使用外交和武力手段阻挠太平军进攻武汉。鉴于安庆告急，陈玉成决定放弃合取湘鄂的计策，再次驰援安庆。6月上旬，李秀成部兵分三路进入湖北：右路进攻兴国（今阳新），中路进攻通山，左路进攻通城。6月中旬，李秀成得知陈玉成回师东援安庆，遂率部撤出湖北，退至江西义宁州和武宁一带。用兵之害，犹豫最大；三军之灾，莫过狐疑。战场形势瞬息万变，陈玉成和李秀成心思不齐，太平军两路合取湘鄂的计策落空，这是太平天国军事上的一次重大失误，惜哉悲哉。

1861年4月，陈玉成率太平军进至安庆集贤关，林绍璋率太平军进至安庆新安渡、横山铺、练潭一带。两军合并，实力大增，但林绍璋不服陈玉成，太平军实力大打折扣。5月1日，陈玉成部太平军与曾国荃部湘军战于菱湖，胜负未分。5月2日，多隆阿率清军进攻横山铺、练潭，太平军不敌，林绍璋率余部退守桐城。此后，陈玉成率太平军与湘军在安庆外围多次激战，两军阵地犬牙交错。安庆长期被围，粮弹将绝，危在旦夕，天京当局急令洪仁玕、杨辅清率部增援。8月下旬，陈玉成部、杨辅清部两路太平军在集贤关汇合。8月25日，陈玉成亲临前线，指挥太平军排成扇形，分十路挺进。在湘军的猛烈炮火下，太平军视死如归，前仆后继，尸体把壕沟都填平了。安庆城中的太平军趁机杀出，昼夜激战，湘军腹背受敌，有溃败之势。曾国藩命令督战部队立于湘军后方，凡后退者一律格杀。太平军进行了殊死搏斗，但未能解围。9月5日，湘军用地雷炸毁安庆城墙，攻入城内，守城太平军1.6万人全军覆没，悍将叶芸来、吴定彩战死。

安庆保卫战失败，固然有湘军兵强马壮的原因，单就太平军来说，战斗力下降，各自为战，缺少配合，陈玉成指挥作战，一心拼命，偏于勇猛，少于智谋。保卫安庆固然重要，但更重要的是运动歼敌。此外，在安庆保卫战初始，李秀成在江西忙于招兵买马；在安庆陷入危机时刻，李秀成率太平军从江西进入浙江。李秀成与陈玉成感情交好，为何袖手旁观呢？大概是狭隘的小农意识在作祟。《干王洪仁玕自述》写道："殊忠王既抚有苏、杭两省，以为高枕无忧，不以北岸及京都为忧。"[①]

安庆失守，皖北沦丧，陈玉成的精锐部队损失惨重，受到革职处分，心烦意乱，坐守庐州。1862年春，陈玉成奏请洪秀全，派遣陈得才、赖文光、梁成富等人成立西北军，远征河南和陕西，"广招兵

---

① 《干王洪仁玕自述》，载罗尔纲选注《太平天国诗文选》，中华书局1960年版，第178页。

马，早复皖省"①。多隆阿率清军趁机围困庐州。1862年5月，陈玉成决定弃庐州而赴西北，会合远征的西北军。为此，陈玉成三次致信捻军统帅张洛行。

### 英王陈书致

沃王张洛行贤弟阁下：

缘兄前叠行书致密递前来，谅俱接到矣。

兹兄现已议定亲自出司（师）前来，与贤弟面议一切军机，以便进剿。怎奈庐郡现下有妖在于上派河一带扎窟十余穴，以至道路不便，为此特行书致，祈贤弟点派一、二队官兵并马兵数百骑下游前来庐郡北乡青龙厂一带屯扎，嘱行文与兄，以便兄出司（师）前来与贤弟面议一切军机，以图大征大剿进取之机。书到依行，幸勿负兄殷殷之望可也。至嘱切切！

太平天国壬戌十二年正月十四日自庐州郡发②

不幸的是，陈玉成写给张洛行的三封书信被清军半路截获。张洛行没有收到陈玉成的书信，没有派兵前来接应他。已暗投清军的地主团练头目苗沛霖诱劝陈玉成前往寿州，陈玉成率军出走寿州，不幸中计遭擒，被送往清军胜保大营。陈玉成在敌人面前表现出坚贞不屈的英雄气概，胜保想以荣华富贵来诱降，陈玉成喝道："大丈夫死则死耳，何饶舌也！"③ 1862年6月4日，陈玉成在河南延津就义，年仅26岁。安庆失守和陈玉成牺牲，使得太平军的皖南防务顷刻瓦解，整个西线战场形势急转直下，无法挽回。

---

① 《遵王赖文光自述》，载罗尔纲选注《太平天国诗文选》，中华书局1960年版，第184页。

② 陈玉成：《致沃王张洛行行书》，载罗尔纲选注《太平天国诗文选》，中华书局1960年版，第58页。

③ 罗尔纲：《太平天国史料考释集》，三联书店1956年版，第204页。

## 二 东线战场

长江上游的物质供给被截断，太平军只能依靠东线战场，从苏南、浙江地区获取粮食。太平军在东线战场虽不像西线战场那样遭遇滑铁卢，但也是形势危急，每况愈下。缺少了陈玉成部的支援和后盾，李秀成部独木难支，即使昙花一现，不过行将就木。

1861年7月，李秀成率部由湖北退入江西后，不顾安庆和天京上游的严重局势，倾全力回师江浙地区。7月19日，李秀成部占领靖安，逼近南昌。曾国藩闻讯，急调鲍超部驰援南昌。8月27日，李秀成兵分三路进攻南昌，在丰城被鲍超部击败。9月8日，李秀成撤围东走。9月16日，李秀成在河口镇一带与石达开旧部童容海、朱衣点、吉庆元会合。随后，李秀成率领大军进入浙江。10月5日，李秀成部围攻浙江衢州，不克。10月11日，李秀成部在严州与李世贤部会合。随后，李秀成率部北进，连克新城（今富阳西南）、临安。10月20日，李秀成部占领杭州西面的余杭。10月27日，陆顺德部占领萧山。李秀成之子李容发、李秀成之侄李容椿部进驻绍兴。至此，太平军完成了对杭州的包围。11月4日，太平军攻占杭州城外要点馒头山，连克望江、候潮、凤山门外的清军营盘。11月7日，广西提督张玉良率清军驰援杭州，被太平军阻截。12月10日，武林、钱塘、清波门外的清军投降太平军。12月29日，太平军乘势攻破凤山门、候潮门、清波门，占领杭州。杭州将军瑞昌、巡抚王有龄自杀，布政使林福祥、总兵米兴朝被擒。

与此同时，李世贤部攻占严州，连克嵊县、新昌、上虞、天台、奉化、慈溪（今宁波市西北）、镇海、仙居、台州（今临海）、黄岩、太平（今温岭），完成了对宁波的包围。宁波是《南京条约》中划定的五个通商口岸之一，太平军进逼宁波，外国人甚为恐慌，多方干预。1861年11月28日，英国驻华海军司令贺布派军舰开赴宁波，企图阻挠太平军的进攻。太平军主将黄呈忠、范汝增承诺入城后保护外国人生命财产的安全，但严明外国人不得援助清军。12月9日，太平军分南北两路进攻宁波，守城清军弃城溃逃，太平军顺利占领宁波。浙江全省除衢州、温州等少数孤城外，均归入太平天国版图。

东征的太平军节节取胜，准备再次进军上海。距离上次上海之战，已一年有余，太平军加深了对西方各国的了解。有不少外国人冒着生命的危险，加入太平军，为太平天国事业做出了许多光辉的业绩。英国人呤唎在《太平天国革命亲历记》中写道："我的委任状写好了，忠王盖上了他的印信，于是我在各首领的祝贺中成了一名太平军的名誉官员。"① 呤唎多次往返上海，一面宣传太平天国的宗教信仰和革命精神，批驳丑化太平军的谣言；一面帮太平军购买军火，为了躲避严查，枪支称为"雨伞"，弹药称为"盐酱"，雷管称为"螺丝"。

1861年12月27日，英国驻华海军总司令宾汉照会太平天国，提出蛮横无理的要求：一是悬挂英国旗的木船如同英国船，可自由航行长江，不受检查；二是太平军不能进入上海、九江、汉口一百里以内的地区。1862年1月1日，太平天国回复宾汉，全面拒绝英方的要求，义正词严："只限贵国船只得自由航线，而并未规定贵国可雇用本地木船……倘贵国大量雇用本地木船，则我国深恐满妖混充贵国商船以逞其毒计。我国将何以防其阴谋？"② "上海吴淞倘无妖兵，忠王侍王当不派兵攻取该地，若贵国愿负驱妖兵之责，则我天朝可派员安抚该地，不仅保护人民，且可保护贵国商务。是以贵国何以惧我天兵进入百里之内耶？"③ "今当我国派军攻取汉口、九江、镇江、金山之

---

① ［英］呤唎：《太平天国革命亲历记》，王维周译，上海人民出版社1997年版，第58—59页。

② ［英］呤唎：《太平天国革命亲历记》，王维周译，上海人民出版社1997年版，第338页。

③ ［英］呤唎：《太平天国革命亲历记》，王维周译，上海人民出版社1997年版，第338页。

第七章　大势已去天国末路　　197

际，贵国忽伪托友好，暗助满妖，派兵驻守彼等重地，钳制我军行动，宁非怪事？"①当天，宾汉通告太平天国："总司令不容许属于英国臣民之任何船只，不论系西洋制造或系中国制造，在扬子江上自由航行之权利遭受任何干扰，不论此种干扰出于何种方式或何种借口。违抗者将自取危险。"②"贵方既已悉上海吴淞两地为英法军队所占领，倘贵军再敢甘冒不韪，重来进攻，则不仅将招致以前之挫败，且将因愚蠢而获致更严重之后果。"③"贵方已拒绝签订使金山、九江、汉口等地免受侵扰之约定，倘贵军进攻上述各地，定难获得任何成就。贵方对我总司令提议之拒绝，证明贵方所表示之友好全属空言而已。因此，我国必将相应对待之。"④西方列强再次撕下伪善的面具，明目张胆地恐吓太平军，极力阻止太平军进入上海。但是，太平军没有丝毫畏惧，高举反对西方侵略者的大旗。

太平军以忠王李秀成的名义发布告示：上海、松江为苏浙之屏藩，是太平天国必然收复之地，在沪洋商"各宜自爱，两不相扰"，"自谕之后，倘不遵我王化，而转助逆为恶，相与我师抗敌，则是飞蛾扑火，自取灭亡"⑤。在英国领事馆组织的上海租界租地人会议上，有个别外国人提议把上海拱手相让，由"这些印发《圣经》的人"来接管这座"崇拜偶像的本地城市"⑥，但遭到多数外国人反对。1862年1月7日，李秀成督令谭绍光、郜永宽、李容发、刘肇均率

---

①　[英]呤唎：《太平天国革命亲历记》，王维周译，上海人民出版社1997年版，第339页。
②　[英]呤唎：《太平天国革命亲历记》，王维周译，上海人民出版社1997年版，第340页。
③　[英]呤唎：《太平天国革命亲历记》，王维周译，上海人民出版社1997年版，第340页。
④　[英]呤唎：《太平天国革命亲历记》，王维周译，上海人民出版社1997年版，第340页。
⑤　太平天国历史博物馆编：《太平天国文书汇编》，中华书局1979年版，第156页。
⑥　《英国议会档案》，转引自[美]史景迁：《太平天国》，朱庆葆等译，广西师范大学出版社2011年版，第387页。

10万太平军发动进攻,呈三面七路之势,剑锋所向,直指上海。1月20日,太平军占领了青浦、奉贤、南汇、川沙,先锋抵达吴淞和高桥,基本完成了对上海的包围。

上海处在风口浪尖之中,江浙地区的清朝官员和富商巨贾大都逃到此处,上海的存亡关乎江浙士绅的身家性命。江苏巡抚薛焕率清军4万人驻防上海,兵力远不及太平军。上海士绅如惊弓之鸟,求助曾国藩的湘军,但远水解不了近渴。清廷忧心忡忡,迫切需要英法予以援助,谕令薛焕与英法两国迅速筹商,克日办理。西方列强为了保障不平等条约中规定的开埠、内河航行、海关特权等一系列侵略权益,希望中国有一个像清廷那样既软弱无能而又相对稳定的政权,这是他们镇压太平天国运动的根本原因;当时上海是外商在中国输入鸦片的最大口岸,太平天国严禁鸦片贸易,外商担心财富损失,这是他们镇压太平天国运动的客观原因;西方人士特别是传教士对拜上帝教日益反感,罗孝全和艾约瑟愤然离开天京,这是他们镇压太平天国运动的主观原因。1862年1月20日,罗孝全登上停泊在长江边上的一艘英国船寻求庇护,他在报纸上发表文章,指责洪秀全亵渎上帝,控诉洪仁玕怠慢他。面对太平军的"达摩克利斯之剑",中外反动势力进一步联合起来。"外国参与反太平军战斗的方式有下述几种:英、法军队直接进行干涉;为清军提供现代化的武器和训练;为非正规雇佣军分队提供外籍军官。"①

英国军舰和法国军舰集结力量,严阵以待。美国军舰因为美国内战②被调回本土,美国驻华海军司令百龄被解职。1862年2月21日,英国驻华海军司令贺布率英军350人,法国驻华海军司令卜罗德率法军160人,华尔率洋枪队近600人,在吴淞口登岸,向驻于高桥的太

---

① [美]费正清、刘广京编:《剑桥中国晚清史》上卷,厉以平译,中国社会科学出版社1985年版,第294页。

② 1861—1865年,美国内战亦称美国南北战争。

平军发起进攻。太平军伤亡严重,被迫撤退。2月28日,贺布率英军350人,卜罗德率法军200人,华尔率洋枪队700多人,到达上海以南约五十里的闵行。3月1日,外国侵略军在黄浦江南岸登陆,进攻肖塘。太平军工事尽毁,被迫撤退。4月3日,贺布率英军1400多人,卜罗德率法军400人,华尔率"常胜军"① 1200人,到达七宝。次日凌晨,外国侵略军逼近太平军营垒,以大炮三面环攻太平军营垒。太平军抵抗不住,被迫撤退。4月17日,外国侵略军溯黄浦江而上,袭击上海东南四十里的周浦。太平军猝不及防,败走川沙。

1862年4—5月,一批兵勇从安庆乘坐英国火轮船秘密来到上海。他们土里土气,破衣烂衫,前胸有个"淮"字,武器五花八门,简直不堪入目,一度被称为叫花子兵,统帅为李鸿章②。在太平军初入安徽时,李鸿章协助清廷工部左侍郎吕贤基前往安徽督办团练。1858年李鸿章入曾国藩的幕府,学习到如何立身处世、处理政务、训练部队和指挥作战。曾国藩不仅是李鸿章的恩师,还是李鸿章的贵人。当清廷要求湘军分兵援救上海时,曾国藩认为李鸿章"才可大用",推荐他作为援沪主帅。鉴于湘军兵源枯竭,曾国藩指示李鸿章到合肥一带招募兵勇。李鸿章久有凌云志,早就想成立一支属于自己的军队,紧紧抓住这次难得的机会。他依靠亲友、乡谊、师生、同僚、部下等诸多关系,在淮河两岸招兵买马,招纳西乡团练,先期成立了4个营,集中到安庆训练。在"到上海升官发财"的口号蛊惑下,安徽子弟踊跃参军。1862年年初,李鸿章组建兵勇13营,约6500人,自

---

① 由华尔洋枪队扩编改名而成的反动武装。
② 李鸿章(1823—1901),汉族,安徽合肥人,字渐甫,号少荃,晚清"中兴四大名臣"之一,洋务运动的主要倡导者,官至直隶总督、北洋大臣、文华殿大学士,加封一等肃毅侯,代表清政府签订了《马关条约》《辛丑条约》等一系列不平等条约,谥号"文忠"。李鸿章有"东方俾斯麦"的美誉,日本首相伊藤博文称其为"大清帝国中唯一有能耐可和世界列强一争长短之人",梁启超在《李鸿章传》中直言:"敬李之才""惜李之识""悲李之遇"。

成一军，因为兵将多是安徽人，称为淮军。这是近代中国继湘军之后又一支地方武装，涌现了张树声、刘铭传、潘鼎新、吴长庆、丁汝昌、聂士成等将领。这支从安徽走出的地方武装，在腥风血雨中登上历史舞台。曾国藩看到淮军初具规模，就急令李鸿章率淮军开赴上海。"促使曾国藩决定把他的权力扩展到上海地区的一个根本原因，是他担心外国军队在江苏内地建立军事基地，因为长时间来在上海逃难的社会名流一直在寻求它们的干预。曾国藩对外国的介入是否有用深表怀疑，他确信利用西方的办法并非雇佣外国军队，而是创办中国的兵工厂来制造西式武器弹药。"① 在曾国藩的指导和协助，李鸿章获封江苏巡抚，在晚清政坛冉冉升起。在上海士绅的资助下，淮军购买洋枪洋炮，聘用外籍教官教习枪炮和战法，成为黄浦滩上的幸运儿。作为中国近代第一支近代化军队，淮军装备精良，战斗力较强，使得太平军被动形势雪上加霜。

1862年5月1日，外国侵略军大炮齐发，在清军的配合下，进攻嘉定，太平军损失惨重，弃城而走。5月12日，外国侵略军与清军攻克青浦。5月17日，西方列强自青浦出发，向南桥太平军进攻。李鸿章派参将程学启率淮军会同外国侵略军作战。太平军寡不敌众，被迫撤退。嘉定、青浦等地相继失守，李秀成感到局势严重，亲率精兵自苏州增援。5月14日，李秀成到达太仓，指挥太平军反攻。次日，太平军与清军激战，大败清军，连破清营30余座，缴获洋枪洋炮不计其数。太平军乘胜追击，连战三日，胜负未分。李秀成急调陈炳文部前来增援，大败清军。5月28日，李秀成率军夺回嘉定。太平军乘胜连克泗泾、七宝、青浦等要地，在南桥击毙法国驻华海军司令卜罗德。太平军将常胜军围困在松江，前来救援的外国侵略军均被

---

① ［美］费正清、刘广京编：《剑桥中国晚清史》上卷，厉以平译，中国社会科学出版社1985年版，第291页。

太平军击败。《忠王李秀成自述》写道："收得青浦之后，顺攻泗泾之营十余个，下到松江以及太仓大小营寨一百三十余营概行攻破，松江城外之营亦已攻开，独松江一城是鬼子所守。次日又有上海来救之鬼用舟装洋药洋炮千余条而来，经我兵出队迎战，鬼败我胜，将其火药洋炮枪为我所有。那时洋鬼并不敢与我见仗，战则即败，将松江围紧。"①

1862年6月17日，李秀成督令谭绍光、陈炳文、郜永宽等部进逼上海。松江指日可待，上海岌岌可危，东线战场形势大好，西线战场却兵败如山倒。在东线太平军乘胜反攻的关键时期，洪秀全下旨要求李秀成回救天京，"天王一日三道差官捧诏到松江"②，李秀成将嘉定、青浦、太仓等处的防务交由谭绍光负责，自率大军退回苏州，派出部分兵力赶回天京加强防务，上海之战戛然而止。树欲静而风不止，在外国侵略军的支持下，湘军和淮军东西夹击，太平天国大势已去，太平军腹背受敌，意志消沉，李鸿章趁机策反太平军将领。

1863年1月17日，太平军常熟守将骆国忠率部投降李鸿章。李秀成闻讯后，率军讨伐叛军，企图一举夺回该城。太平军在途中遭遇淮军和"常胜军"，经过多次交战，太平军不敌，常熟沦陷。5月2日，淮军和"常胜军"占领太仓。5月4日，淮军和"常胜军"进犯昆山，守将刘肇均率太平军据城抵抗，因寡不敌众，被迫撤退。太平军节节败退，淮军和"常胜军"凭借武器优势乘胜进攻。李鸿章制订了三路进军路线：中路由昆山进攻苏州，北路由常熟进攻无锡，南路进至吴江、平望，防止浙江太平军增援。9月底，鉴于苏南形势危急，李秀成屯兵苏州，率军反攻。然而，太平军出击半月有余，未能

---

① 《忠王李秀成自述》，载罗尔纲选注《太平天国诗文选》，中华书局1960年版，第153页。
② 《忠王李秀成自述》，载罗尔纲选注《太平天国诗文选》，中华书局1960年版，第153页。

击败淮军。李秀成撤回天京，谭绍光留守苏州。12月4日，苏州守将谭绍光被杀，郜永宽率部开城降敌，苏州遂为淮军占领。《忠王李秀成自述》写道："苏州守将慕王谭绍光，是我手下爱将，留守苏州，内有纳王郜永宽、康王汪安钧、宁王周文嘉、天将张大洲、汪花班。这班反臣不义……后果变心，将慕王杀死，投与李抚台，献城未及三日，被李抚台杀害。"①

1863年12月12日，淮军攻克无锡，直奔常州。按照李鸿章的部署，刘铭传部抵达常州西北的陈都桥、羊头桥、西施桥，周盛波部抵达常州东的擂鼓桥、白家桥。1864年4月23日，常州城外的要点尽失，太平军全部退入城内。此后，陈承琦、李容发率部分太平军深入淮军身后作战，但收效甚微，铩羽而归。5月10日，淮军对常州发起总攻。次日，常州南城墙、北城墙被炸毁，淮军由缺口冲入。太平军与淮军展开激烈的巷战，陈坤书被俘杀害，淮军占领常州。清军鲍超部占领金坛，冯子材部占领丹阳，苏南地区的太平军基本被肃清。

与此同时，浙江太平军在中外反对势力的联合剿杀下，趋于瓦解。（1）浙东方面。清军在外国侵略军的支持下，气势汹汹。1862年5月10日，清军攻陷宁波。8月2日，"常胜军"一部抵达宁波，会同"常捷军"②进犯余姚。9月底，"常胜军"攻占慈溪，华尔受伤丧命。1863年3月，浙东的中外反动联军占领绍兴，攻克萧山，先锋部队直抵杭州城下。（2）浙西方面。新任浙江巡抚左宗棠率湘军一部连克开化、常山、遂安、江山等地。1862年5月，左宗棠由江山进至衢州，威胁金华。李世贤率太平军在龙游、汤溪、兰溪一线对左宗棠部湘军进行了顽强的反击战。同年秋，浙江布政使蒋益澧率

---

① 《忠王李秀成自述》，载罗尔纲选注《太平天国诗文选》，中华书局1960年版，第157—158页。

② "常捷军"成立于1862年，是清政府勾结法国侵略者组成的反动武装，又称"中法混合军"，由法国驻宁波舰队司令勒伯勒东统领。勒伯勒东战死后，常捷军由法国军官德克碑统领。1864年，常捷军解散。

湘军由广西到达浙江,增强了左宗棠的兵力。1863年年初,左宗棠指挥湘军对浙西太平军发起新的攻势,连克严州、汤溪、龙游、兰溪。3月中旬,湘军占领金华、武义、永康、东阳、义乌、桐庐。3月24日,左宗棠派遣蒋益澧部进攻富阳,屡为太平军守将汪海洋所败。9月20日,湘军在"常捷军"的支援下攻占富阳,直逼杭州。(3)浙南方面。1864年3月25日,淮军一部攻克嘉兴,直逼杭州。坚守杭州的太平军陷于中外反动联军的三路围击之中。3月28日,中外反动联军对杭州发起猛攻。太平军顽强抗击。3月31日,鉴于敌众我寡,陈炳文等率太平军撤出杭州,进入德清。4月下旬,李世贤会同陈炳文、汪海洋,率太平军自德清抵达昌化,离开浙江进入江西。至此,除了退守湖州的杨辅清、黄文金部,浙江全省基本上沦陷。

太平军在苏浙转战四年,沉重打击了中外反动势力,但由于战斗力下降,且缺乏统一指挥,各部行动难以协调,士气低落,个别将领投敌叛变,最终失败。东线战场失败后,天京的东南屏障不复存在,军需和粮食供应悉数断绝,太平天国进一步陷入了被动局面,丧钟已经敲响。

## 第三节 天京沦陷

历史的发展不以人的意志为转移,战争的法则是此消彼长。西线战场和东线战场相继溃败,太平军伤亡惨重;湘军和淮军愈战愈勇,湘军创办安庆内军械所,① 淮军配备洋枪洋炮,实力大增。1862年3月,曾国藩令曾国荃部湘军自安庆东下,连克当涂、芜湖、板桥、秣

---

① 1861年湘军统帅曾国藩创办安庆内军械所,制造子弹、火药、枪炮。安庆内军械所是清末洋务运动最早官办的新式兵工厂,是中国依靠自己力量创办的第一个近代军事工业,标志着中国近代工业的起步。

陵关、大胜关、三汊河，拉开进攻天京的序幕。5月底，曾国藩亲临天京外围，曾国荃率湘军陆师逼近雨花台，彭玉麟率湘军水师进泊天京护城河。天京处在湘军直接威胁之下，战争主动权已不在太平军手中。

洪秀全一日三诏催促下李秀成回救天京，李秀成鉴于湘军士气正盛，为了避敌锋芒，屯兵苏州，伺机歼敌。1862年8月6日，洪秀全严诏催逼李秀成："三诏追救京城，何不启队发行？尔意欲何为？尔身受重任，而知朕法否？若不遵诏，国法难容！仰莫仕暌专催起马，启奏朕知。"① 李秀成无奈，亲率10余万太平军赶赴天京。9月14日，李秀成联合李世贤、陈坤书等13王军队，在东坝集结太平军达数十万，筹谋雨花台之战。天京城内外太平军配合，凭借人数优势，把雨花台的曾国荃部湘军夹在中间。10月13日，李秀成指挥太平军对湘军发起猛烈进攻，意在速战速决。曾国荃指挥湘军深挖壕沟，坚固营垒，只守不攻，保存实力，拼死顶住了太平军一轮又一轮的猛攻。11月3日，李秀成指挥太平军集中力量攻击湘军东路，多次交战，炸塌了湘军两处营墙，打伤了曾国荃的面部，但仍未能攻破雨花台湘军大营。一鼓作气，再而衰，三而竭。11月26日，"正逢天冷，兵又无粮"②，李秀成下令撤围，自南门入天京，其余各部自行退去。此次雨花台大战，太平军在人数、地势甚至武器等方面都占有绝对优势，却无法击溃湘军。究其原因，一是太平军人心涣散，将骄兵疲；二是13王保存实力，临战不肯用命。

天京解围之战失败，李秀成被"严责革爵"，但仍掌握兵权。洪秀全严令李秀成"进兵北行"，企图调动天京围敌。1862年12月1

---

① 《忠王李秀成自述》，载罗尔纲选注《太平天国诗文选》，中华书局1960年版，第153页。

② 《忠王李秀成自述》，载罗尔纲选注《太平天国诗文选》，中华书局1960年版，第154页。

日，李秀成授命林绍璋、洪春元、李容发率领太平军从天京下关渡江，连克含山、巢县、和州等地。1863年2月27日，李秀成亲自率领太平军渡江，连克浦口、江浦。然而，曾国藩识破太平军北进企图，指示曾国荃部坚持围困天京，另调鲍超部湘军阻止太平军北上。太平军遭到湘军的顽强抵抗，取胜无望。5月7日，太平军进攻庐江，不克。5月8日，太平军进攻舒城，不克。5月11日，太平军进攻六安，不克。连续作战失利，没有粮食充饥，太平军士气低下，被迫退守江浦、浦口。6月13日，曾国荃部湘军进至天京聚宝门外，洪秀全急令李秀成回救天京。6月20日，李秀成率部撤回天京，天京解围之战再次失败。太平军非但没有调动围困天京的湘军，反而自身伤亡惨重，"那时和州又败，江浦失守，官兵（系为'太平军'——引者注）纷乱"①。

1863年6月，长江涨水，"九洑洲又被水没，官兵无栖身之所，有米无柴煮食，饿死甚多"②。彭玉麟率湘军水师趁机攻克九洑洲，切断了天京水路粮食来源。7月上旬，鲍超部湘军进至天京神策门（今中央门）外沿江一带。9月下旬，湘军占领天京西南的江东桥。11月上旬，湘军占领天京东南的上方门、高桥门、双桥门、七瓮桥、秣陵关、中和桥。11月中旬，湘军占领淳化、解溪、龙都、湖熟、三岔镇、高淳、东坝。11月25日，曾国荃率湘军占领孝陵卫。天京外围的所有城镇要点尽失，唯有太平门、神策门尚与外界相通。

1863年12月21日，李秀成冒死上奏洪秀全："京城不能保守，曾帅兵困甚严，濠深垒固，内无粮草，外救不来，让城别走。"③ "若

---

① 《忠王李秀成自述》，载罗尔纲选注《太平天国诗文选》，中华书局1960年版，第155页。

② 《忠王李秀成自述》，载罗尔纲选注《太平天国诗文选》，中华书局1960年版，第155页。

③ 《忠王李秀成自述》，载罗尔纲选注《太平天国诗文选》，中华书局1960年版，第155页。

不依从，合城性命定不能保。曾帅得尔雨花台，绝尔南门之道，门口不能行走；得尔江东桥，绝尔西门不能出入；得尔七瓮桥，今在东门外安寨，深作长壕，下关严屯重兵。粮道已绝。京中人心不固，惧是朝官，文者多，老者多，小者多，妇女者多，食饭者多，费粮费饷者多。若不依臣所奏，灭绝定也！"① 洪秀全大怒，呵斥李秀成："朕奉上帝圣旨，天兄耶稣圣旨，下凡作天下万国独一真主，何惧之有！不用尔奏，政事不用尔理，尔欲出外去，欲在京，任由于尔。朕铁桶江山，尔不扶，有人扶。尔说无兵，朕之天兵多过于水，何惧曾妖者乎！尔怕死，便是会死。"② 李秀成请求赐死："主责如斯，愿死在殿前，尽心酬尔！"③ 次日，洪秀全自知其过，恩赐龙袍，宽慰李秀成。然而，洪秀全并不信任李秀成，担心李秀成离开天京，各处城门要隘均有洪氏族人巡察掌管。天京城内粮食短缺，李秀成上奏洪秀全。

奏主云："合城无食，男妇死者甚多，恳求旨降，应何筹谋，以安众心。"我主降诏云："合城俱食甜露，可以养生。"甜露何能养世间之人乎？地生各物，任而食之，此物天王叫做甜露也。我等朝臣奏云："此物不能食。"天王云："取来做好，朕先食之。"所言如此，众又无法不取其食。我天王在其官中阔地自寻。将百草之类，制作一团，送出官来，要合朝依行毋违，降诏饬众遵行，各而备食。④

---

① 《忠王李秀成自述》，载罗尔纲选注《太平天国诗文选》，中华书局1960年版，第155页。
② 《忠王李秀成自述》，载罗尔纲选注《太平天国诗文选》，中华书局1960年版，第155—156页。
③ 《忠王李秀成自述》，载罗尔纲选注《太平天国诗文选》，中华书局1960年版，第156页。
④ 《忠王李秀成自述》，载罗尔纲选注《太平天国诗文选》，中华书局1960年版，第159页。

## 第七章　大势已去天国末路

1864年年初，洪秀全委派洪仁玕到太湖一带征集粮草，洪仁玕号召各路太平军千里勤王，但响应者少。随着围困天京的湘军渐多，洪仁玕无法回到天京城内，与杨辅清、黄文金退守湖州，建立了一个革命根据地。2月28日，湘军攻克紫金山巅的天保城，占据了天京城外制高点。3月2日，湘军进至天京太平门、神策门外，完成对天京的合围。曾国荃指挥湘军作战，试图利用地道和云梯攻城，但没有成功。李秀成指挥天京太平军作战，试图夺回物质补给线，也没有成功。天京军民在城内耕种麦禾，以惊人的毅力和顽强的斗志，保卫革命火种。

1864年5月，洪秀全身患重病。6月3日①，天王洪秀全病逝，幼天王洪天贵福即位，政务交由洪仁玕，军务交由李秀成。由于洪仁玕不在天京，一切军政要务事实上由李秀成掌管。7月3日，湘军攻占天京城外最后一个据点——紫金山地保城，准备大举攻城。7月19日，湘军主力齐集太平门，炸毁城墙，蜂拥而入，兵分四路：中路直奔天王府，右路直奔神策门，中左路直奔通济门，左路直奔朝阳门。及至傍晚，天京城各门均为湘军夺占。天京军民数万人破釜沉舟，血战湘军。湘军烧杀抢掠，男女老幼，均不放过，天京城内血流成河。在战斗中，章王林绍璋、顾王吴汝孝饮恨自杀，无处可逃的老百姓争相投入秦淮河而死，尸体填溢如桥，水不能流。曾国藩向清廷奏报："三日之间，毙贼共十余万人，秦淮长河尸首如麻。"②天京沦陷，标志着太平天国运动的失败。

天京城破当晚，李秀成携带幼天王洪天贵福，辗转突围。《忠王李秀成自述》写道："我由太平门败转，直到朝门，幼主已先走到朝门，及天王两个小子并到向前问计。斯时我亦无法处，独带幼主一

---

① 公历6月3日，天历四月十九日，农历四月二十七日。
② 《曾国藩全集》第7册，岳麓书社2011年版，第299页。

人，其余不能理。幼主无好马，将我战马交与其坐，我另骑不力之骑（马），直到我家，辞我母亲我胞弟与侄，合室流涕辞别，带主而上清凉山躲避。"① 李秀成让出战马，掩护洪天贵福顺利从天京突围。李秀成携带财宝，骑不力之马，人困马乏，前行困难，与大部队走散。1864年7月22日，李秀成藏匿在天京城外东南的方山上，山民发现后争夺财宝，湘军赶至，李秀成被俘。

李秀成被押送至湘军大营，曾国荃对其百般羞辱，割其臀股之肉，但李秀成坚韧不屈。1864年7月28日，曾国藩从安庆赶到天京，亲自提审李秀成。曾国藩和李秀成交谈内容，不得而知，李秀成同意写供词。李秀成在生命的最后时间里，不顾伤痛和酷暑，忍受关押之耻辱，留下了一部洋洋数万字的"自述"，内容主要包括八个方面：一是金田起义的详情，二是参加革命的原委，三是天京内讧的实情，四是天京解围的战斗，五是太平军与洋人的战斗，六是太平天国的军政民事，七是太平天国的失误，八是为曾国藩招抚太平军余部的愿望。李秀成以只念过三年私塾的文化程度，在不足10天的时间里匆忙写就，原稿文字不免存在一些讹误之处。李秀成自述原稿比较详细地叙述了太平天国的历史，渗透着当事人的感情和思考。

## 计开天朝之失误有十

一、误国之首，东王令李开芳、林凤祥扫北败亡之大误。

二、误因李开芳、林凤祥扫北兵败后，调丞相曾立昌、陈仕保、许十八去救，到临青（清）州之败。

三、误因曾立昌等由临青（清）败回，未能救李开芳、林凤祥，封燕王秦日纲复带兵去救，兵到舒城杨家店败回。

---

① 《忠王李秀成自述》，载罗尔纲选注《太平天国诗文选》，中华书局1960年版，第164页。

四、误不应发林绍璋去相谭（湘潭），此时林绍章在相谭（湘潭）全军败尽。

五、误因东王、北王两家相杀，此是大误。

六、误翼王与主不和，君臣疑忌，翼起狼（猜）心，将合朝好文武将兵带去，此误至大。

六、误主不信外臣，用其长兄次兄为辅，此人未有才情，不能保国而误。

七、误王不问政事。

八、误封王太多，此之大误。

九、误国不用贤才。

十、误立政无章。①

在抄送清廷和刻印公告时，曾国藩删减和篡改了李秀成自述原稿，一是删减了李秀成对曾氏兄弟的"赞许"之词，二是删减了战争中湘军无能的记录，三是删减了太平军爱护人民的自述，四是删减了李秀成总结的"天朝十误"，五是篡改了李秀成被捕的实际过程，夸大湘军的功绩。清廷对于太平军头目的刑罚极其严酷，像林凤祥、李开芳、石达开、陈玉成都是被凌迟处死。清廷要求将李秀成押送北京，曾国藩抢先在8月7日将李秀成就地斩首，或许是因为曾国藩和李秀成惺惺相惜，不希望他受凌迟之苦；或许是想杀人灭口，担心李秀成和盘托出湘军虚报战绩的谎言、洗劫天京的事实甚至其他的欺君之罪。

李秀成自述原稿尘封近百年，后由曾国藩后人公布于众。据罗尔纲考证，现世的李秀成自述原稿也不完整，真正的"原稿"有两处

---

① 罗尔纲、王庆成编：《中国近代史资料丛刊续编：太平天国》第2卷，广西师范大学出版社2004年版，第397页。李秀成所写"天朝十误"，或因笔误，存在两个"六"，故"天朝十误"应是"天朝十一误"。

被撕毁。根据曾氏后人的口碑，学界推测"原稿"被撕毁的内容是李秀成建议曾国藩反清自代。1977年12月，曾国藩的曾外孙女、北京大学教授俞大缜提供书面材料，提及她的母亲曾广珊（曾国藩的孙女）对她说过："李秀成劝文正公做皇帝，文正公不敢。"①

  李秀成给后人留下了一篇可歌可泣的自述，给自己招致了无数是是非非的评价。李秀成自述称自己"愚忠"，称曾国藩"老中堂大义恩深"，称曾国荃"中丞大人智才爱众"，这些自我侮辱和颂扬曾氏兄弟的言论，没有求得一条生路。那么，这些言论多余吗？李秀成为什么同意写这份自述？学界众说纷纭，主要有两种观点：一是"叛徒论"，以戚本禹为代表，李秀成背叛了太平天国的革命事业；第二种是"伪降论"，以罗尔纲为代表，李秀成学习姜维②，争取宽大，保存革命力量。

  笔者认为，察其言观其行。一方面，李秀成自述是"白纸黑字"，确有献谀乞怜之词。如果考察其人其时，可以得出另一番深意。李秀成自幼爱读《三国演义》，从一名普通士兵成长为忠王，靠的是聪明才智和踏实努力；李秀成为人谦和，优待俘虏，对于叛徒李昭寿，动之以情，晓之以理，苦苦规劝；李秀成孝顺母亲，爱护部下和百姓，经常对穷苦人家施以钱粮。李秀成有很多高贵的品质，按常理推断他不会自甘堕落、投降敌人，他应该像林凤祥、李开芳、石达开、陈玉成那样但求一死。可是时局变了，林凤祥、李开芳被捕时，太平天国如日中天；石达开、陈玉成被捕时，太平天国尚能支撑；李秀成被捕时，太平天国败局已定，他以为幼天王洪天贵福"自幼至长，并未骑过马，又未受过惊慌，九帅四方兵追，定然被杀矣"③，难免心灰意

---

① 罗尔纲：《一件关于李秀成学姜维的曾国藩后人的口碑》，《广西日报》1981年3月2日。

② 三国时期，蜀国大将姜维在蜀国灭亡后，假意投降魏国，劝说魏国大将钟会造反。

③ 《忠王李秀成自述》，载罗尔纲选注《太平天国诗文选》，中华书局1960年版，第164页。

冷。在这种情况下，李秀成就像后来的洪仁玕、赖文光一样，一边临危不惧，一边写下自述。李秀成自述表示为曾国藩招抚太平军余部，也是保全他们。

另一方面，李秀成所作所为，对于太平天国问心无愧。在天京内讧后，李秀成对外统兵作战，对内冒死进谏；在天京被围后，李秀成组织大军千里勤王，"冒雪而往"①；在天京解围失败后，李秀成明知洪秀全对太平天国有百害而无一利，还是死心塌地忠于洪秀全；在太平天国摇摇欲坠时，李秀成誓死护卫洪秀全，"家弟李世贤兵屯溧阳，劝我前去。别作他谋，不准我回京，我不肯从"②，回到天京恰似跳入漏船之中；在天京沦陷后，李秀成含泪辞别老母，以战马助洪天贵福出逃，"尽心而救天王这点骨血"③。这种舍生为主，无愧"忠王"，是为"愚忠"，亦是"大忠大孝"。

此外，灭天京者，湘军也，焉知李秀成不是真心佩服曾氏兄弟？纵然李秀成自述有献谀乞怜之词，也可常人度之，应该报以历史之温情。李秀成在被捕后，前期坚贞不屈，中期乞怜求饶，最终从容赴死，这是一个普通人面对死亡的正常反应。人非圣贤，孰能无过，李秀成的一生堪称"白璧微瑕"。

作为李秀成部的将领，呤唎在天京沦陷后，为了摆脱清朝密探追捕，返回英国，依然心系太平军，用手中的笔写出了不朽的太平天国。他在《太平天国革命亲历记》开篇题词："献给太平军总司令忠王李秀成——如果他已去世，本书就作为对他的纪念"，"本书是遵照

---

① 《忠王李秀成自述》，载罗尔纲选注《太平天国诗文选》，中华书局1960年版，第154页。

② 《忠王李秀成自述》，载罗尔纲选注《太平天国诗文选》，中华书局1960年版，第158页。

③ 《忠王李秀成自述》，载罗尔纲选注《太平天国诗文选》，中华书局1960年版，第164页。

伟大的太平天国革命领袖的嘱托而写的"①。

梁启超把李秀成赞为"真豪杰","当存亡危急之顷，满城上下，命在旦夕，犹能驱役健儿千数百，突围决战，几歼敌师。五月十五日之役，曾军之不亡，天也。及城已破，复能以爱马救幼主，而慷慨决死，有国亡与亡之志。虽古之大臣儒将，何以过之。项羽之乌骓不逝，文山之漆室无灵，天耶人耶？吾闻李秀成之去苏州也，苏州之民，男女老幼，莫不流涕。至其礼葬王有龄，优恤败将降卒，俨然有文明国战时公法之意焉。金陵城中十余万人，无一降者，以视田横之客五百人，其志同，其事同，而魄力之大，又百倍之矣，此有史以来战争之结局所未曾有也。使以秀成而处洪秀全之地位，则今日之域中，安知为谁家之天下耶！秀成之被擒也，自六月十七日至十九日凡三日间，在站笼中慷慨吮笔，记述数万言。虽经官军删节，不能备传，而至今读之，犹凛凛有生气焉"②。

在李秀成被捕时，刘庆汉率太平军杀出一条血路，护卫幼天王洪天贵福脱险，在安徽广德与前来营救的洪仁玕汇合。湘军穷追不舍，洪仁玕率部败走浙江湖州，与黄文金汇合。杨辅清剃发易装，从湖州乘船去上海，后隐居澳门。③ 8月底，湘军、淮军、常捷军围困湖州，太平军弃城而走。9月下旬，洪仁玕、黄文金率部进入江西玉山，企图与先期入赣的李世贤、陈炳文、汪海洋部会合，重振太平天国大业。然而，李世贤、陈炳文、汪海洋部已经转向赣南，黄文金不久病逝，洪仁玕统帅的这支太平军士气低迷，惶惶如丧家之犬，急急似漏网之鱼。10月初，清军在石城杨家牌发起突袭，太平军猝不及防，四散溃逃。10月9日，洪仁玕被俘，接受审讯，留下供词，是为

---

① ［英］呤唎：《太平天国革命亲历记》，王维周译，上海人民出版社1997年版，第1页。
② 梁启超：《李鸿章传》，湖北人民出版社2004年版，第58页。
③ 杨秀清隐居澳门，不忘复兴太平天国。1874年日本侵略中国台湾，东南各省纷纷募兵设防。杨辅清以有机可乘，潜回福建密谋起义，被叛徒马融和识别、出卖，遭到杀害。

## 第七章　大势已去天国末路

《干王洪仁玕自述》。洪天福贵侥幸逃生数日后被俘,接受审讯,留下供词,是为《幼天王洪天贵福自述》。对于逃生之路,洪天贵福写道:

> 那日到杨家牌,我就说,官兵今夜会来打仗,干王们都说官兵追不到了。三更时候,四面围住,把我们都打散了。官兵追得紧,我过桥丢下马来,他们把我扶过岭。官兵追到,我与身边十几个人都挤下坑去。官兵下坑来,把他们全数都拿去了。不知何故,单瞧不见我。我等官兵望前追去,独自一人躲入山里,藏了四天,饿得实在难过,要自寻死。忽然有个极高极大的人,浑身雪白,把一个饼给我。我想跟他去,他便不见了。我将饼吃下,就不饿了。又过了两日,下山到了唐姓人家,我说是湖北人,姓张,替他割禾,他给我饭吃。他那里有人剃头,我就顺便也剃了。住了四日,唐姓人叫我回家,我就走到广昌的白水井。问人说是往建昌的路,我怕建昌有官兵,就回头。有一个勇说我是"长毛",把我衣服剥去了。又走到瑞金地界,就有一个勇叫我替他挑担,我说不会挑。又回头走到石城地界,就被他们把我带到营中。①

洪天贵福自我辨别,从未参与过太平天国"打江山的事",请求饶恕,想静心读书考个秀才——重走洪秀全当年的路子。清廷自然不会给洪天贵福一线生机,地方官更不敢给他任何机会。1864年11月18日,年仅16岁的洪天贵福在南昌被凌迟处死。五天之后,洪仁玕亦于南昌被凌迟处死。

---

① 《幼天王洪天贵福自述》,载罗尔纲选注《太平天国诗文选》,中华书局1960年版,第20—21页。

虽然天京陷落，太平天国核心人物俱亡，但分散在长江南北各个战场上的太平军仍有数十万之众。长江以南，主要有两路太平军进入江西，一直活动在赣江以东和赣闽边境。李世贤部占据宜黄、崇仁、南丰，陈炳文、汪海洋部占据金溪、东乡。湘军全线出击，紧追不舍。1864年8月中旬，鲍超率湘军击败太平军，陈炳文投降，汪海洋部败走南丰、石城、瑞金，李世贤部败走粤赣边境。10月4日，李世贤部攻克广东镇平（今蕉岭），进入福建，占据漳州。10月15日，汪海洋部亦到达福建境内。鉴于太平军余部会集闽南，闽浙总督左宗棠率湘军入闽，激战太平军，但败多胜少。为了加强镇压福建太平军的兵力，清廷调派郭松林部湘军奔赴福建。1865年5月15日，湘军攻破漳州，李世贤率部突围。湘军乘胜追杀，太平军伤亡惨重。与此同时，汪海洋部太平军亦接连失利，败走广东镇平。8月19日，李世贤部和汪海洋部在镇平会合，欲指挥太平军卷土重来。然而，祸乱起于萧墙，汪海洋嫉妒李世贤的威望和能力，杀死李世贤，独领太平军。9月28日，汪海洋率部经平远入江西定南、龙南，为湘军所败，复折回广东，占领和平、连平。12月8日，汪海洋攻占嘉应（今梅县）。1866年1月15日，左宗棠率湘军围攻嘉应州。2月1日，汪海洋在战斗中牺牲，太平军余部溃败，或战死，或投降。

长江以北，主要是西北太平军和捻军，他们高举太平天国的旗帜。早在1864年年初，远征西北的陈得才率太平军兵分三路，回救南京：北路由陈得才、蓝成春、赖文光率领，取镇安、山阳、商州（今商县）的路线；中路由梁成富率领，取兴安（今安康）、郧阳（今郧县）的路线；南路由马融和率领，取紫阳、砖坪（今岚皋）、平利、竹山的路线。三路太平军相约在南阳、襄阳一带会齐。北路按预定路线东进，中路和南路则为清军阻截，被迫折回，改走北路。由于清军阻截，太平军行动迟缓，未能及时回救天京。天京沦陷后，陈得才率太平军转战于鄂皖地区。11月上旬，陈得才部在安徽霍山黑石渡为清军所败，马融和投降，蓝成春被杀，陈得才自杀，赖文光率太平军余部继续战斗。

随着太平军实力下降，捻军处境堪忧，张乐行战死后，捻军四分五裂。面对险恶的形势，赖文光部太平军与张宗禹部捻军在豫鄂边境进行了合并和整编，组成了一支集中统一的新捻军。张宗禹力荐赖文光为领袖，决心和清军血战到底。赖文光毅然负起领导重任，期待复兴太平天国。新捻军沿用太平天国的年号和封号，改步兵为骑兵，"战无不捷，踏雪披霜"①，驰骋于安徽、河南、山东、江苏、湖北、陕西、山西、直隶。在赖文光、张宗禹的领导下，新捻军与僧格林沁的蒙古骑兵几番激战，伤亡惨重。1865 年 5 月，赖文光设计把僧格林沁的蒙古骑兵引诱至山东曹州（今菏泽）重兵包围。僧格林沁率少数随从冒死突围，途中坠马被杀。新捻军全歼僧格林沁的蒙古骑兵，一报当年太平军北伐失利之仇。此后，清朝倾全力对付捻军，动用湘军、淮军及数省兵力，利用山川河流，企图通过在豫、皖、苏、鲁四省捻军经常活动的地区实行重点围堵。

1866 年年初，赖文光部入湖北，占领麻城，在黄冈大破清军，击毙总兵梁洪胜。不久，赖文光部前往豫东，途径皖北，进入山东。4 月 26 日，赖文光部与张宗禹部在山东郓城会合。5 月中旬，赖文光部与张宗禹部分赴苏北、皖北和豫东一带活动。两部时分时合，往返游击，打破了清廷"以静制动"的重点设防战略。新捻军虽然取得了一系列的胜利，但长期流动作战，没有友军的支援与配合。同年秋，赖文光深深感到"独立难持，孤立难久"②，他派遣张宗禹部前往陕西、甘肃，联合回民起义军，是为西捻军；赖文光部留在中原活

---

① 《遵王赖文光自述》，载罗尔纲选注《太平天国诗文选》，中华书局1960年版，第184页。

② 《遵王赖文光自述》，载罗尔纲选注《太平天国诗文选》，中华书局1960年版，第184页。

动，是为东捻军。1867年春，赖文光率东捻军在湖北、河南境内作战。6月初，东捻军进入山东境内，占领泰安，进逼济南，直入胶东半岛。清军勾结英法军队布防，东捻军被迫后撤，活动于福山、宁海（今牟平）一带。11月下旬，东捻军在潍县（今潍坊）松树山遭到刘铭传部淮军的袭击，伤亡惨重。12月底，东捻军在北洋河与弥河之间与淮军激战，战败退出山东，进至江苏淮安、宝应一带。1868年1月，东捻军在扬州被淮军击败，赖文光受伤被俘。赖文光拒绝了敌人的劝降，一心求死。1月10日，赖文光在扬州城外从容就义。《遵王赖文光自述》简要地叙述了他的一生，重点批评了太平天国后期两位军事领袖——陈玉成和李秀成，充分表现了坚贞不屈的高贵品质。

  盖闻英雄易称，忠良难得，亘古一理，岂今不然？忆余生长粤西，得伴我主天王圣驾，于清道光庚戌年秋，倡议金田，定鼎金陵，今已十有八载矣。但其中军国成败，事机得失，形势转移，予之学浅才疏，万难尽述。惟有略书数语，以表余之衷肠耳。

  于辛酉十一年秋，安省失守，斯时余有谏议云："当兹安省既失，务宜北联张、苗，以固京左；须出奇兵，进取荆、襄之地，不出半年，兵多将广之时，可图恢复皖省，俾京门巩固，此为上策。"英王不从予议，遂率师渡庐，请命自守。复行奏加封余为遵王，遵命与扶王、启王等远征，广招兵马，早复皖省等情。此乃英王自取祸亡，累国之恨也。又有忠王李秀成者，绝不知几，违君命而妄攻上海，不惟攻之不克，且失外国和约之大义，败国亡家，生死皆由此举。

  古之君子，国败家亡，君辱臣死，大义昭然。今予军心自乱，实天败于予，予何惜哉！惟一死以报邦家，以全臣节。惟析鉴核，早为裁夺是荷。①

与此同时，西捻军进入陕西，配合回民军作战，后为援救东捻军，一度逼近保定、天津。1868年8月，张宗禹部被淮军围困于鲁西北，激战后全军几近覆没。张宗禹等极少数人侥幸逃生，归园田居。至此，太平天国运动彻底失败。"这是一场悲壮的斗争。其悲剧意义不仅在于他们失败的结局，更在于他们借助宗教猛烈冲击传统却不能借助宗教而挣脱传统的六道轮回。反封建的人没有办法洗净自己身上的封建东西。因此，他们悲壮的事业中又有着一种历史的悲哀。"②

## 第四节 历史余响

太平天国运动在中国近代史的长河中，激起了惊涛骇浪。清末政治腐败，土地兼并严重，自然灾害频发，加之西方列强入侵，社会矛盾激化。时势造英雄，洪秀全从农民阶级立场出发，带领广大民众，掀起了波澜壮阔的革命战争，企图建立"人间天国"。金田起义，"天国"梦兴；定都天京，"天国"梦盛；天京内讧，"天国"梦危；天京沦陷，"天国"梦灭。太平天国运动是中国历史上轰轰烈烈的一场农民起义，综观其发展，可谓兴起蓬勃激昂，而衰亡哀婉可悲。长期以来，众多革命家、史学家、政治家纷纷著书立说，从不同角度探讨太平天国运动的成败得失，仁者见仁，智者见智。太平天国从小到大，由弱到强，而又从盛转衰，直至失败，有着多方面的原因。

客观而言，第一，中外反动势力互相勾结，联合镇压太平天国运动。第二次鸦片战争后，西方列强逐渐改变对华政策，开始扶持清政

---

① 《遵王赖文光自述》，载罗尔纲选注《太平天国诗文选》，中华书局1960年版，第185页。
② 陈旭麓：《近代中国社会的新陈代谢》，中国人民大学出版社2012年版，第83页。

府。清朝统治者认定外国侵略者暂无取代清朝统治的野心，联合西方列强镇压太平军，这是中国历史上任何一次农民战争不曾遇到过的新情况。中外反动势力联合后，在人力、物力和财力等方面，远超过太平天国。英法联军出兵抵抗太平军进入上海等地区，西方的坚船利炮协助清军攻破太平天国的城池，"常胜军"和"常捷军"直接参与了对太平军作战，清军在配备了西式武器后，战斗力已超太平军。呤唎在《太平天国革命亲历记》中写道："自英国以军械援助清政府后，炮艇装上了英国炮，水兵受了英国炮手的训练，因而成了一只战斗力很强的水军。"① 从这个角度来说，太平天国不仅是亡于清朝，更是亡于英法帝国主义者。

第二，太平天国辖区内连年灾荒，大大加重了太平天国政权所面临的粮食危机。"粮食事关太平天国的生死存亡"，"粮食是战争的一大支柱，往往直接影响到军事斗争的胜败"②。1856年，太平天国境内很多地区旱象严重，湖泊干涸，田地龟裂，禾稼枯萎。由于旱灾持久，气候异常干燥，致使蝗虫蔓延。这场旱灾和蝗灾给太平军的征粮带来极其严重的困难，以至于清军欢呼雀跃。1862年，苏南出现旱灾，太平军前来征粮，江苏的常熟、无锡等地不时发生的"激变田野"的暴动事件。1863年，因战争、灾荒连年，天京附近大片良田成为焦土，以至于天京陷落前"一食难求"。《忠王李秀成自述》中竟有四十多处提到粮食问题，天京缺粮，城内不能留重兵保卫，城外百万雄师不能来救。不仅如此，严重的水灾、雪灾等灾害也是太平军几次重大战役失利的重要原因。虽然决定每次战役胜负的因素来自多个方面，太平天国和清政府双方的军事战力、经济实力、战略战术至关重要，但自然灾害的确是导致太平军几次重大战役失败的不容忽视

---

① ［英］呤唎：《太平天国革命亲历记》，王维周译，上海人民出版社1997年版，第45页。

② 康沛竹：《灾荒与太平天国革命的失败》，《北方论丛》1995年第6期。

的因素。在水灾、雪灾等各种灾害中，太平军中淹死、冻死、饿死、病死的人不计其数，大大损伤了太平军的战斗力。1859年，太平军在安徽境内作战，将士疲惫。屋漏偏逢连夜雨，由于连日大雨，洪水泛涨，死者无数，士兵大量减员。1862年，太平军第二次进攻上海，突遇暴雪，"雨雪交加，不能行动。苏、杭河小水浅，下雪冰冻，不能舟行"①。太平军被迫暂停进攻，给防守上海的清军和洋兵以喘息的机会。1863年，太平军为解天京之围，出兵北上，"斯时正逢大江水涨，路道被水冲崩，无处行走……时九洑洲又被水没，官兵无栖身之所，有米无柴煮食，饿死甚多"②。

主观而言，第一，缺乏统一坚强的领导核心。虽然洪秀全贵为天王，但从金田起义起，杨秀清即成为太平军实际意义上的指挥者。"杨秀清是个具有雄才大略的农民起义领袖，不论是指挥战争，还是组织政府，他都有许多建树，为太平天国立下了不朽功勋。但是建都南京后，杨秀清的封建特权恶性膨胀。"③ 教权和皇权的矛盾根深蒂固，名义领导者和实际领导者"名不副实"，出现了激烈对抗。太平天国领导人争权夺利，东王身首异处，北王五马分尸，翼王负气出走。天京内讧后，太平天国的军政大权操于洪氏家族手中，引起不少将领的埋怨和不满。太平天国后期始终未能形成一个像太平天国前期那样比较团结的领导核心，缺乏一个总揽军政大权、众望所归的人物。"陈玉成、李秀成虽不愧为优秀将才，但均非军政全才；洪仁玕虽有才华，但资历浅，缺乏实战经验，且受到广西老兄弟的妒忌。他们虽不愧是太平天国的一流人才，用之对付象和春、张国梁之辈是胜任的，但要对付老奸巨猾的曾国藩、胡林翼，在知识和谋略方面就显

---

① 《忠王李秀成自述》，载罗尔纲选注《太平天国诗文选》，中华书局1960年版，第148页。
② 《忠王李秀成自述》，载罗尔纲选注《太平天国诗文选》，中华书局1960年版，第155页。
③ 苏双碧：《太平天国失败的原因及其历史教训》，《求是》2011年第2期。

得不及了。"①

第二，未能采取适合时宜的制度和政策。太平天国的政权完全建立在军事上，没有出色的政治建树。洪秀全虽然反对儒家文化，却不能冲破封建束缚，延续了"三纲五常"等级和世袭制度。太平天国推行均田制度，实行男女分居的社会政策，追求生产和分配的绝对平均主义，严重脱离了实际。毛泽东指出："绝对平均主义的来源，和政治上的极端民主化一样，是手工业和小农经济的产物，不过一则见之于政治生活方面，一则见之于物质生活方面罢了。"②"在分配土地问题上主张绝对平均主义的思想，它的性质是反动的、落后的、倒退的。"③ 太平天国前期对外政策并不明朗，表现出"兄弟＋傲慢＋警惕"的奇特情谊；后期不信任外国公使，不愿与洋人为伍，但反对西方列强的立场并不坚决。当西方列强扶持清军进攻太平军时，太平天国的反应相当迟钝。吟唎在《太平天国革命亲历记》中写道："我曾向忠王及许多其他首领一再提出忠告，说明外国人一旦发动战争的危险性，我认为额尔金勋爵对华政策的后果一定会引起战争。可是可怜的太平天国人们似乎被迷住一般，始终坚决不信并无兄弟之谊的所谓'外国兄弟'会怀有这种毫无理由的残暴的意图。"④

第三，拜上帝教存在理论缺陷。中国是一个历史悠久和文化昌盛的国家，各地都有多样的习俗。拜上帝教主张独一真神，排斥众神与偶像，禁止民间崇拜祖先的旧俗，不允许除夕祭祀、贴门神；废止传统婚葬习俗，推行符合拜上帝教的礼俗等，引起老百姓不同程度的反感情绪。洪秀全直接把矛头指向孔孟，焚古书，禁儒学，不符合中国人的心理，彻底触怒了士大夫和读书人，曾国藩发布《讨粤匪檄》。

---

① 张一文：《太平天国后期战争的战略问题》，《中国社会科学》1981 年第 3 期。
② 《毛泽东选集》第 1 卷，人民出版社 1991 年版，第 91 页。
③ 《毛泽东选集》第 4 卷，人民出版社 1991 年版，第 1314 页。
④ [英] 吟唎：《太平天国革命亲历记》，王维周译，上海人民出版社 1997 年版，第 406 页。

太平天国的国号本身就带有乌托邦虚无主义之意，他们援用西方宗教来牢笼愚民，却没有引用西方民主精神来开创基业。成也宗教，败也宗教。拜上帝教的指向是"天国"，而不是"民国"。冯友兰说："神权政治正是西方的缺点，洪秀全和太平天国所要向西方学习的正是这个缺点。如果洪秀全和太平天国统一了中国，那就要把中国拉回到西方的中世纪。使中国的近代化推迟了几个世纪。""曾国藩和太平天国的斗争，是中西两种文化、两种宗教的斗争，即有西方宗教斗争中所谓'圣战'的意义。这是曾国藩和太平天国斗争的历史意义。"①

第四，军事战略决策屡犯错误。太平军出广西，越湖南，攻武汉，取南京，威震中外。然而，占领南京并不是决定性的胜利，太平军应迅速行动，越过长江，向北推进。在革命战争中，在没有获得任何决定性的胜利之前，迅速行动是一个基本规则。"建都天京之所以是失策的，是因清政府还未被推翻，革命的历程正急速地向前发展之时，突然停止了脚步，这就给清廷留下极大的喘息机会。清军在惊魂稍定之后重整旗鼓，很快在南京城外扎下了江南大营，使太平军的作战部署不得不以护卫天京安全作为主要任务。太平军战略上由主动进攻转为被动防御。"② 太平天国后期，兵力分散，各自为战，缺乏统一的指挥，东西两大战场顾此失彼。陈玉成和李秀成南北两路攻取武汉的妙计流产，造成安庆保卫战等一系列战争的失败。安庆、苏州、常州失守后，天京门户大开，洪秀全拒绝"让城别走"，坐以待毙。

受到时代和阶级的局限，太平天国运动本质上依然是一场旧式的农民革命战争。"判断历史的功绩，不是根据历史活动家没有提供现代所要求的东西，而是根据他们比他们的前辈提供了新的东西。"③ 波澜壮阔的太平天国运动，历时十四年，遍及十七省，规模浩大，战

---

① 冯友兰：《中国哲学史新编》第6册，人民出版社1989年版，第75页。
② 苏双碧：《太平天国失败的原因及其历史教训》，《求是》2011年第2期。
③ 《列宁全集》第2卷，人民出版社1984年版，第154页。

事激烈，内容丰富，影响深远。

第一，太平天国运动沉重打击了中外反动势力。在中国封建社会的历史上，有着无数次的农民起义，这些农民起义大都是反对封建地主阶级的剥削和压迫。鸦片战争后，中国开始沦落为半殖民地半封建社会，社会主要矛盾逐步转变为封建主义和人民大众的矛盾、帝国主义和中华民族的矛盾，其中帝国主义和中华民族的矛盾是最主要矛盾。太平天国不可避免地承担着争取民族独立、人民解放和实现国家富强、人民富裕的两大历史任务。一方面，它严重地威胁了清政府的统治。太平天国出师北伐，京师震动，官眷出城者约有400家，钱铺闭歇者约有300家。另一方面，它在一定程度上，抵制了西方列强的侵略。太平天国运动之初，就严禁吸食鸦片和鸦片贸易，直接打击了鸦片贩子。外国公使一开始到南京，假称"中立"，寻求合作，太平天国宣示了独立的外交立场。陈旭麓说："造反的洪秀全和革命的孙中山都还曾相信过上帝和基督。在这些特定人物的身上，民族性不仅没有泯灭，反而与改革和进步相连，升华为自觉的爱国主义了。"① 太平军两次进攻上海，太平军攻克嘉定、青浦时，曾使英法联军为之丧胆，向外国侵略者展示了中国人民的强大革命力量。太平天国领导者尽管一度称洋人为"洋兄弟"，但还是识破了外国侵略者的真实面目。《忠王李秀成自述》谈及太平军与"洋鬼"作战，指出了"洋鬼"犯我中华。洪仁玕一向对外示好，在革命实践中不得不转变态度，最终恍然大悟："妖买通洋鬼，交为中国患。"②

第二，太平天国先后颁布了《天朝田亩制度》《资政新篇》，积极探索了国家独立、民族复兴之路。《天朝田亩制度》涉及经济、政治、文化和社会等各个方面，是以太平天国理想改造中国的蓝图。

---

① 陈旭麓：《近代中国社会的新陈代谢》，中国人民大学出版社2012年版，第2页。
② 《干王洪仁玕自述》，载罗尔纲选注《太平天国诗文选》，中华书局1960年版，第178页。

《天朝田亩制度》根据"凡天下田,天下人同耕"的原则,把每亩土地按每年产量的多少,分为九等,人多则分多,人寡则分寡,这体现公平正义的原则。《资政新篇》集中反映了当时先进的中国人向西方寻找真理和探索救亡图存道路的迫切愿望,是当时中国最完整的发展资本主义的方案,主张"以法治国"、舆论监督和直接选举政府官员,初步提出了民主法制思想,"在政治上,要把中国建立成一个带有法制与民主色彩的国家,在经济上,要通过建立、发展资本主义性质的近代企业以求富强。后来资产阶级改良主义者所提的方案,尽管有更深入的见解,更详细的计划,但是,都远不如它的规模宏伟"①。

第三,太平天国运动客观上削弱了晚清中央集权,使清政府的权力从满人向汉人转移。"地方督抚权力的膨胀,本是对于太平天国搅动天下的反应,但由此发生的制度递嬗却又不是最初做出反应的人们所预料得到的。庚子与辛丑之间的东南互保是有清270多年未见之局,然而追本溯源,其始点却起自太平天国的影响。"② 一批湘军和淮军的将领因功劳而擢升至重要职位,到1864年天京城破时,先后有20多人出任督抚,曾国藩受命两江总督,李鸿章受命江苏巡抚,左宗棠受命浙江巡抚,他们最后都升任大学士,尤其是李鸿章,官至直隶总督和北洋大臣。从前由满人占据的重要督抚位置,现在落入了汉人之手。清朝共设有15个巡抚,1840年由7个满人和8个汉人任此职。1864—1866年清朝15个巡抚均由汉人担任;1867—1869年清朝14个巡抚由汉人担任,满人只占1席。汉族官员势力扩张,汉民族意识随之增强,一些有识之士认识到清朝腐朽统治穷途末路。

第四,太平天国运动激励了资产阶级革命者,在中国近代史上起了推动历史前进的火车头作用。孙中山在孩提时就闻得太平天国的故

---

① 罗尔纲:《太平天国史》第2卷,中华书局2009年版,第858页。
② 陈旭麓:《近代中国社会的新陈代谢》,中国人民大学出版社2012年版,第84页。

事，不以成败论英雄，立志做"洪秀全第二"。孙中山为洪秀全"驱逐异族"所感召，提出"驱除鞑虏，恢复中华"。他在读完呤唎所著《太平天国革命亲历记》后，大赞李秀成"屡立战功"。华兴会创始人黄兴表示，他革命的动机是在年少时读太平天国杂史而起。1905年，同盟会成立后，重写太平天国历史，塑造洪秀全、李秀成等人的光辉形象。"20世纪初期从事反满革命的人们常常怀念洪秀全，并不因为他是上帝的儿子，而是因为他的反清扑满为后来者开了先路。"①

第五，太平天国运动是当时世界人民革命斗争的一部分，推动了亚洲民族解放运动，震撼了欧洲大陆。19世纪中叶，欧洲资本主义国家对亚洲各国疯狂地推销商品和掠夺原料，遭到亚洲各国人民的反抗。1848—1852年，伊朗爆发了巴布教徒起义；1857—1859年，印度爆发了民族大起义。相比而言，太平天国运动是当时亚洲人民反对西方列强规模最大、时间最长的一次战争。不仅如此，当太平天国革命发生时，欧洲1848年革命刚刚失败，无产阶级革命运动正处于低潮，中国革命不仅策应了亚洲其他国家革命，还反作用于欧洲革命。太平天国运动促进了亚洲民族觉醒，鼓舞了全世界被压迫阶级和被压迫民族的斗争。

总之，我们要坚持马克思主义的立场、观点和方法，实事求是，对太平天国运动的历史地位和当代价值做出公正客观的评价，不能否定和贬低太平天国运动反帝反封建的伟大意义，更不能苛求以洪秀全为代表的农民阶级，忽视他们伟大的历史功绩。"我们只能在我们时代的条件下去认识，而且这些条件达到什么程度，我们就认识到什么程度。"②农民分散于广大地区，具有狭隘性、保守性和自私性的致命弱点，他们需要城市里更集中、更有知识、更易动员起来的人民的

---

① 陈旭麓：《近代中国社会的新陈代谢》，中国人民大学出版社2012年版，第75页。
② 《马克思恩格斯文集》第9卷，人民出版社2009年版，第494页。

领导和推动。"……没有新的生产力和新的生产关系，没有新的阶级力量，没有先进的政党，因而这种农民起义和农民战争得不到如同现在所有的无产阶级和共产党的正确领导，这样，就使当时的农民革命总是陷于失败。"① 但是，太平天国运动已经达到了历代农民战争的最高峰，是继鸦片战争后中国近代史发展的第二个转折点。作为革命的主力军，农民阶级表现了无畏的牺牲精神，他们用热血谱写了华章。太平天国运动虽然失败了，没有完成反帝反封建的革命任务，但在英雄们用鲜血浇灌的土地上，却促使着新的社会阶级力量加速生长，推动着注入新鲜血液的中国革命走上更高阶段。

---

① 《毛泽东选集》第 2 卷，人民出版社 1991 年版，第 625 页。

# 余　　论

马克思（1818—1883）和恩格斯（1820—1895）作为同时代人从青年时期就开始关注中国问题，他们运用马克思主义的立场、观点和方法，利用所能得到的材料，研究鸦片贸易、鸦片战争、太平天国运动、中国革命对欧洲革命和中外贸易的影响。围绕这些问题，马克思和恩格斯发表了大量的研究成果（见表），从经济、政治、文化角度分析了近代中国社会的特点，揭露了西方列强对华战争的侵略本质和血腥暴行，科学评价了对中国农民革命战争，在宏大历史叙事中渗透出深邃的理性力量。

表　　马克思和恩格斯研究中国问题的文章

| 序号 | 发表时间 | 标题 | 作者 | 原文出处 |
| --- | --- | --- | --- | --- |
| 1 | 1850 年 | 《国际述评》 | 马克思、恩格斯 | 《新莱茵报》 |
| 2 | 1853 年 6 月 14 日 | 《中国革命和欧洲革命》 | 马克思 | 《纽约每日论坛》 |
| 3 | 1856 年 11 月 1 日 | 《欧洲的金融危机——货币流通史片段》 | 马克思 | 《纽约每日论坛》 |
| 4 | 1857 年 1 月 23 日 | 《英中冲突》 | 马克思 | 《纽约每日论坛》 |
| 5 | 1857 年 3 月 16 日 | 《议会关于对华军事行动的辩论》 | 马克思 | 《纽约每日论坛》 |
| 6 | 1857 年 4 月 7 日 | 《俄国的对华贸易》 | 马克思 | 《纽约每日论坛》 |
| 7 | 1857 年 4 月 10 日 | 《英人在华的残暴行动》 | 马克思 | 《纽约每日论坛》 |

续表

| 序号 | 发表时间 | 标题 | 作者 | 原文出处 |
|---|---|---|---|---|
| 8 | 1857年4月17日 | 《英人对华的新远征》 | 马克思 | 《纽约每日论坛》 |
| 9 | 1857年6月5日 | 《波斯和中国》 | 恩格斯 | 《纽约每日论坛》 |
| 10 | 1858年9月20日 | 《鸦片贸易史》（一） | 马克思 | 《纽约每日论坛》 |
| 11 | 1858年9月25日 | 《鸦片贸易史》（二） | 马克思 | 《纽约每日论坛》 |
| 12 | 1858年10月5日 | 《英中条约》 | 马克思 | 《纽约每日论坛》 |
| 13 | 1858年10月15日 | 《中国和英国的条约》 | 马克思 | 《纽约每日论坛》 |
| 14 | 1858年11月8日 | 《俄国在远东的成功》 | 恩格斯 | 《纽约每日论坛》 |
| 15 | 1859年9月27日 | 《新的对华战争》（一） | 马克思 | 《纽约每日论坛》 |
| 16 | 1859年10月1日 | 《新的对华战争》（二） | 马克思 | 《纽约每日论坛》 |
| 17 | 1859年10月10日 | 《新的对华战争》（三） | 马克思 | 《纽约每日论坛》 |
| 18 | 1859年10月18日 | 《新的对华战争》（四） | 马克思 | 《纽约每日论坛》 |
| 19 | 1859年12月3日 | 《对华贸易》 | 马克思 | 《纽约每日论坛》 |
| 20 | 1862年7月7日 | 《中国记事》 | 马克思 | 《新闻报》 |

## 一 马克思和恩格斯"中国的社会主义"论的内涵

马克思和恩格斯关注中国问题，始于鸦片贸易和鸦片战争。在论及英国对中国输入鸦片及其危害时，马克思指出："由于东印度公司从商务机构改组为纯粹的政府机构，对华贸易就向英国私人企业敞开了大门，这些企业干得非常起劲，尽管天朝政府拼命抵制，在1837年还是把价值2500万美元的39000箱鸦片顺利地偷运进了中国。"① "在1830年以前，中国人在对外贸易上经常是出超，白银不断地从印度、英国和美国向中国输出。可是从1833年，特别是1840年以来，由中国向印度输出的白银，几乎使天朝帝国的银源有枯竭的危险。"② 在论及中国严禁鸦片及其效果时，马克思指出："天朝的立法者对违禁的臣民所施行的严厉惩罚以及中国海关所颁布的严格禁令，结果都

---

① 《马克思恩格斯选集》第1卷，人民出版社2012年版，第806页。
② 《马克思恩格斯选集》第1卷，人民出版社2012年版，第779页。

毫不起作用。中国人的道义抵制的直接后果就是，帝国当局、海关人员和所有的官吏都被英国人弄得道德堕落。侵蚀到天朝官僚体系之心脏、摧毁了宗法制度之堡垒的腐败作风，就是同鸦片烟箱一起从停泊在黄埔的英国趸船上被偷偷带进这个帝国的。"① 在论及鸦片战争给中国带来的灾难后果时，马克思指出："中国在1840年战争失败以后被迫付给英国的赔款、大量的非生产性的鸦片消费、鸦片贸易所引起的金银外流、外国竞争对本国工业的破坏性影响、国家行政机关的腐化，这一切造成了两个后果：旧税更重更难负担，旧税之外又加新税。"② 基于此，马克思预言："英国的大炮破坏了皇帝的权威，迫使天朝帝国与地上的世界接触。与外界完全隔绝曾是保存旧中国的首要条件，而当这种隔绝状态通过英国而为暴力所打破的时候，接踵而来的必然是解体的过程，正如小心保存在密闭棺材里的木乃伊一接触新鲜空气便必然要解体一样。"③

马克思和恩格斯关注中国问题，思考中国出路，劳苦大众革命活动逐渐成为他们当时的研究旨趣。1850年1月31日至2月底，马克思和恩格斯合写《国际述评》，发表于《新莱茵报》1850年第2期。在《国际述评》一文中，马克思和恩格斯提到："虽然中国的社会主义跟欧洲的社会主义像中国哲学跟黑格尔哲学一样具有共同之点，但是，有一点仍然是令人欣慰的，即世界上最古老最巩固的帝国8年来在英国资产者的大批印花布的影响之下已经处于社会变革的前夕，而这次变革必将给这个国家的文明带来极其重要的结果。"④ 马克思和恩格斯此时是否听闻洪秀全或冯云山，不得而知。那么，马克思和恩格斯为什么提到"中国的社会主义"？这与居茨拉夫大有关联。

---

① 《马克思恩格斯选集》第1卷，人民出版社2012年版，第804—805页。
② 《马克思恩格斯选集》第1卷，人民出版社2012年版，第780页。
③ 《马克思恩格斯选集》第1卷，人民出版社2012年版，第780—781页。
④ 《马克思恩格斯全集》第7卷，人民出版社1959年版，第265页。

如前所述，居茨拉夫是德国人，中文名字为郭士立，在中国传教近20年，在两广地区非常活跃，十分了解中国信众情况。居茨拉夫1844年发起福汉会，罗孝全是福汉会在广州的主要负责人。拜上帝会与福汉会保持着联系的密切，洪秀全和洪仁玕曾在广州跟随罗孝全，学习郭士立译成的《圣经》中文本。洪秀全随身携带郭士立版《圣经》，并反复研读，冯云山后来成为福汉会的重要成员。"清官书有载尝学道于郭士立牧师，此随无史可征，惟洪秀全、洪仁玕、冯云山于福汉会之教士乃有多相往还。"① 据此断定，居茨拉夫应该了解拜上帝会相关活动，可能了解洪秀全"太平社会"主张。1849—1850年，居茨拉夫离开中国在英国等欧洲多国游历。1849年年底，他曾在伦敦大学和伦敦统计学会等地发表演讲，介绍中国社会情况。

此时，马克思定居伦敦，一年前（1848年）和恩格斯在伦敦公开发表《共产党宣言》，标着马克思主义的诞生，社会主义由空想到科学。②《共产党宣言》指出："至今一切社会的历史都是阶级斗争的历史"，③"资产阶级的灭亡和无产阶级的胜利是同样不可避免的"④，"代替那存在着阶级和阶级对立的资产阶级旧社会的，将是这样一个联合体，在那里，每个人的自由发展是一切人的自由发展的条件"。⑤"共产党人不屑于隐瞒自己的观点和意图。他们公开宣布：他们的目的只有用暴力推翻全部现存的社会制度才能达到。让统治阶级在共产

---

① 李志刚：《基督教早期在华传教史》，台湾商务印书馆1985年版，第303页。
② 恩格斯在1888年《共产党宣言》英文版序言中写道："当我们写这个《宣言》时，我们不能把它叫做社会主义宣言……在1847年，社会主义是资产阶级的运动，而共产主义则是工人阶级的运动。当时，社会主义，至少在大陆上，是'上流社会的'，而共产主义却恰恰相反。"19世纪50年代后，"社会主义"在广大工人当中影响越来越大，"共产主义"显得曲高和寡，马克思和恩格斯开始使用社会主义，把社会主义和共产主义作为同义词，自称是"科学社会主义"。19世纪90年代，恩格斯认识到社会主义是共产主义的初级阶段，共产主义是一个更长远的目标。
③ 《马克思恩格斯选集》第1卷，人民出版社2012年版，第400页。
④ 《马克思恩格斯选集》第1卷，人民出版社2012年版，第413页。
⑤ 《马克思恩格斯选集》第1卷，人民出版社2012年版，第422页。

主义革命面前发抖吧。无产者在这个革命中失去的只是锁链。他们获得的将是整个世界。全世界无产者，联合起来！"①

马克思和恩格斯是否见过居茨拉夫，是否现场听过居茨拉夫的演讲，不得而知。但是，马克思和恩格斯知道了居茨拉夫的演讲内容，在《国际述评》中写道："再谈一谈有名的德国传教士居茨拉夫从中国回来后宣传的一件值得注意的新奇事情。在这个国家，缓慢地但不断地增加的过剩人口，早已使它的社会条件成为这个民族的大多数人的沉重枷锁。后来英国人来了，用武力达到了五口通商的目的。成千上万的英美船只开到了中国；这个国家很快就为不列颠和美国廉价工业品所充斥。以手工劳动为基础的中国工业经不住机器的竞争。牢固的中华帝国遭受了社会危机。税金不能入库，国家濒于破产，大批居民赤贫如洗，这些居民开始愤懑激怒，进行反抗，殴打和杀死清朝的官吏和和尚。这个国家据说已经接近灭亡，甚至面临暴力革命的威胁，但是，更糟糕的是，在造反的平民当中有人指出了一部分人贫穷和另一部分人富有的现象，要求重新分配财产，过去和现在一直要求完全消灭私有制。当居茨拉夫先生离开 20 年之后又回到文明人和欧洲人中间来的时候，他听到人们在谈论社会主义，于是问道：这是什么意思？别人向他解释以后，他便惊叫起来：'这么说来，我岂不到哪儿也躲不开这个害人的学说了吗？这正是中国许多庶民近来所宣传的那一套啊！'"②

由此可见，"社会主义"和"中国许多庶民近来所宣传的那一套"首先是在居茨拉夫的演讲中有了关联。作为资产阶级反动势力，居茨拉夫敌视无产阶级和劳苦大众；作为基督教福汉会的领导者，居茨拉夫否定洪秀全所创拜上帝教。③ 所以，尽管"社会主义"和"中

---

① 《马克思恩格斯选集》第 1 卷，人民出版社 2012 年版，第 435 页。
② 《马克思恩格斯全集》第 7 卷，人民出版社 1959 年版，第 264 页。
③ 福汉会在广州的主要负责人罗孝全拒绝为洪秀全洗礼，或许与居茨拉夫有关。

国许多庶民近来所宣传的那一套"根本不同,但居茨拉夫将二者视为同一,称为"害人的学说"。

马克思和恩格斯"中国的社会主义"论是针对居茨拉夫的演讲而提出。马克思和恩格斯所谓的"中国的社会主义"具体是指什么?有学者认为,"中国的社会主义"是指天地会造反活动,笔者认为与理不通,天地会固然杀富济贫,但没有"殴打和杀死……和尚",更没有"要求完全消灭私有制"。有学者认为,"中国的社会主义"是指太平天国运动,笔者认为过于宽泛,太平天国运动波澜壮阔十余年,而马克思和恩格斯《国际述评》写于1850年年初,且还有居茨拉夫转述的时间差。德国MEGA2(《马克思恩格斯全集》历史考证版第二版)有关于《国际述评》的注解,介绍了马克思和恩格斯提及"中国的社会主义"背景,指向1845—1848年洪秀全、冯云山组织拜上帝会和建立庄园武装的事情。这为我们提供了一种研究线索。

如前所述,洪秀全在1845—1847年写出了三篇宗教文章《原道救世歌》《原道醒世训》《原道觉世训》,站在中国被压迫、被剥削的劳苦大众立场上,重新认识和改造了基督教,实现基督教"世俗化""本地化",把敬拜上帝和贫苦农民迫切愿望结合起来,劝导世人拜上帝、学正人、捐妄念、惩富济贫,实现公正太平的社会理想。1846年冯云山创立拜上帝会,遥奉洪秀全为教主。洪秀全和冯云山把孔教、佛教、道教等其他宗教视为妖术,他们认为四书五经的撰写者、和尚道士在助纣为虐。因此,"中国的社会主义"是指洪秀全、冯云山等人早期革命活动,尤其是对"天下一家,共享太平"学说的宣传。

马克思和恩格斯对于"中国的社会主义"持什么样的态度?有学者认为,马克思和恩格斯完全否定"中国的社会主义"。有学者认为,马克思和恩格斯充分肯定"中国的社会主义"。笔者认为,以上两种观点过去极端,难以令人信服。通过语言学索引,分析"中国哲学跟黑格尔哲学"的关系,探究"中国的社会主义跟欧洲的社会主义"的深意,见仁见智,但不应过度引申。马克思和恩格斯是通过居茨拉夫得知"中国许多庶民近来所宣传的那一套",并不了解"中国的社会主义"实情。基于马克思和恩格斯唯物主义历史观和实事求是方法论,笔者认为马克思和恩格斯此时对于"中国的社会主义"的态度应该是谨慎乐观。

早在1845—1846年,马克思和恩格斯就已经提出了世界历史理论:"各民族的原始封闭状态由于日益完善的生产方式、交往以及因交往而自然形成的不同民族之间的分工消灭得越是彻底,历史也就越是成为世界历史。"① 虽然1848年欧洲革命失败,但是资本主义社会基本矛盾没有改变,无产阶级阶级革命不会停止。马克思和恩格斯密切观察着资本主义的发展,等待新的革命高潮的来临。洪秀全、冯云山等人早期的革命活动,从侧面证实了马克思和恩格斯关于革命的预言,以"太平社会"学说为主要代表"中国的社会主义"是当时中国革命的理论基础。在《国际述评》中,马克思对"中国的社会主义"做出了大胆而乐观的预测:"如果我们欧洲的反动分子不久的将来会逃奔亚洲,最后到达万里长城,到达最反动最保守的堡垒的大门,那末他们说不定就会看见这样的字样:中华共和国 自由 平等 博爱。"②

今日观之,洪秀全、冯云山"太平社会"学说与马克思和恩格斯"科学社会主义"学说有着根本区别,本质上是农民乌托邦社会主义,但对于当时处于水深火热的中国人民来说仍不失为革命理论。

## 二 马克思和恩格斯对太平天国运动的研究

在《国际述评》发表之后的十几年间,马克思和恩格斯以极大的

---

① 《马克思恩格斯选集》第1卷,人民出版社2012年版,第168页。
② 《马克思恩格斯全集》第7卷,人民出版社1959年版,第265页。

热情，持续地关注"中国的社会主义"，坚持用科学的方法研究、分析和评价太平天国运动。1853年3月，太平天国定都天京（南京），正式建立了与清廷分庭抗礼的政权。同年6月，马克思在《纽约每日论坛》发表《中国革命与欧洲革命》。对于太平天国运动爆发的原因，马克思说："中国的连绵不断的起义已经延续了约十年之久，现在汇合成了一场惊心动魄的革命；不管引起这些起义的社会原因是什么，也不管这些原因是通过宗教的、王朝的还是民族的形式表现出来，推动了这次大爆发的毫无疑问是英国的大炮，英国用大炮强迫中国输入名叫鸦片的麻醉剂。满族王朝的声威一遇到英国的枪炮就扫地以尽，天朝帝国万世长存的迷信破了产，野蛮的、闭关自守的、与文明世界隔绝的状态被打破，开始同外界发生联系……这个帝国的银币——它的血液——也开始流向英属东印度。"[①] 马克思意识到英国侵华战争是中国革命的外部刺激，侵略者（帝国主义）和清政府（封建主义）是中国人民的革命对象。

马克思认为中国革命与欧洲革命"两极相联"，"中国革命对文明世界很可能发生的影响却是这个原则的一个明显例证。欧洲人民的下一次起义，他们下一阶段争取共和国自由，争取廉洁政府的斗争，在更大的程度上恐怕要决定于天朝帝国（欧洲的直接对立面）目前所发生的事件，而不是决定于现存其他任何政治原因，甚至不是决定于俄国的威胁及其带来的可能发生全欧战争的后果"[②]。从世界历史的角度，中国的革命无疑会影响到欧洲社会，从外部来推动欧洲无产阶级革命运动的重新兴起。马克思预言："中国革命将把火星抛到现今工业体系这个火药装得足而又足的地雷上，把酝酿已久的普遍危机引爆，这个普遍危机一扩展到国外，紧接而来的将是欧洲大陆的政治

---

[①] 《马克思恩格斯选集》第1卷，人民出版社2012年版，第779页。
[②] 《马克思恩格斯选集》第1卷，人民出版社2012年版，第778页。

革命。这将是一个奇观：当西方列强用英法美等国的军舰把'秩序'送到上海、南京和运河口的时候，中国却把动乱送往西方世界。"①

1856年6月，太平军打破清军江北、江南大营后，太平天国达到鼎盛时期。同年11月，马克思在《纽约每日论坛》发表《欧洲的金融危机——货币流通史片段》，"断定这次中国革命对欧洲的影响一定比俄国的所有战争、意大利的宣言和欧洲大陆上的秘密社团所起的影响大得多，这决不是轻率的"②。他把太平天国运动直接称为"中国革命"，肯定了中国革命的世界意义，对"中国的社会主义"前途充满希望。

然而，"中国革命"不是无产阶级社会主义革命，"中国的社会主义"不是科学社会主义。洪秀全等人宣扬的农民乌托邦社会主义具有很大的局限性，农民阶级争取自由平等的社会革命缺乏科学的理论指导。1862年6月，马克思在《泰晤士报》上读到英国驻宁波领事夏福礼写给英国驻北京公使普鲁斯的信。这封信记述了太平军的"暴行"，"宁波落入革命太平军之手已经三个月了。这里同这些强盗们统辖的任何地方一样，破坏是唯一的结果。此外他们就没有别的目的了。在他们看来，使自己拥有无限的胡作非为的权力确实同杀人一样重要。太平军的这种观点，同传说太平军将'解放中国'，'复兴中国'，拯救人民和'推行基督教'的英国教士们的幻想实在不相符合。10年来他们的喧嚣一时的毫无意义的活动，把什么都破坏了，而什么都没有建设起来"③。

马克思采信了这封信，他一改先前对太平天国运动的肯定与赞扬。1862年7月，马克思在《新闻报》发表《中国记事》。他直言："除了改朝换代以外，他们没有给自己提出任何任务。他们没有任何

---

① 《马克思恩格斯选集》第1卷，人民出版社2012年版，第783—784页。
② 《马克思恩格斯全集》第12卷，人民出版社1962年版，第76页。
③ 《马克思恩格斯全集》第15卷，人民出版社1963年版，第546页。

口号。他们给予民众的惊惶比给予老统治者们的惊惶还要厉害。他们的全部使命，好像仅仅是用丑恶万状的破坏来与停滞腐朽对立，这种破坏没有一点建设工作的苗头。"① 马克思对太平军进行了相当严厉的批判，称之为"灾星"，"太平军就是中国人的幻想所描绘的那个魔鬼的 in persoua［化身］"②。基于客观的立场，马克思一针见血地指出："只有在中国才能有这类魔鬼。这类魔鬼是停滞的社会生活的产物。"③ 可以说，马克思对"中国的社会主义"态度存在一个鲜明的转变，由最初对"中国革命"的高度赞扬和深切期望，到后来对"太平军"的严厉批判和恶语指责。然而，马克思后来对太平军的批评和指责，并不否定他最初对"中国革命"的赞扬和期望。

回顾太平天国运动，金田起义后，太平军所到之处，惩富济贫，开仓放粮，减免地租，纪律严肃，秋毫不犯，百姓踊跃参军，协助杀敌，以摧枯拉朽之势席卷广西、湖南、湖北、江西、安徽、江苏六省。定都天京后，太平天国领导集团腐化堕落，骄奢淫逸，争权夺利，最终导致天京内讧，恩格斯称之为"自己手下人阴谋之害"④。农民阶级的狭隘性、保守性和自私性显露出来，革命形势急转直下。太平军信仰崩塌，革命斗志消磨，盘剥商人，欺压百姓，甚至烧杀抢掠。由此可见，马克思对"中国的社会主义"态度转变是正确的。当太平天国运动初期具有革命性时，马克思热情地赞扬和肯定它；当平天国运动蜕化变质以致彻底失败时，马克思指出其原因和必然性。这是真正的实事求是。马克思作为历史唯物主义者，坚持实事求是，他对"中国的社会主义"态度转变符合认识论的基本原则。

马克思在追踪分析太平天国运动的同时，深入研究资本主义经济

---

① 《马克思恩格斯全集》第 15 卷，人民出版社 1963 年版，第 545 页。
② 《马克思恩格斯全集》第 15 卷，人民出版社 1963 年版，第 548 页。
③ 《马克思恩格斯全集》第 15 卷，人民出版社 1963 年版，第 548 页。
④ 《马克思恩格斯选集》第 1 卷，人民出版社 2012 年版，第 800 页。

运行规律，构思关于资本主义世界的理论体系。1857年4月，马克思在《纽约每日论坛》发表《俄国的对华贸易》。他通过研究经济数据来分析太平天国运动对中俄贸易的影响，"1853年，因为中国内部不安定以及产茶省区的通路被明火执仗的起义者队伍占领，所以运到恰克图的茶叶数量减少到5万箱，那一年的全部贸易额只有600万美元左右"①。1858年10月，马克思在《纽约每日论坛》发《英中条约》。通过研究经济数据来分析太平天国运动对中英贸易的影响，"中国的进口市场自1842年开放以来，其意义之所以不大的最后一个原因据说就是中国革命；……外国进口所遇到的产生于帝国内部动乱状态的一切障碍，只会增加不会减少"②。

欧洲资本主义国家在亚洲各国疯狂地倾销商品和掠夺原料，甚至发动侵略战争，遭到亚洲各国人民的反抗。马克思恩格斯站在人民的正义立场上，揭露和痛斥了西方的侵略行径。1857年4月，马克思在《纽约每日论坛》发表《英人在华的残暴行动》。他指出英国和法国挑起的第二次鸦片战争是"极端不义的战争"，"英国人控告中国人一桩，中国人至少可以控告英国人九十九桩"③。中国人民的反抗会源源不断，"压抑着的、鸦片战争时燃起的仇英火种，爆发成了任何和平和友好的表示都未必能扑灭的愤怒烈火"④。1857年6月，恩格斯在《纽约每日论坛》发表《波斯和中国》，高度赞扬中国对于外国侵略者的抗击，"我们不要像道貌岸然的英国报刊那样从道德方面指责中国人的可怕暴行，最好承认这是'保卫社稷和家园'的战争，这是一场维护中华民族生存的人民战争"⑤。恩格斯把太平天国运动看作中国人民自我保护的方式和亚洲人民自我解放的曙光，"国内战

---

① 《马克思恩格斯选集》第1卷，人民出版社2012年版，第787页。
② 《马克思恩格斯选集》第1卷，人民出版社2012年版，第813页。
③ 《马克思恩格斯选集》第1卷，人民出版社2012年版，第793页。
④ 《马克思恩格斯选集》第1卷，人民出版社2012年版，第793页。
⑤ 《马克思恩格斯选集》第1卷，人民出版社2012年版，第798页。

争已经把帝国的南方与北方分开,看来起义者之王在南京不会受到帝国军队的危害……中国的南方人在反对外国人的斗争中所表现的那种狂热本身,似乎表明他们已觉悟到旧中国遇到极大的危险;过不了多少年,我们就会亲眼看到世界上最古老的帝国的垂死挣扎,看到整个亚洲新纪元的曙光"①。

---

① 《马克思恩格斯选集》第1卷,人民出版社2012年版,第800页。

# 附录　太平天国运动民间诗歌选

### 一统山河乐太平

一统天朝界，山河万重新；
士民皆欢乐，咸颂太平春。

### 三迎太平军

一迎太平军亲哥哥，"顺"字贴在大门口；
九岁伢子放炮竹，白发公公忙敬酒；
驼背婆婆哈哈笑，拖住太平军不肯走。
二迎太平军亲哥哥，半夜三更上瓜洲；
告诉哥哥事一桩，城里百姓有个头；
太平军二进扬州城，里应外合打走雷老狗。
三迎太平军亲哥哥，跟随哥哥出扬州；
刀枪兵马全学会，不让天京来失守；
杀尽清兵保天国，农民不受地主气。

## 歌颂翼王

（一）

翼王派兵到我家，问声米粮差不差；

缺粮给谷并银两，牵来牛夭又有耙；

财主佬心乱似麻，穷佬心里正开花；

自耕自耘自得吃，大家齐唱太平歌。

（二）

苗家救星是翼王，枯苗得雨喜若狂；

从今耕耘齐落力，为保太平把兵当。

## 歌颂忠王

（一）

青竹竿，白竹台，欢迎忠王到苏州来。

杀脱张、和两强盗，我伲（们）农民好把头抬。

（二）

毛竹笋，两头黄，农民领袖李忠王；

地主见了他像见阎王，农民见了他赛过亲娘。

黄秧叶子绿油油，忠王是个好领袖；

地主见了他两脚抖，农民见了他点点头。

农民领袖李秀成，是我伲（们）农民大恩人；

杀了土豪和恶霸，领导我伲（们）把田分。

（三）

长江裏水向东流，我伲（们）日夜都发愁。

千愁万愁不愁别，愁你一去不回头。

（四）

麻雀麻雀好自由，飞东飞西不发愁。

你到天京托件事，看看忠王瘦不瘦？

（五）
哥哥去砌报恩碑，妹妹在家做针线；
报恩报的忠王恩，针线做的太平衣。

## 歌颂遵王

（一）
遵王大刀三尺高，清兵一见魂飞掉；
慌忙跪在马脚下，口口声声开讨饶；
遵王说："你听好，再当清兵吃一刀！"

（二）
竹叶青，竹叶香，太平军路过瓜洲塘；
打开坛子翻开瓮，家中没有一粒粮；
太平军，恩难忘，烧杯清茶敬遵王。

## 不见哥哥回家中

豌豆花开花蕊红，太平军哥哥一去影无踪；
我黄昏守到旧头上，我三春守到腊月中；
只见雁儿往南飞，不见哥哥回家中。
豌豆花开花蕊红，太平军哥哥一去影无踪；
我做新衣留他穿，我砌新屋等他用；
只见雁儿往南飞，不见哥哥回家中。
豌豆花开花蕊红，太平军哥哥一去影无踪；
娘娘哭得头发白，妹妹哭得眼睛红；
只见雁儿往南飞，不见哥哥回家中。
豌豆花开花蕊红，豌豆结荚好留种；
来年种下小豌豆，花儿开得更加红；
太平军哥哥五个字，永远记在人心中。

# 参考文献

## 一　资料

《洪北江诗文集》第1—3册，商务印书馆1935年版。

广西壮族自治区通志馆编：《太平天国革命在广西调查资料汇编》，广西人民出版社1962年版。

蒋维明编：《川湖陕白莲教起义资料辑录》，四川人民出版社1980年版。

康沛竹等编：《〈中国近现代史纲要〉教学重点文献资料选编》，北京大学出版社2012年版。

康沛竹选注：《龚自珍集》，辽宁人民出版社1994年版。

李文海等：《近代中国灾荒纪年》，湖南教育出版社1990年版。

梁启超：《李鸿章传》，湖北人民出版社2004年版。

罗尔纲、罗文起辑录：《太平天国散佚文献勾沉录》，贵州人民出版社1993年版。

罗尔纲、王庆成编：《中国近代史资料丛刊续编：太平天国》第1—10卷，广西师范大学出版社2004年版。

罗尔纲选注：《太平天国诗文选》，中华书局1960年版。

容闳：《西学东渐记》，岳麓书社1985年版。

太平天国革命时期广西农民起义资料编辑组编：《太平天国革命时期广西农民起义资料》第1—2册，中华书局1978年版。

太平天国历史博物馆编：《太平天国文书汇编》，中华书局1979年版。

王庆成编注：《天父天兄圣旨》，辽宁人民出版社1986年版。

中国史学会编：《中国近代史资料丛刊：太平天国》第1—8卷，上海人民出版社1957年版。

中国史学会主编：《中国近代史资料丛刊：太平天国》第1—8卷，神州国光社1952年版。

## 二　著作

《马克思恩格斯选集》第1—4卷，人民出版社2012年版。

《毛泽东选集》第1—4卷，人民出版社1991年版。

陈旭麓：《近代中国社会的新陈代谢》，中国人民大学出版社2012年版。

崔之清、胡臣友：《洪秀全评传》，南京大学出版社2002年版。

郭廷以：《近代中国史纲》，格致出版社2012年版。

郭毅生主编：《太平天国历史地图集》，中国地图出版社1989年版。

郭毅生主编：《太平天国历史与地理》，中国地图出版社1989年版。

蒋廷黻：《中国近代史》，武汉出版社2012年版。

康沛竹：《灾荒与晚清政治》，北京大学出版社2002年版。

康沛竹主编：《中国近现代史前沿问题研究》，安徽人民出版社2012年版。

李侃等编：《中国近代史》，中华书局2012年版。

李文海、刘仰东：《太平天国社会风情》，中国人民大学出版社1989年版。

郦纯：《太平天国制度初探》，中华书局1989年版。

刘晨：《萧朝贵研究》，九州出版社2014年版。

罗尔纲：《太平天国史》第1—4卷，中华书局2009年版。

茅家琦主编：《太平天国通史》第1—3卷，南京大学出版社1991年版。

梅毅：《帝国殃咎：太平天国真史》，海天出版社2012年版。

苏双碧：《太平天国史综论》，广西人民出版社1993年版。

王明前：《太平天国的权力结构和农村政治》，中国社会科学出版社2012年版。

王庆成：《太平天国的历史和思想》，中国人民大学出版社2010年版。

夏春涛：《从塾师、基督徒到王爷：洪仁玕》，社会科学文献出版社2007年版。

夏春涛：《太平天国与晚清社会》，北京师范大学出版社2018年版。

夏春涛：《天国的陨落：太平天国宗教再研究》，中国人民大学出版社2006年版。

张海鹏、翟金懿：《简明中国近代史读本》，中国社会科学出版社2018年版。

张一文：《太平天国军事史》，广西人民出版社1994年版。

张远鹏：《太平天国史话》，社会科学文献出版社2011年版。

周伟驰：《太平天国与启示录》，中国社会科学出版社2013年版。

［美］费正清，刘广京编：《剑桥中国晚清史》，厉以平译，中国社会科学出版社1985年版。

［美］孔飞力：《叫魂：1768年中国妖术大恐慌》，陈兼译，生活·读书·新知三联书店2014年版。

［美］孔飞力：《中华帝国晚期的叛乱及其敌人》谢亮生等译，中国社会科学出版社1990年版。

［美］史景迁：《太平天国》，朱庆葆等译，广西师范大学出版社 2011 年版。

［美］徐中约：《中国近代史：1600—2000，中国的奋斗》，计秋枫等译，世界图书出版公司 2008 年版。

［英］呤唎：《太平天国革命亲历记》，王维周译，上海人民出版社 1997 年版。

## 三 论文

蔡少卿：《太平天国起义与千年王国》，《学术研究》2002 年第 8 期。

曹树基：《太平天国战争对苏南人口的影响》，《历史研究》1998 年第 2 期。

陈文斌：《太平天国运动与近代上海第一次移民潮》，《学术月刊》1998 年第 8 期。

方之光、袁蓉：《国民党对太平天国评价转变的历史启示》，《南京大学学报》2010 年第 1 期。

顾建娣：《太平天国运动后江南驻防的恢复与重建》，《近代史研究》2020 年第 3 期。

宦洪云：《太平天国思想文化核心价值述评》，《南京社会科学》2006 年第 8 期。

姜涛：《关于太平天国的反满问题》，《清史研究》2011 年第 1 期。

康沛竹：《灾荒与太平天国革命的失败》，《北方论丛》1995 年第 6 期。

李惠民：《关于太平天国北伐战役的战俘问题》，《清史研究》1997 年第 4 期。

李侃：《农民战争的高峰和天京的悲剧》，《中国社会科学》1980 年第 1 期。

林宏、赵伟：《试论太平天国政权性质及其演变趋势》，《广东社会科学》1994 年第 4 期。

刘晨：《从密议、密函到明诏：天京事变爆发的复杂酝酿》，《史林》2017 年第 3 期。

刘晨：《太平天国时期江南地区的社会恐慌——兼谈太平军恐怖形象之成因》，《安徽史学》2018 年第 5 期。

刘晨：《太平天国统治区的民变与政府应对研究》，《近代史研究》2019 年第 2 期。

刘晨：《太平天国早期萧朝贵与杨秀清关系考辨》，《安徽史学》2015 年第 3 期。

刘晨：《再探"洪宣娇"》，《清史研究》2013 年第 1 期。

罗尔纲：《太平天国开"女科"事探讨》，《学术月刊》1984 年第 7 期。

茅海建：《太平天国定都天京是一大战略错误》，《历史教学》1981 年第 3 期。

宓汝成：《太平天国的财政收入及其得失》，《近代史研究》1983 年第 2 期。

明龙：《太平天国与中国近代化》，《学术月刊》1992 年第 3 期。

苏双碧：《太平天国失败的原因及其历史教训》，《求是》2011 年第 2 期。

王钧林：《谈太平天国的反孔斗争》，《齐鲁学刊》1996 年第 1 期。

王明前：《太平天国后期中央宫廷贵族与地方军事贵族的政治分野》，《江淮论坛》2005 年第 2 期。

王明前：《太平天国农村政治的基本规律》，《江淮论坛》2008 年第 2 期。

王明前：《太平天国政治的"儒家化"轨迹》，《厦门大学学报》2008 年第 2 期。

王庆成：《太平天国和四书五经》，《历史研究》1995 年第 3 期。

王庆成：《太平天国同外国的关系和对外国的认识》，《文史知识》1988年第12期。

吴善中：《太平天国圣库制度辨正》，《近代史研究》2011年第1期。

夏春涛：《太平天国妇女地位问题再研究》，《清史研究》2004年第2期。

徐松荣：《文化冲突与天国兴亡》，《广东社会科学》2002年第1期。

薛学共：《太平天国败亡的战略原因新解》，《近代史研究》1994年第4期。

张一文：《太平天国后期战争的战略问题》，《中国社会科学》1981年第3期。

赵德馨：《论太平天国的城市政策》，《历史研究》1993年第2期。

郑起东：《试论清政府镇压太平天国后的让步政策》，《清史研究》2008年第3期。

邹身城：《太平天国法制没有超脱封建主义》，《中国社会科学》1982年第5期。

# 后　　记

  本书的写作缘起于2012年我在北京大学和导师康沛竹教授第一次见面。当时康老师主持一套丛书《走近中国近现代史》，我承担了第一本《走近太平天国运动》的写作任务，在查阅历史文献资料、学界研究成果的基础上，经过一年多的思考和写作，完成初稿。后来几经修改，可惜由于种种原因，整套丛书的出版长期搁置。

  2016年我到北京邮电大学工作，主要讲授《中国近现代史纲要》课程，有一节教学内容是"太平天国运动"。为了服务于教学，我对书稿进行调整，以同学们易于接受的文字重新表述。2017年我入选北京高校思政课教师"扬帆资助计划"，《走近太平天国》借此机会出版，了却了我多年的心愿。

  本书在写作和出版过程中，得到了很多人的指导、帮助和支持，在此表示感谢。首先感谢导师康沛竹教授，在我写作本书的心田里播下最初的种子，在我追求学术的道路上给予悉心的指导，她深邃的学术造诣、严谨的治学精神和开明的育人风格让我终身受益。非常感谢好友刘晨研究员，他是从事"太史"研究的青年学者，出版和发表了一系列重要成果，为本书写作提出了许多宝贵的意见，为本书所写的序言富有真知灼见。特别感谢北京邮电大学马克思主义学院领导的积极鼓励和大力支持，同时感谢中国社会科学出版社及责任编辑王衡女士的辛勤付出。

研究历史问题往往有不同的视角,"太史"研究是一个历久弥新、纷繁复杂的课题。由于作者理论水平和拥有史料的限制,书中难免有疏漏、不足之处,恳请专家同行和读者朋友批评指正。